◎四川省社会科学高水平研究团队（2018—2020）“四川藏羌彝走廊文化创意产业发展研究团队”科研成果
◎阿坝师范学院校级专项科研项目“阿坝州旧志集成”科研成果

阿坝州旧志集成

金川卷 小金卷

董常保 编

四川大学出版社

目　录

金川图说

金川琐记

绥靖屯志

崇化屯志略

懋功厅乡土志

懋功屯志略

新修懋功屯乡土志

抚边屯志略草案

抚边屯乡土志

懋功县志

懋功概况资料辑要

章谷屯志略

（清）来保 等撰

金川图说

乾隆十七年刻本

提　要

（乾隆）《金川图说》，来保等撰。

是书节选自《钦定平定金川方略》，不分卷，无序言、目录，正文分“金川图”“金川图说”，附“陶关以外邻近金川各番部落”。“图说”先叙金川之源起，次叙该土司入清以来之功勋、册封次第及世系，次叙四至、地理、山川，次叙风土、饮食、民俗、信仰。所附之“陶关以外邻近金川各番部落”，详载各部归诚时间、地理、辖境等，一如金川。该志是金川县现存唯一一部图志。

目　录

金川图

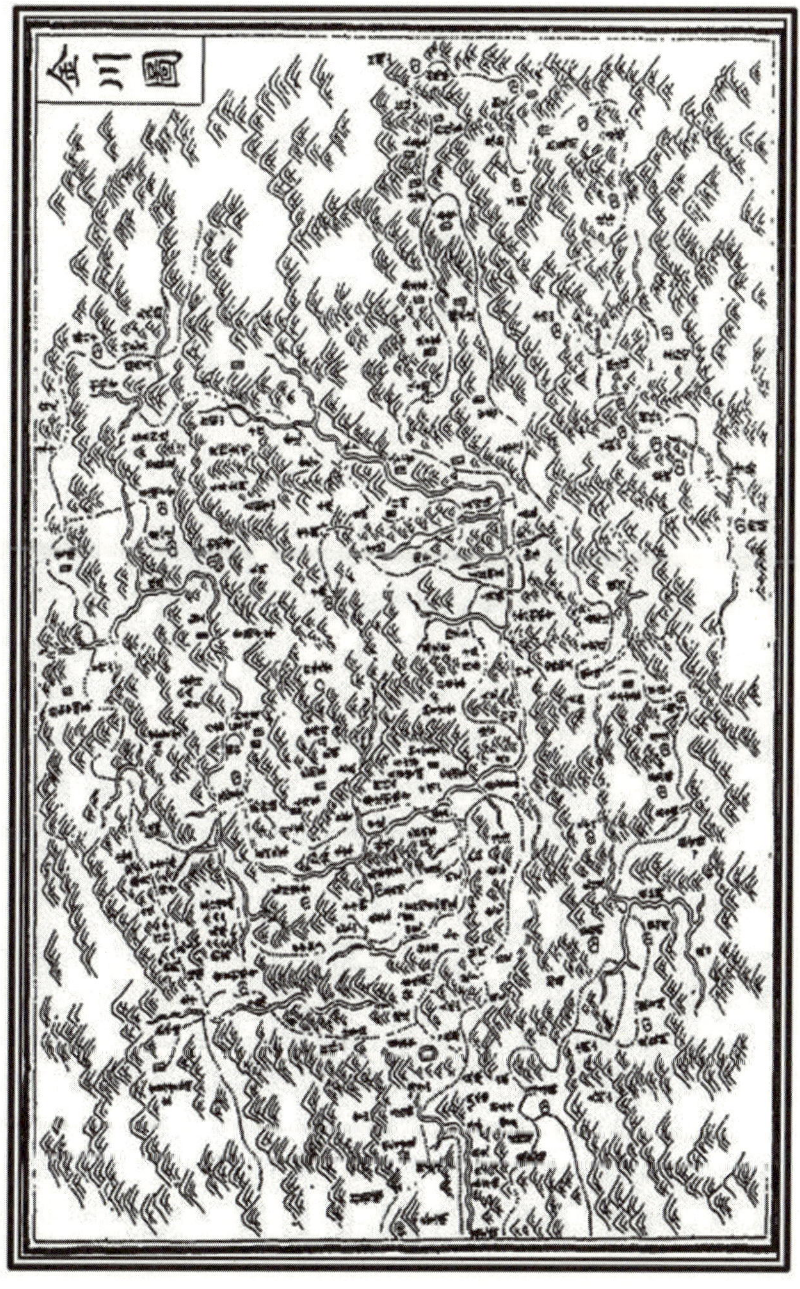

金川图说

金川为氐羌种类，与董卜韩胡宣慰司同族。明代有哈衣麻衣喇嘛者，得封演化禅师，领受印信。

国朝康熙六十一年，土舍色勒奔初倾心向化，令其头目赴川投诚，遵奉调遣，拨发土兵五百名，随大军巡查羊筒，克著勤劳。抚臣塞尔图提、臣岳钟琪，委以副长官司职衔，令管理住牧事务。雍正元年，督臣年羹尧请授为安抚司，得旨俞，允部给印信、号纸。乾隆七年，色勒奔初病故，以其子莎罗奔承袭。

其地距保县五百九十里，东与木坪董卜土司接壤二百四十里，南与沃日接壤三十里，西与扣色吉生番接壤一百二十里，北与杂谷接壤三百里，皆崇山峻岭，鸟道羊肠。一出陶关，即有竹索桥，绝险最为难渡。其巢穴有二：一在勒歪，一在刮耳崖，相距约一百二十里，泸河经其中，沿河崇山峭耸，不容驰骤，稍平处即系番人耕种之地，碉楼石卡夹峙其间。泸河发源，志乘无考。由郭罗克会绰斯甲之水，绕日傍山，入金川界，过勒歪与小金川诸山，至章谷会合，由木坪大河入泸定桥。水势不一，平处则用皮船，遇滩则负船盘滩，沿岸而过，方可。乘舟自刮耳崖桥至卡撒约四十余里，其间有左梁、右梁、阿利、丹噶、木冈、昔岭、色尔力、木达诸山，俱干霄蔽日，壁立万仞，在在皆番碉番卡，自为守御。至昔岭尽处即刮耳崖，巢穴碉高寨厚，环以平房，背负崇山，左右皆系石崖，前临大河。近巢穴十余里道路尤险，于石崖之上架木为栈，仅容一人，马骡则去鞍以绳悬系扶拽而行。自勒歪至党坝约五十余里，中有木耳、金冈、革什、戎冈、党噶、日傍诸山。近巢数里，皆土崖夹石，临河陡立。勒歪巢穴坚固宽广，倍于刮耳崖，亦环以民居，中有一沟直通美卧，其道路较刮耳崖稍为平敞。

至于风土情形，大都种青稞、荞麦，孳畜牛羊。砌屋建碉，不加藩栅。食则糌粑，饮则乳酪、山茶。富者衣氆氇绫绮，余皆毛毯羊皮。供养番僧，不知医药。慎重誓盟，刻木为信。灼羊膀、扯索卦，以卜吉凶。葬则或水或火，惟喇嘛之言是听。婚姻论财，以牛羊马匹为聘。男女相悦则携手共唱番歌，饮酒为乐，名曰跳锅庄。其性嗜利好斗，轻生易死。履绝壁险崖若康庄，然凡重物俱背负而不知肩挑。女子耳带大环，男亦垂珥。自十二岁以上，皆腰插短刀。兵丁则左手擐一铁袖以为甲，习枪矛弩箭，不善弓矢。重山叠嶂，雾重风高，山岚瘴气，多寒少暑，春夏雨雪，经旬累月，罕有晴时，每雨则霹雳大作，电光中皆有声。至八九月间始得晴霁，隆冬积雪丈余，山谷弥漫，坚水凝结，道路不通。惟乾隆十四年春，经略大学士忠勇公傅恒在营时，天气晴和，雨雪稀少，向来积雪之山，深不盈尺，春光照人，无复阴霾之象，番民咸称从来罕见。良由皇威远播，吉事有祥，天意与人心吻合故也。

附：陶关以外邻近金川各番部落

陶关以外即瓦寺安抚司桑朗容忠，其先于明代世袭土职。顺治九年曲翌伸归诚授职。传至桑朗温恺，屡效勤劳，得受功加游击职衔，驻牧之地曰草坡，距汶川县城二十里，西与沃日、北与杂谷接壤。

杂谷安抚司苍旺，即吐番之裔。康熙十九年板第儿吉归诚，授为安抚司。驻牧之地曰杂谷，距保县城五十里，南与金川瓦寺比邻，北与吐番接壤。今分为三家管理番民：一曰梭磨副长官司勒尔悟，其父囊索加布于雍正元年归诚授职；一曰土舍良尔吉，以非土司，故未请给印信、号纸；一曰沃日土女泽尔吉，其先于明代世袭，为沃日灌顶净慈妙智国师传至黑儿加，于顺治七年归诚，驻牧之地曰沃日，距保县五百五十里，南与木坪比邻，北与金川接壤。

小金川，在明代曰金川寺，演化禅师传至吉儿卜细，于顺治七年归诚授职，驻牧之地曰美诺，距保县五百九十里，东与沃日比邻，西与金川接壤。

明正宣慰司坚参德昌，其祖蛇蜡喳吧于康熙五十年归诚授职，驻牧打箭炉，东与天全州连界，西与里塘接壤。

木坪宣慰司坚参囊康，其祖达结祖乌儿结于康熙元年归诚授职，其地东与天全州连界，北与沃日接壤。

革什咱安抚司扎什罗尔布，其祖登进邹祖额鲁七立于康熙四十年归诚授职，其地西与绰斯甲、北与小金川接壤。

绰斯甲安抚司策丁丙朱，其祖资立于康熙四十年归诚授职，其地东与杂谷、南与金川接壤。

以上诸番，风土情形大都相似。惟瓦寺、木坪附近内地，稍知礼法，习俗间有与内地相同者。此外西路尚有郭罗克、三阿树、羊筒、阿坝等大小部落，南路尚有里塘、巴塘、德尔、格忒、霍耳、孔撒、麻书等三百余种，皆与金川遥隔，故不备载。

（清）李心衡 著

金川琐记

嘉庆戊午初夏刊本

提　要

金川，今阿坝州金川县。明初设都指挥使，清乾隆四十一年（1776）设阿尔古厅，四十四年裁，归并美诺厅（后为懋功屯务厅），原阿尔古厅旧地设绥靖、崇化二屯。民国二十五年（1936）并绥靖、崇化屯置靖化县，1953 年更名大金县，1959 年再更名金川县。

（嘉庆）《金川琐记》，李心衡著。心衡，字巽廷，号湘帆，附监生，上海人。于乾隆四十九年（1784）秋莅任绥靖屯，五十四年春离任。李序“乾隆岁次上章阉茂壮月”，即乾隆庚戌年（1790）八月，故该书应成于此时，刊刻于嘉庆戊午（1798）夏。心衡自言所纪“琐琐不足道”，故以“琐记”名其书。

是书分上下册，上册为“卷首”及一至三卷，下册为四至六卷。卷首有三序及“例言”，无“总目”。正文分六卷，每卷均有本卷目录（今以书前另编有总目，故删去），计一六三目。

“例言”谓“是编词皆纪实，不同传奇家架虚立论，故词皆径遂而少纡回，存真也”。心衡在任期间，凡耳所闻，目所睹，辄录成书，因此具有很高的可信度。该书是目前金川县现存最早的一部方志史料集，其后道光《绥靖屯志》多摘录自该书。

目　录

题 词

郑 序

天开井络，江岷衺雕拶之河；地广析支，严道接拂庐之部。援晋室华阳之志，幅员倍万里桥西；较汉京剑阁之铭，戎索勒七盘山外。望金马碧鸡之瑞，荟黄支鸟弋之图。僵伯银麟，回数招徕济火，铙歌朱鹭，环看抃舞都卢。此纪盛事于灵夔，堪发藻思于虎仆者也。若乃狼朊鸟浒，向风随舞僰歙巴；僸佅兜离，慕义就白盐赤甲。原其族类，亦在神霄亭毒之中；析厥土风，未入太史輶轩之内。所以秘书九百，实本虞初；弱水三千，传由博望。况夫勒乌绒布，橦花指黄草坪前；雪岭桃关，柳酒浥独松山畔。耳熟天方梵呗，手缁宛委虫书，非久历夫沙度绳行，未易写似云垂海立矣。湘帆六兄先生，学穷《苍》《雅》，才裕商霖。绾绶蓉城，种花锦里。马卿谕蜀，频多阃外之行；元相迁夔，时和壁间之句。水上飞鸢跕跕，过五溪犹惜壶头；岭边玉垒层层，信八阵足吞吴下。而且穿云行部，悬釜冰山；奉简筹边，扶筇鸟道。雪莲冬草，清迎蛮府参军；赍马皮航，题入西征赋客。爰是综两川之疆界，采七姓之风情。嗜好音声，状之毕肖；昆虫草木，触处皆新。未遇《夷坚》，谁识海人木客？朅来状武，方传华表文狸。绍桂海之《虞衡》，副奇书于《越绝》。一编枕藉，宛随亥步张楂；万里罗纹，尽比西獒越雉；允符麟笔，应重鸡林雪蕉。愚弟郑一崧顿首拜撰。

魏 序

忆甲午岁，余随任粤西陵城官署时，当金川告捷。辄私心冀倖，以为武功克奏，文事宜修，意必有当世巨人，具良史才，综新疆之风物，勒成一书，足以拓闻见而备参考者。抑又难之，两川僻处边徼，迥异中土，询访失实则多诬，载籍无传则鲜据。且簿书为劳则不暇，此有才而用其才之为难也。湘帆六兄先生，宏通淹雅，壮游蜀川，爰莅绥靖，盘错裕如。今幸同官闽省，得以闻所未闻。已而出所著《金川琐记》六卷示余，且属余书其端。余读之，窃见其立言也有体，其叙事也存真，其抒词也有质有文，不漏不支。俾皮航雪岭，开帙不异躬亲宣号，转经展卷，宛同晤对，奇奇怪怪，可惊可愕。读之而惟恐其尽，复之而不厌其烦，洵足骖子长之驾，回孟坚之席矣。抑尝闻之，民无化外，治贵因俗。如集中所载开牛头之径，修刮耳之岩，购药埋骨诸条，有裨于吏治民生者甚巨，岂第夸子云之奇字，矜王朗之异书乎！是编也，不独有以餍嗜奇之胸，又窃叹循良之用心，为不苟也夫。时嘉庆戊午孟秋，南乐锦泉，弟魏光旗拜撰。

自序

予从弱冠后随任楚南，继又宦游西蜀、苗猺、五溪及邛、僰、獽、蟾、弜头、汉髳之区。十余年来，游历不鲜。尝欲出所闻见，珥笔记之，未遑也。甲辰秋，承乏绥靖，至己酉春，始得交替，历徼外者五年。地本西夷部落，新入版图，习俗多异中土。积久，夷情渐稔习而安焉。事日益简，暇时因得兼及笔墨，凡耳闻目睹，得辄志之。渐积成帙，殊琐琐不足道，然而兰珠桐布，编入《华阳》；杏粥桃符，详于《荆楚》。不贤识小，固古人所不废。昔蛮府参军尝有“娵隅跃清池”句，夫娵隅细物，形诸歌咏，聊作诙谐，则是编傥足佐矜奇者一哂乎？时乾隆岁次上章阉茂壮月，上海李心衡识。

例　言

一、恭录御制碑文、御颁祭文弁首，尊王也。

一、是编专纪新疆风物，其余概不敢搀入，防滥也。

一、是编词皆纪实，不同传奇家架虚立论，故词皆径遂而少纡回，存真也。

一、金川远在西南徼外，载籍绝少。名物象数，无从考其源流。重以孤陋寡闻，尤不敢妄为附会，阙疑也。

一、疆土分合暨戡定颠末，国家自有纪载，不及备书，惧僭也。

卷　一

促浸、儹拉

金川原名促浸，噶拉依为其巢穴，旧官寨在勒乌围。小金川原名儹拉，美诺为其巢穴。今析促浸为绥靖、崇化二屯，析儹拉为懋功、抚边、章谷三屯。

两金川御碑亭

勒乌围官寨四围多梨、枣、柑、栗、核桃、石榴诸树，蔽芾可观。后因用兵斫去，仅存荒山。奉勅建立御碑亭一座于其巅，下临大江，金碧辉煌，山川增色。其他如小金川之美诺，大金川之噶喇依，俱有勅建碑亭。

（恭录）御制平定金川勒铭勒乌围之碑

美诺既克，移问促浸。狼狈为奸，而更谋深。劫木果木（自壬辰冬攻克美诺，逆酋僧格桑窜去，索诺木匿而不献，于是移兵申讨促浸。时温福为将军，由功噶尔拉进剿。阿桂为参赞大臣，由当噶尔拉进剿。温福旋攻据昔岭，遂驻木果木，师久不得进。温福绌于谋，以营中所有之兵筑卡布守，既耗兵力，且以分而见少，癸巳夏，贼酋窥其无能，乃逞狡谋，令贼目纠众自美卧沟及大板昭潜出，号召蠖拉降番复叛，扰木果木后路。温福漫无部署，军营为贼所劫，绿营怯兵，一时俱溃。温福被害，其余大臣、官员、兵丁阵亡者甚多。我朝用兵从无如此挫折者，思之实堪切齿），其恨至今。将士何辜，弗雪冤沉。兵威大振，劲旅继至。师分两路，谷噶马尼（去声。木果木之失，皆由营中无满洲兵为之表率。亦由温福等奏阻，故已派而未遣。及温福既偾事，知绿旗兵之终不足恃，乃派健锐火器营兵二千、吉林兵二千、索伦黑龙江兵二千，并派西安、荆州驻防满兵四千前往，以为之倡。又添派陕、甘、滇、黔、两湖精锐数万，合力大举，以阿桂为定西将军，丰昇额、明亮为副将军，阿桂遂统八旗劲旅，阅五昼夜而恢复蠖拉全境，乃进攻促浸。甲午正月，阿桂自西路攻克谷噶丫口，占其山梁，入贼境百余里。明亮亦自南路攻克马尼，此为再进克捷之始。军声大振）。上下同心，摅忠敌忾。西路遂进，南路略泥（去声。勒乌围从西路进攻，噶喇依从南路进攻。阿桂自攻得谷噶丫口，逆能扼要，所讲据皆其险隘。明亮等既得马尼，虽时有小捷，然庚额特、马邦俱未易进攻，于是遂专望西路之得手矣）。丫口深入，爱克罗博（阿桂自丫口进兵，以罗博瓦为贼人紧要门户，因派兵五路，分将领率之，超越而登，遂将罗博瓦山峰及山冈碉卡尽行攻克）。喇穆喇穆，并占默格（叶。阿桂自三月间攻得罗博瓦，阻雨数月，至六月初稍晴，遂克其冈下之色绷普，又于六月下旬尽克喇穆喇穆山梁，及日则丫口，七月中又克其该布达什诺大木城，并焚烧格鲁瓦角寨落，十月中复占其默格尔山梁，其地在日尔八当噶之下，荣噶尔博之上，向阅地图，指以咨询阿桂，而所筹适相合。既占此山梁，遂克密拉噶拉木大寨，并克获凯立叶各寨。我兵势益联络矣）。获康萨尔，木思工噶（叶。阿桂自十月攻得默格尔，驻兵密拉噶拉木几两月余，至乙未正月十二日，官兵乃攻克康萨尔山梁，其险倍于他处。贼之守御亦更坚，而官军于三日内全得之。其后复因雨雪，顿兵三月，至四月初十日，天霁雪消。十四日中夜，官兵潜进，攻夺木思工噶克丫口。阿桂自谓一日而收三年未竟之功，洵不妄也）。逊克尔宗，其险难托（逊克尔宗为勒乌围贼巢外险。自前岁四月间攻之，经年未克。阿桂自得木思工噶克丫口之后，于五月初攻克噶尔丹喇嘛寺及噶朗噶，又抢占舍图旺卡，已居高得势，而留逊克尔宗在后，究属非计，乃于五月十二日派兵前往，时雾气四塞，官军乘势攀越岩磡，直至碉根，遂将其地上下石碉木城悉行攻克。是役也，丰昇额之力居多，因于其公号"果毅"下增"继勇"二字，嘉其能绍乃祖额宜都之绩也）。凡此数处，林立坚碉，层次攻剿，我师实劳。据昆色尔，乃近贼巢。北军亦至，隔河匪遥（七月初二日，官军乘夜潜进，直上昆色尔山梁，蚁附登碉，立时攻克。初四夜，官军纵焚贼寨，至拉枯喇嘛寺，飞腾而入，又得喇嘛科尔三寨，并攻克菑则大海，竭三日三夜力，占地纵横三四十里，焚其碉寨一百三十余。先是明亮在南路，以其株守无益，令移兵北路会剿。甫至宜喜，即得达尔图山梁，至是复由茹寨攻进，连克额尔替石真噶等寨，尽得其上下沙尔泥之地，与阿桂军营仅一河之隔矣）。曰勒乌围，贼旧官寨。垣固碉高，力守要害。经楼辅车，陡磡画界，木卡石城，蚕簇鳞绘。挐栅周遭，援路截其。泅水拽桥，囊土济师（勒乌围为贼旧巢，恃其碉高墙厚，守拒甚力。且有转经楼相犄角，中间碉卡鳞次，又阻以高磡五层，殊不易攻。阿桂于勒乌围转经楼之中，挐栅以截贼人援路，并令冷角寺一带官兵，由西北两路沿河挐栅，以断其下水之路。又募楚兵善泅水者，系巨索于甲尔日磉桥柱，以拽圮之。又以磡边贼人枪石可及，乃令官军头戴柴捆，手推沙囊，匍匐而行，至磡沿层积堆起，赶列三层木栅，以击磡下之贼）。穴道旁出，轰以地雷（叶）。凡此百计，用尽无遗（并于所掘地道中，用砲轰击磡下，掘沟抗拒贼众。凡可以用力设法者，筹画备至，阿桂可谓善于谋矣）。四面炮攻，碉摧垣裂。遂督大军，斫墙冲闑，游魂弗支，奔迸躄躠。功成一夕，中秋八月（官军四面合围，炮轰枪击，并抛掷火弹。所遇碉卡，或拔栅斩关而入，或攀援奋跃而登，呼声四起，贼众披靡，歼戮殆尽。惟莎罗奔兄弟及贼目丹巴沃杂尔闻风先窜，究亦难逃天网，计亥、子、丑三时，勒乌围官寨、转经楼、喇嘛寺悉行攻克，凡贼所恃以抗拒之处，一夕无不摧破。时乙未八月十五夜也）。众军之力，一帅之谋。靖彼贼穴，安我蜀陬。肫乎厥忠，卓乎厥猷。铭志鸿功，永示千秋。

（恭录）御制平定金川勒铭噶喇依之碑

向不云乎，弗加征而自臣属，谓之归顺；始逆命而终徕服，谓之归降。若今索诺木之穷蹙，率弟兄出碉献印，不但不可谓之归顺，即归降亦不可得。而方彼其抗命相拒，历五年之长，兹已密围巢穴，火器团攻，腹心溃内，羽翼失傍（官军初围贼巢，蚁众犹负嵎抗拒，我兵用大炮四面环击，贼自揣力不能支，日形窘迫。先是逆酋之母、姑、姊妹情急来投，自请遣人回巢招谕，索诺木乃遣其兄冈达克、彭楚克，以次诣营恳求，皆就拘系，其党恶之。布笼、普阿、纳木等先后求降，山塔尔、萨木坦等并经擒获。于是进围益急，贼势日蹙。官军复摧其近碉，断其水道，番众恇惧，纷纷溃出，索诺木遂率其兄弟莎罗奔甲尔瓦、沃杂尔斯丹巴及两土妇，并助恶之大头人丹巴沃杂尔、阿木鲁、绰窝斯甲、尼玛、噶喇克巴，偕两喇嘛，挈属二千余人出寨，逆酋跪捧印信，群泥首乞命。由是罪人斯得，献俘奏凯）。方将劚岩搜穴，利斧其吭，生擒亦易，旦夕灭亡，乃始匍匐请命，又安得比之肉袒牵羊。噶喇依者，盖其世守官寨，故多深堑高墙，我师万层险历，千战威扬，譬之大木已尽去其枝叶，则根本亦可待其立僵，然而逆贼有言："官军若至，当毁其重器，聚族焚而自戕。"使果如所云，则虽献馘葳事，终不如生获，尽美尽善之庆。是盖凶渠罪大恶极，而且贪生苟延，以致献俘阙下，明正典刑。于是疆界厥地，屯戍我兵。镇群番而永靖，树丰碑以告成功。岁在丙申仲春日吉时良。

（恭录）御制平定金川勒铭美诺之碑

首祸者必有奇祸之遭，背德者必有凶德之报。盖僣拉之首祸，实由促浸之教。而促浸之背德，亦因僣拉之肇。故戊辰之役以救僣拉，而有促浸之征（前因金川侵扰小金川，拘其土司泽旺，地方官谕之，不从，辄敢于抗。戊辰冬，遣经略大学士傅恒统禁旅往剿，我武力扬而莎罗奔、郎卡穷蹙乞命，因矜其顽蠢，遂允受降。泽旺乃得复归故地。郎卡始尚畏惧敛迹。未十年辄思吞噬邻封，时相仇杀，彼时以蛮触争衡乃其常事，亦遂听之。郎卡既死，其子索诺木转与小金川僧格桑狼狈为奸，负恩梗化，遂致复劳师旅，深悔前此之姑息矣）。兹辛卯之师以伐僣拉，乃并促浸而扫（僧格桑恃有索诺木党恶，欺蔑邻疆。攻围鄂克什官寨，占其境地，羁其土司，经前督臣阿尔泰等往谕罢兵退地，逆酋阳奉阴违。浸至辛卯夏，僧格桑乘索诺木侵害革布什咱土司之衅，益复滋横，并且修筑碉卡，谋抗天朝，势不得不加以兵革。而阿尔泰因循贻误，遂命温福由滇入蜀，授以大学士，统兵征剿，即攻克巴朗拉，继又克复达围一带，以至资哩。官兵前抵路顶宗，仍不能进。壬辰夏，阿桂以参赞赴南路统兵，于是年冬攻克僧格宗，甫半月，即乘胜攻得美诺，其余寨落，悉传檄抚定，小金川平。而僧格桑逃往金川，索诺木匿而不献，于是移兵并讨促浸矣）。彼其缓则颉利突利之相猜，急则侨如荣如之相保。然而地险人强，机谋深造，则僣拉远不如促浸，故美诺再入而再克（美诺未尝不险，而一克僧格宗，其势遂如破竹，逆酋僧格桑，初窜布朗郭宗，温福由明郭宗统兵往捕，僧格桑已从美卧沟入金川，擒其父泽旺以归。温福为将军，始犹勇往，继乃昧于筹画，又不得人心。癸巳夏，贼众从后路潜出，遂有木果木之变，美诺亦寻失去。乃命阿桂为定西将军，发八旗劲旅往剿，阿桂部署稍定，于十月廿九日进兵，自资哩至美诺，五昼夜悉行恢复，实为神速。而僧格桑既至金川，索诺木即羁留不遣，即其谋扰木果木，但令小金川贼目七图安堵尔同往美诺号召，而不使僧格桑复还故巢，则索诺木之密图吞并蟃拉，以次蚕食旁近土司，并且欲侵及内地，固已渐露端倪，罪恶贯盈，实难轻逭耳）。虽南有僧格宗，北有明郭宗，而我师奋力攻取，无不立摧坚碉，遂据官寨之穴窖（美诺为小金川官寨，即其巢穴也）。此固皇天助顺，将卒尽力，而亦其首祸背德之招。是用勒铭酋巢，永镇祚徼。

臣心衡谨按，碑文具清、汉、回、番四种书。清字从后竖读至前，汉字从前竖读至后，回字从前横读至后，番字从后读至前，此其异致也。

山 川

金川大江，发源西北徼外，合岷江下注越嶲大渡河。复溁众流，迳四川、湖广、江西、江南、至镇江入海，盖岷江为江源。此又为岷江之源，尝按《水经注》："江水又出汶江道，汶出徼外岷山玉轮阪，下而南行，又东注于大江。又大渡水出徼外，至髦牛道（《汉志》作‘旄牛’），南流入于若水。又濛水发蒙汉（濛水即大渡水），东南流与涐水合。水出徼外，迳汶江道，盖为兹水。”（《山海经》谓濛水出汉阳西，未知孰是。）乾隆三十七年，驻兵江浒数日，水波不兴，撤营后江水忽暴涨十余丈，冲砂卷石，势不可挡，益信圣德远孚，神灵呵护，一军惊异。事平，将军上其事，特遣致祭，并敕春秋崇祀，列入祀典。所以答灵贶而报神功者，钦崇备至，同时勅祭者金川大河神、甲索山神、索乌山神、墨尔多山神（金川大河，甲索山、索乌山属绥靖屯，墨尔多山属章谷屯）。

（恭录）钦颁祭文

维乾隆四十二年岁次丁酉，某月朔，越某日，皇帝遣某致祭于金川大河之神，曰：溯源松徼，输派岷江。经丹坝以湍趋，潨归众壑；汇金川而曲注，派合双流。曩者师驻浒湑，列栅而沙痕敛涨；迨乎兵翻巢窟，移营而灶影浮涛。用嘉效顺之灵，肇锡维馨之祀。路逾邛笮，澄清标大渡之名；水别沱潜，疏导纪桓江之远。通津利涉，俾无阻于川梁；溉种含滋，庶并宜于粟麦。沉埋特举，翕飨攸同。神其式临，歆兹有秩。

维乾隆四十二年岁次丁酉，某月朔，越某日，皇帝遣某致祭于甲索山之神，曰：徼靖蚕丛，犄角重夹河之势；崖旋螺迳，郁盘开镇地之基。丕功克集夫方行，灵佑式彰夫深入。达尔图负隅力抗，攻坚直指攒峰；绰斯甲执梃前驱，选锐还临绝壁。奋戈铤而逼垒，倏据建瓴；鸣鼓角以穿云，遂成破竹。平坡下压，断右臂于连冈；隔水相闻，会中权于涛穴。喜肤勋之暨蒇，迅奏俘渠；冀乐土之同登，群安食力。爰举秩庸之典，垂为命祀之文。当时甲积应齐，铭勒永彰师武。此日戍屯森列，庋悬用答神庥。尚克歆承，服时明命。

维乾隆四十二年岁次丁酉，某月朔，越某日，皇帝遣某致祭于索乌山之神，曰：集肤勋于扫穴，栉比开屯；稽殷典于封山，盘纡距胜。懠天威而致讨，溯神贶以披图。嶂垒峦回，拱挹出群峰之表；氛消雾廓，嵯峨雄两镇之间。白马尼谷噶之兼收，洎昆色拉枯之进剿。势悬压卵，先登而狡窟难凭；威震轰霆，再鼓而连群就缚。俯銅累金之林立，尽我藩篱；觅沃土以塍分，艺之稷黍。兹惟昭佑，爰考彝章。报功宜永于春秋，画野用资夫保障。缅昔六师电扫，效灵实助戎行。欣兹千耦云兴，秩祀聿隆典礼。尚其昭鉴，勿替歆承。

维乾隆四十二年岁次丁酉，某月朔，越某日，皇帝遣某致祭于墨尔多山之神，曰：参旗下指，控引真黑子之微；井络遥分，襟带擅翠盘之胜。溯神庥之助顺，缅疆索之求宁。石灰冰横，始负嵎而首祸；蜗争狙附，终有薮以藏逋。夹攻爰励夫两肤，全境遂收于数月。洎乎遄驰劲旅，载靖蛮氛。簭振长风，密箐鲜藩篱之固；梯蟠绝磴，连峰资震电之威。肤功克奏夫永清，灵贶用垂夫默佑。言稽令典，肇锡明禋。石栈钩联，速置邮而布德；芳塍绮错，资保障以酬庸。式荐惟馨，庶其昭鉴。

广法寺

寺本名雍中喇嘛寺，距崇化屯署三里。由来既久，日就芜废。乾隆四十一年，帑项重修，赐名广法寺，并赐御书“正教恒宣”匾额。钦差堪布喇嘛住持，例带徒弟十六名，俱黄帽、黄马褂，西藏之小喇嘛及土喇嘛俱披黄袈裟，共百数十人。皆食天糈，有定额。番俗有黄教、红教之分。红教者，释氏中之“邪教”[①]，堪布为黄教宗师，番民信重。每年正月十五日及十月十九日，四方土司头人等挈妻孥、携百姓以万计赴寺诵经，徼佛福，进献牛羊，肉脯如山积，酥油酪浆以斗量。其土司头人及妻女，咸跪献哈达（三尺许长，素帛，如汉人用衔刺）。间有大喇嘛亲手为之持咒，挽结套其颈而抚摩者，殊自庆幸，人皆羡之，彼亦扬扬有喜色。馈献不留余力。此两次大会日期，各跳布札一次，大宪为之代奏，衣装俱赐自尚方，故极其郑重。跳时，人各左手执杂器，右手执连发脑骨一片，共相舞蹈，或龙头虎额，或长袖峨冠，兼饰骷髅如人，杂演其间。钟鼓喤喤，屡舞仙仙。聒耳眴目，扰攘竟日。五十年各宪奏请捐俸重修，金碧璀燦，弥复壮观。懋功屯亦有喇嘛寺一所，敕名胜因寺，例挑杂谷脑番僧住持，三年一换，俱奏请钦定，属广法寺堪布喇嘛管辖。

义烈墓

懋功屯属之崇德汛，有义烈墓，封尸累然，中植石碑，曰“众士义烈墓”。予每过此，必下马酹吊。方木果木失事时，自官弁以至军士民夫，死者甚多，舆尸狼藉，暴骨纵横，令人伤心惨目。夫其效力疆场，见危授命，固分所当。然朝廷既加恤典，当事者复循例祭享。而好义诸君子又先后为之掩埋，亦足慰忠魂而妥灵爽，所惜虫沙微细，姓名既湮没不彰，而死事君子，仅什记其一二，恐阅时既久，并知者亦且忘之，非所以表扬忠烈也。因录慰忠祠死事、文职诸臣传略，庶览者得以知其人之姓名、里居及殉难颠末焉。

赵文哲：字损之，号璞函，江苏上海人。壬午南巡召试一等[②]，授内阁中书，入直军机处，录事镌职，随军滇南有功，复原官，寻迁户部主事。三十六年奏佐西师军务，随将军营，遇贼死之。赠光录寺少卿，赍白金三百两，祭葬荫袓如例。公能文章，草军檄倚马数千言不绌。喜赋诗，出语典雅古茂，与侍郎吴白华友善[③]，少与王公鸣盛等刻《七子诗》。日本国人至，以兼金购之。著有《媕雅堂诗文集》《鲰[④]隅集》行世。

王日杏：字丹宸，江苏无锡人，癸酉举人。授内阁中书，入直军机处，迁户部主

---

① 此为原作者站在封建社会的民族立场所发出的不实言论，读者勿受其误导。

② 王云五主编《丛书集成初编》本《金川琐记》作“赐举人”。

③ 王云五主编《丛书集成初编》本《金川琐记》无“与侍郎吴白华友善”句。

④ 王云五主编《丛书集成初编》本《金川琐记》作“娵”。

事，历郎中[①]。出典贵州铜仁府，改大定府[②]，缘事镌职，奉旨复起为刑部主事，入直如故。三十六年，从西军入川，与赵公同在幕府。军溃，格贼死之。赠光录寺少卿，祭葬赉荫如例。

特音布：满洲镶蓝旗人，初考笔帖式[③]，迁刑部主事。性沉毅，寡言笑，好读书，熟于鉴史[④]，叩之渊然，千古在目也[⑤]。乾隆三十七年，西川用兵，上念督饷需才，钦差部员六人乘传来川，公与选，至则隶侍郎刘公幕[⑥]，侍郎改官制府，同驻登春督粮。次年西师溃，公随诸军退，中途遇害。事闻，援旗例赠恤，荫一子云骑尉世袭。余如例。

吴一嵩：江西新建人，乙丑进士，授河南正阳县，调繁夏邑。晋光州知州，历甘肃宁州、云南安宁，迁重庆府知府。三十七年，赴西路军营总理粮饷，带印随营，佐建昌道为副理官。及军声告警，公谕粮员常纪曰："他人可出走，吾与若有军粮之责，宜死守。"遂死之。府印亦失，僮奴歼焉。幕友周伟，浙之萧山人，亦从死。事闻，赠太仆寺少卿，祭葬赉荫如例。公性豪迈，与人兼容并包。被难之前夕，处分细碎若无事者。家人环聚啧啧，公怒曰："若胡为者，死我分内事耳。勿扰我！"其镇定如此。

王如玉：山西灵石人，家于江宁。以贡生捐道，发贵州，署贵西道，降调来川，赴登春行帐办事。西师溃，自磨佩剑使极利，秣马移营，不数里，贼遮道，公出剑，跃马奋击，伤数贼，中铳而殪。赠太仆寺少卿，祭葬赉荫如例。公初来川，即有誉望，善饮博谈，谐恢洽，众不能屈，貌端凝，慷慨有志节。其剑，人咸见之。其友岳廷栻，成都人，威远将军少保钟琪公后也。意气投合，相依军次，是日亦死于军。

钟邦任：安徽舒城人，湖南沅州府通判。迁贵州大定府知府。镌一级[⑦]来川，权龙安府事。赴西路军营，委管八角碉粮站。木果木军溃，登春桥断路梗，降番四煽，站无援兵，遂遇害。赠道衔，赍白金三百五十两，祭葬荫祀如例。同事有许国者，公侄婿，熊应飞幕友也。许亦舒城人，熊成都庠生，见钟死，均骂贼被害。

吴　璜：字芳甸，号鉴南，浙江会稽人，庚辰进士。户部四川司主事。出为湖南澧州牧。未赴官，父忧归里。服阕发川，署重庆府通判，调送军饷至登春，制府留佐军务。西军溃，撤站宵行，公无骑，不欲走，被贼害。少负诗名，为商宝意太史甥，绝爱重之，家贫力学，手不释卷，父朴存先生为征士，名重一时，公渊源家学，有"大小苏"之号。遇事慷慨，不避艰险。箧中有《黄琢山房集》，令友人怀之脱出，曰："我死，弗令此诗失传。"其同年友制军毕公序集[⑧]刻之。赠道衔，祭葬赉荫如例。

彭元玮：江西南昌人，己酉举人。浙江云和令，调繁会稽，以卓荐迁西海防司

---

① 王云五主编《丛书集成初编》本《金川琐记》作"郎中"，无"历"字。
② 王云五主编《丛书集成初编》本《金川琐记》作"出典贵州大定府"。
③ 王云五主编《丛书集成初编》本《金川琐记》"初考笔帖式"作"由笔帖式"。
④ 王云五主编《丛书集成初编》本《金川琐记》作"史鉴"。
⑤ 王云五主编《丛书集成初编》本《金川琐记》无"叩之渊然，千古在目也"句。
⑥ 王云五主编《丛书集成初编》本《金川琐记》作"至则隶侍郎刘公秉恬幕"。
⑦ 王云五主编《丛书集成初编》本《金川琐记》作"镌级"。
⑧ 王云五主编《丛书集成初编》本《金川琐记》无"集"字。

马[①]，被议后，降等。捐知州，发川，赴登春军营办事。木果木之变，登春失守，赴岩自投死，赠道衔，祭葬赉荫如例。公为赞善延训公之子，尚书元端公之兄，忠节凛凛，有儒者气象，人咸推重之。

常　纪：字理斋，奉天承德人，丁丑进士。授西充令。军兴，以运粮有功，擢崇庆州牧，随营管西路收支粮米。军声渐警，公与副总理吴公誓同死。营溃，纪知不可为，挺刃与贼斗，杀贼二人，伤一人，众寡不敌，被害。其役人白举欲掩其屿，贼大至，被创走。幕友杨绍沂，浙之慈溪人，家成都，任侠倜傥，随公数年，复同军事，公将死之前夕，劝令[②]脱出，不允，卒死之。甥长炳亦死。赠道衔，祭葬赉荫如例。

徐　谂：湖北汉阳人，由贡生捐知州，授云南邓州牧，有治声，降调捐复，得四川汉州牧。随军管登春粮站。木果木已溃，公议曰："登春夫粮甚夥，足以守，请招溃，出军夫，人予一梃，使环立栅城，以壮军势。"总督可其议，遂日给升斗。夜趣执铤城守，招徕捍卫，人心颇安。总兵靖公帅师救登春，伤臂不克战，迨后降番煽扰，势益不支，乃议乘夜撤出。公复大呼曰："与其以粮予贼，不若烧之，使不得逞。"立命举火而后行。及行，枪及其冠，公脱冠示同行者，曰："此冠被枪，吾其永存之也。"声未已，首复中枪，遂殒于地。其幕友郑文，陕西咸阳人，亦死之。赠道衔，祭葬荫赉如例。

汪　时：浙江钱塘籍，其先徽之歙人也。由监生捐通判，授甘肃西宁府通判[③]，忧归。服阕，补潼川府通判，管西路喇嘛寺粮站。登春戒严，贼断木波桥，粮站俱为所截，降番勾寺中喇嘛作乱，变起仓卒，公驭众素严，贼惮而衔之，潜踪蹑行，刃及于背，公骂贼以死，贼脔割[④]之。幕友田舒录、表侄王鸣镛皆一时[⑤]从死，仆隶歼焉。赠道衔，祭葬赉荫如例。

吴　景：福建浦城人，捐授广西州同，部推越嶲厅通判。因领凭违限被议，发川军营效力，隶西军。有一剑，卷之则曲，舒之则直，常以示徐郡丞观海曰："杀贼恃此矣!"复语同列曰："吾南方鄙人，不识国家律例，致罣弹章，然此腔热血，会得死所以报国耳!"及军溃，随军自崇德山梁出，遇贼，举剑斫杀数人，死之。事闻，赠复原官，减半议恤，赉白金一百八十两，祭葬荫祀均如例。

程荫桂：字燕山，号香岩，浙江仁和人，寄籍吴县，己卯举人。发川，补大竹令，有政声，能文章，工诗画，才气奕奕。上官廉其能，委以南路科多站，以其子烈随行。木果木之变，西军失守，粮站尽遮，贼势猖獗，延及美诺，转入科多。科多为西南要冲。公下令籍隶役兵夫尽力死守，守数月，贼不得逞。黠者教以火攻，贼乃积薪围烧。火既炽，公身先出战，手刃二贼，被斫左臂，骂贼遇害。濒危，挥手令其子去，烈哭曰："父死，敢独生耶?"并赴贼死。协理之纳溪县县尉许济亦死之。赠道衔，祭葬赉荫如例。

徐　瓒：字殿飏，江苏阳湖人，丙子举人。方略馆议叙，部选甘肃华亭县，特调四

① 王云五主编《丛书集成初编》本《金川琐记》作"以卓荐迁西海防同知"。

② 王云五主编《丛书集成初编》本《金川琐记》作"冷"。

③ 王云五主编《丛书集成初编》本《金川琐记》作"由监生捐授西宁府通判"。

④ 王云五主编《丛书集成初编》本《金川琐记》作"剖"。

⑤ 王云五主编《丛书集成初编》本《金川琐记》无"一时"二字。

川新繁令，委管西路饷银度支。公身孱弱，守节介介，贼势蜂起，不欲随众行，死于站所。赠道衔，祭葬荫赉如例。

许　椿：字堇园，号南芗，浙江嘉善人。辛酉举人，授内江令，读书数百卷，皆能熟记。博及星象医筮之学，时人比之武库。为人恂恂若不能言，遇大事有断才。三十八年，委赴西路军营办事，遇登春警，总督令守木城，立法井井，既而撤站出，贼遮于路，不屈，死之。赠道衔，祭葬赉荫如例。

孙维龙：字雨髯，又号铁髯，顺天宛平人，庚辰进士。授安徽黟县，调繁凤阳，卓异入都，旋因公降调，分发四川，仍以知县用。解饷登春，总督留之听差。木果木军溃，公以登春单弱，劝移兵同守，不果，欲自尽见志。其友周筠林、奴王福共同守之，及撤站，公不肯离，军幕强之上马，未里许，下骑入深林中，解袍带自缢。奴见救之，公怒曰："若忍我污贼刃耶！"啮奴臂出血，亟挥去之。怀其所作《春雨山庄集》，奋身绝吭死。赠道衔，祭葬赉荫如例。

张世永：陕西渭南人，丁卯举人。初授洵阳县教谕，擢河南济源令，实心行政，闻忧去官，百姓遮道哭送者，数十里不绝。服阕，发川，委赴西路登春办事，乃戒严，同守木城，激励兵役人夫，日夜目不交睫，随军殁于站。赠道衔，祭葬赉荫如例。

张世珍：贵州贵筑人，原籍浙之山阴。庚辰举人，补纳溪令，以失察私硝被议，请从军自效，委赴西路军营，随建昌道白公佐理粮饷。木果木军溃，白公移美诺，公死于军。白公幕友朱南仲，浙江归安人，与公同事，并殉难。事闻，给还原官，减半议恤，赉白金一百八十两，祭葬荫祀均如例。

杨梦槎 ：江苏金匮人，丙子举人。初署东乡县，因徼照迟，部议降二级，奉旨乃发四川以知县用，历署丹棱、仁寿、夹江、大足、彭县篆，所至吏民爱之，题补丰都县，委赴西路军营，管昔岭炮局。木果木之变，降番蜂聚，四山围合，先劫炮局，公被缚不屈，死之。有言其给贼筑炮，多实子药，炮反坐，轰杀群贼数十人，贼恨，被磔死。其事奇，其死烈，来降之促侵头目赓噶谓其亲见之也，未知孰是。事闻，赠道衔，祭葬赉荫如例。

倪　霖：字雨苍，浙江仁和人。少伟姿容，好骑射，落拓不羁，以俊秀[①]，捐县丞，发川，历署江津、荣昌尉，移巴县丞，雷波、黄螂、木洞诸巡检。宽以辑下，得民和。咨署西昌丞，未赴。以简州州判为登春巡捕官。方木果木未变时，霖探之降番煽诱状，密请移兵就大营，以壮声威。及变起，有请从美卧沟间道出，众以为卑官好纷呶狂诞，几至窘辱。迨登春营动，已不食数日矣。随军出，遇贼死之。赠銮仪卫经历，赉白金一百五十两，祭葬荫祀均如例。

倪　鹏：直隶临榆人，由监生捐县丞，发川，署荣县县丞，忧归。服阕，来川[②]，借补布政司照磨，委赴西路随督辕听差。登春失守，遇贼被创死之。赠銮仪卫经历，恤典与倪霖同。

吴　钺：河南固始人，由监生捐主簿，发川，借补营山县尉，委管西路泽耳多粮

---

① 王云五主编《丛书集成初编》本《金川琐记》无"落拓不羁，以俊秀"。

② 王云五主编《丛书集成初编》本《金川琐记》无"来川"。

站。泽耳多者，占固分站，西军后路也，逼近登达。先是美卧沟守兵至登达报警，提督董公天弼督兵往救，贼拥众来攻登达后营，群蛮蜂至，其夜董殒于军。大板昭、马耳当等隘以次失守。钺闻信，收集民夫，谨守寨栅，贼犯泽耳多站，钺挥刃与战，殪贼数人。幕友顾匡时助之，两人俱战死。匡时名佐，苏州吴县人，长髯，嗜酒，性慷慨。粮站未失之先，规画战守，与钺相对泣下，及遇贼锋，不少避，勉励夫役，并乐为之死，激于义也。事闻，赠府知事。赉白金一百两，余如例。

郭良相：广西临桂人，以吏目发川，补石泉巡检，委管西路占固站。占固为僧格桑官寨，将军温收登达占固，获逆酋父泽汪等解京师，僧格桑率其妻子窜走勒歪，其时儹拉全境荡平。诏移兵分三路讨促侵，以提督董防守后路，驻军登达，命良相即占固碉寨为粮站，分兵守之。及占固被围，良相率护粮兵役及民夫数百人，坚闭碉门，下击以枪，石碉据险凭高，贼环攻不得上，碉中苦无水，接雨以为炊。贼伪求降，罗拜满地，良相不受，厉声叱之，以石下击，相持十一日，望救不至。贼拥薪碉下燃之，烟起，碉上人迷目不得视，贼以软梯猱进，杀守陴者，占固破，良相自杀。兵民并激义死。事闻，赠府知事，赉白金一百两，祭葬如例。良相无子，荫弟良俊。

罗载堂：顺天宛人，原籍扬州。由国史馆供事议叙，铨合州吏目，能书，委赴西路军营，缮写折奏。木果木之变，随军出，遇贼被害。赠府知事，赉白金一百两，祭葬荫袓如例。

周国衡：顺天银河人，由监生捐吏目，发川，署秀山县尉，委赴西路军营，隶登春，管炭厂，供运无误。及大营夜移，奉檄调出，遇贼于路邀遮，死之。事后详查，始悉。赠主簿，赉白金一百两，祭葬荫袓如例。

许　济：顺天东安人，由吏员捐职，授纳溪县尉。委赴南路军营，在卡丫办差。后攻得美诺，复调科多协理站务。贼围科多，与知县程荫桂分垒固守，捐资赏兵夫，抚循振恤之，日夜不怠，贼不得乘，遂烧站，科多破，与荫桂并死之。赠主簿，赉白金一百两，祭葬荫袓如例。

卷　二

入金川路

金川僻在四川省城西南隅，西北通甘肃回部，西南控三藏，与十八家土司部落毗连，犬牙相错。然重关叠隘，山路险巇，马蹶不能驰，人喘不能骋。分疆而守，若天有以限绝，使不得兼并者。自灌、郫至金川，有两道：一由汶川之桃关出口，为大道；一由汶川之牛头山出卧龙关，为小道。大道塘汛外，百里无人烟，往来者必携糗粮锅灶，为银饷所必经小道。商贾奔走，络绎不绝。然每至一程，居民歇店，仅有十数家，类皆喧杂黑暗，屋通数楹无遮隔，糇粮须自致。而牛头、巴郎诸山，石仄冰横，尤难投足。危坡绝壁，架偏桥，飞跨百余丈。通一线路，偶被雨潦冲圮，咫尺前途，不能飞跃。坐待修葺，伐木椎石，动经旬余，尝有绝粮患。丁未、戊申间，有余姓道士董其事，凿山开道。余亦捐助俸银，并合省公助，计费二千余金。牛头山数十里，今渐夷坦。然其地险仄者，未可枚举，不能尽铲而平之，亦一憾事。忆家大人典梧郡时，兼摄直隶郁林[①]州牧，北流至州，有旱道四十八里，石笋梗塞，人患颠踬。仿古法燔柴灌醋，遂为灰烬，不两月竟成坦途。又梧郡所属岑溪至容县，急流多乱石，触损舟楫，陆道尤苦崎岖，复用前法，凡百五十里，险阻尽平，宜两郡士民诵德弗谖也。

五道进兵

往年征金川，进兵分五道：一由灌县至懋功，为东路；一由打箭炉至章谷，为南路；一由杂谷至抚边，为西路；一由绰斯甲布至绥靖，为北路；一由木坪至鄂克什，为中路。

控卡山海子

控卡山绝顶，为崇化、懋功两屯分界处。高出云表，虽盛夏，积雪逾尺。午后率多大风，人马不能行立，必择五鼓或黎明时过之。山脊凹处有水盈盈，可望不可即，俗称海子。宽约数十顷，涟漪在目，历冬夏不涸，虽淫雨旱暵，未尝有增减。经其地者，必

① 郁林：或当为“玉林”。

摈息相戒勿语言。苟一叩声，风雹立至。土人云："此中踞有三足蟾蜍。"大风冰雹，俱从此起。昔曾有将军领兵过此，饬军士施枪炮警之，狂风陡发，下冰雹如拳，伏鞍不敢喘息，行李坠落岩磡。人力不能施，困顿殊甚。

雪　墙

予于甲辰八月抵任，见控卡一路积雪不断，四望皓如玉山，初甚惊讶，为陈游戎（大刚）言之。陈公云："历夏日，秋阳照烁渐消，此特至薄时也。若自严冬至二三月，密雪层积，高及数丈，压房屋且不见，斯足惊人耳。"予曰："驻防汛兵，何以得活耶？"疑其言似欺人者。陈曰："不然，他日子自知之。"后予过懋功，时正月中旬也，初至山巅，一望无垠。舆马迳度，若不知有城墙卡房也者。夫役等从他途就塘，兵烤火，炊茶熟，请予小憩，扶掖循路迳，曲折入如行小巷。坐塘房中，见面前雪高倍于屋，巉削似照墙，盖汛兵日加锄扫，开辟一线路，始得安作息、通行旅也。夹路雪墙，天光透澈，如琉璃屏障，门关在望，往来行人不绝。惟舆马不能过，直须屋上行耳。始忆陈公之言不谬，非亲历者，断不能信也。

夏　雪

尝夏日行过控卡，正值阴霾密雪。登陟颇艰，及跻山巅，晴日晃耀无纤翳，玉笋排空，浓阴低蓊，马上吟哦，率成绝句云：

风高飞雪欲浮空，人马盘旋蚁磨中。
日午耸身凌绝顶，俯看积玉满群峰。

驰驱鞅掌中得此乐趣，亦如病烦热人，投一味清凉散也。

石　井

绥靖属之西里站，有自然井一所，在山半，其洞深旷无底，周围皆石骨。人力难施，盖天工也。民居踞江水远，赖此井汲饮。严冬潦水既尽，井不稍减，澄碧可爱，味同江水，疑其潜通江源云。

温　泉

温泉在绥靖屯治东六十里，约长半里许。热可澡浴，时有浮沤泛涌，虽严冬冱寒，蒸汽腾郁。而泉水发源自党坝（土司部落名），直趋大江，并寒沁，与常水同，殆不可解。因忆杨用修《丹铅录》云："温泉所在必有白矾、硃砂、硫黄，三物为之根。"蒸为暖流，乃知硃、黄诸物尤有凝结盘薄处。询之土人，果有硫黄气息。惜相距稍远，未遑议建屋宇，为岁时祓除游也。

刮耳岩

崇化属之刮耳岩，为大金要路。蜿蜒线栈，约长数百丈。石壁崚嶒，俯耸作欲堕势。下视苍茫，大江雷厉。往来者扪壁附石，转侧伛偻，势与俱倾。苟一昏眴，颠蹶无底。虽弄栋、扬母之险，未足以喻。乙巳夏，管理崇化屯务别驾蒋榕园（士椿）、崇化营亮游戎（福）捐俸，率众修理，予亦捐资助之。攻石、攻木、攻金之工，一时并集。石倒出者击堕之，险巇者椎平之。偪仄不能容足者，鑱凿而开拓之。又琢石成窍，横木加板作偏桥。板厚尺许，钉铰钩联，约以曲栏，俱坚甚。由是道宽各数尺，向之侧身匍匐犹恐失坠者，今可掉臂游行，真一大快事。是役，督率查催，亮公之力居多。

演炮石

由刮耳岩下里许，即为崇化较场。隔江一山，人迹不到。有一巨石，耸出如堋的。每岁营中操兵即于此演炮，人因名之曰演炮石。

气　候

金川气候，一日之间，寒暑倏殊。咫尺之地，阴晴各异。严冬天晴时，日中可穿春服。盛夏天阴时，朝晚亦可披裘。四时无大寒大热，然倏忽变幻如此。不必烟瘴为厉，稍不自谨，中之立病。

风　穴

金川春日率多大风，风发时，偶一失检，屏幛图轴，辄有卷裂患。若懋功、章谷二屯，尤甚。每至午后，风声飕飕，彻夜不止，盖山多风穴云。

金川无医药

地踞华土既远，苦无良医，杂肆中药饵不全，真赝混淆，以故病死者多。前管绥靖屯务龚公（贻谷），浙江山阴人，卒于官。尝捐俸银数十金，贷殷实铺户生息备棵，以资穷民及行旅之倒毙者，仍饬乡保董理其事。予益增数十金，始不至匮乏。又捐购药饵，及古人经效丸散，以济疾苦。择远城荒地，四围筑墙为义冢，以免枯骨暴露。尝暇日集诸相好于竹香居，绥靖营游击札公（郎阿）蒙古人，云：“昔官伊犁，回至中途，一仆患鼻衄猝死，蒿葬附近旅舍之荒地。夜间竟被野狼所发，及警觉寻视，则已血肉模糊，肢体散落。急为之收拾残体，天明雇匠具棺深瘞之，因此耽延二日。”札公言之，犹惨悼不能自已。凡居官荒徼者，尤宜留心此种，亦一阴德事也。

痘症

尼①人终身不出痘，间有一二患此者，辄裹数月糗粮，舁置荒僻岩洞中。父母兄弟，曾不一顾，惧缠染也。以故患痘症者，十死七八，幸而获免，跰躄以归，举家欣庆，虽窭贫必延喇嘛诵经数日。

格言

先大父比部公，著有《功过格辑要》行世，凡所以惩恶劝善者甚备。暇尝翻覆熟玩，内有载：宋时，有人于京师，见其故父白昼乘马行。拜之不顾，因随之一二里。急呼曰："生为父子，何无一言相教？"父曰："汝但学镇江太守葛繁，足矣。"其子往谒之，问："何以见重幽冥？"葛公曰："吾始者日行一利人事，或二或三或至十数，今四十年未尝少废。"问："何为利人事？"公指脚凳曰："此物置之不正则触人足，我为正之。若人渴与之杯水，皆利人事也。"其言至简至平易，然终身行之不能尽，无论贵贱贫富，皆力可为之，最为剀切易行。部民见屯所事简，间持幅纸求书，予每谓之曰："字画固不成体格，然所书格言置之座隅，触目关心，良有裨益也。"

皮船

甘肃邻近黄河之西宁一带，多浑脱（音驼），盖取羊皮，去骨肉制成。轻浮水面，骑渡乱流。李太仆开先《塞上曲》有"不用轻帆并短棹，浑脱飞渡只须臾"之句，其巧便已可概见。然浑脱只可渡一人，且下体不免沾濡。不若金川之皮船，工省用溥，其制尤巧。用极坚树枝作骨，蒙以牛革，形圆如杯棬。一人持桨，中可坐四五人，顺流而下，疾于奔马，顷刻达百里。虽悬泉峻滩，曾无触碍，船中人咸相戒不得动，动即颠覆，百无一生。船不能行逆流，辄舣岸负之而趋，轻若戴釜。蛮俗不知刳木之制，大江往来，赖此一物。秋冬潦尽潭清，奔流凝碧时，见皮船与波驶逸，正如一叶随风。缪清泉（锡嘏），尝作句云：

随波奔荡傍斜阳，万倾江中一苇杭。
太乙莲花应并试，杜陵春水正相当。
圆如月镜浮沧海，稳想禅杯渡法王。
若把浑脱相比拟，未知谁吏利中央。

最能曲肖。

① 尼：即夷。

独 松

大江中有一岛渚，约长千余弓，广仅半焉。细沙圆石，寸草不生。中有一巨松，枯萎残折，仅留其半。犹长数寻，此独松所由名也。土人云："数年前，其松高插云汉，旁枝亦可阴十余亩，盖千年间物。乾隆三十六七年，松忽陨折以死。"时值逆酋不恭，王师剿伐，不数年而金川荡平。然则松树忽毙，不可谓非促浸之妖孽云。

大磐石

独松北有大磐石，方十余丈，高亦称是。上平如砥，四面整齐，屹立道中。位置妥帖，殆天工非人力也。丙午冬，汛官花公（莲林）构江神庙宇数楹于其上，远望巍然，亦一胜景。

龙登碉

龙登碉（属懋功屯），为两金川要口，山形雄峻，所谓一夫当关，万夫莫开者也。讨逆酋时，三年不能下。四路夹攻，长驱直捣，因乘其懈击破之。实资黔兵之力，盖黔兵生长山区，越巉岩如履平地，狷捷勇果甲他省云。

火 弹

火弹一名西瓜炮，形如西瓜。中实火药，燃药线投入碉卡，药发，人物值之，俱成灰烬。甚者碉卡亦被轰裂，杀敌致夥，攻同大将军炮。

官 寨

夷俗称土司署，所谓官寨，民居曰寨子。每一户中，必有一两座碉房，为守望之所。头人土目家，并有经楼及转经楼，俱华赡精致。小金川官寨，只美诺一处，今懋功屯地基。大金川官寨有四：一在噶喇依，今崇化营盘地基；一在勒乌围，今隶绥靖屯，仅存瓦砾；一在马尔邦，今隶崇化屯，巍然尚存；一在独松，今隶绥靖屯，危碉峻墙，屹立望表，为逆酋仓廒。其在噶喇依者，逆酋索诺木常居之地。余不过岁时游览，如晋之虒祈、楚之章华、齐之雪宫而已。

碉 楼

碉楼如小城，下大巅细。有高至三四十丈者，中有数十层。每层四面，各有方孔，可施枪炮。家各有之，特高低不一耳。顶上四围，遍竖杂色布旗，旗各印刷佛经，以多为贵。

造　屋

蛮俗造屋尽用土，盖先砌石作墙，架巨木为梁，以杂木横搭之，盖土于其上，筑之令极坚，虽倾盆雨不能漏。惟霪霖连月，须加土再筑。其碉楼及一切墙垣，俱砌乱石，远望作冰裂纹，整齐如刀削，虽汉人工巧者不能及。其所用阶梯，以独木截成锯形，凹处仅容半足。汉人登之不能动寸步，彼徒负重上下，猱捷如飞。

瓦　板

间有木板盖房，上置碎石压之，衙署处处皆然。陡发狂风，走石飞板，从空击下，剧足怖人。木板俗称瓦板，以杪木爆干，用斧劈之，自成片段，无事刀锯。《诗》称："言念君子，在其板屋。"此间犹有汧渭遗风云。年来渐有瓦屋，民间市廛，亦鳞鳞相错矣。

转经楼

楼中设机轴如车轮，四围刻佛像，罗列经卷印布，手推之即旋转，俗称转经楼。谓推转时，佛像经卷，俱从身过，不啻诵经宣佛号。又有名转转经者，长三寸许，卷叠佛经数千言，贮以铜匣若竹筒，上有机捩，可以旋转。佩胸前，日夜撚动，以当宣诵，亦即转经之意也。

欢喜佛

夷地多喇嘛寺，大者殿宇如浮屠，中间空洞直上，四旁重檐叠栱。塑释迦像一如中土，余俱塑欢喜佛，多至千百，皆青面蓝身，作男女交媾状。机捩随手展动，不穿寸缕，或立或坐，丑态万端。却未见有卧像，清净祇园不减唐宫镜殿。询之喇嘛，云是佛公佛母，然何必描摩床笫秽亵至此。男女身有缨络宝玉嵌饰，兼以骷髅作杂佩，或缀垂马缨，身下衬藉者，无莫非骷髅。更有所谓牛头大王者，形如夜叉，独立诸欢喜佛间，瞠目注视，似未得其偶，而有流涎之状，下阴翘然，手自捧持，云是护法菩萨。尝偕蒋榕园过广法寺，观四壁图画，亦仿此式，殊觉不雅。为堪布喇嘛反覆言之，今皆用哈达遮蔽下体矣。在喇嘛固见惯不足异，要使游览者皆知有羞恶之心也。

玉笥峰

章谷之墨尔多山，高插霄汉，相传释迦佛成道处，上多喇嘛寺，常出异僧。土人每岁春秋，不惮千里，必往参谒，俗称朝山。山巅一峰名玉笥峰，天日晴朗，辄有云气迷濛，不甚明了。惟天阴时，了然在望。此其灵异，非意想可测。

宁边桥

宁边桥初名徐公桥，在章谷屯。绵州刺史徐公（麟趾）管章谷时建造，桥长百丈许，通打箭炉，为往来要道。初行旅必由猴子岩，岩顶特险，山路盘曲，殆纡行十数里，行者苦之。桥成，往来称便，佥曰徐公桥，所以颂德也。年久倾圮，时有颠溺之患。管理章谷屯务缪清泉明府，莅任之明年，捐俸率众重建，越数月，工始告竣。桥下临大江，夏潦方盛，每猝涨数十丈，水势陡立，几及岩半，相传有龙戏水之说。工费既奢，桥得坚固，以垂永久。今名宁边桥。

袭　职

各土司部落，俱数千百年来父子传袭，未尝有变更。其间亦有贪纵淫虐者，百姓至死不敢贰。夷俗上下之分极严也，无论土司，即以头人论，百姓莫不敬之如神明，无一言敢稍拂。居家，妻不敢与抗礼。或自远行归，其妻必率家属及百姓男妇，跪迎数里外，观此可见一斑。

品　秩

土司中有袭宣抚司衔者，秩三品。安抚司、宣慰司，秩四品。长官司，秩七品。今就近土司，因勤王功，咸叨升赏。俱戴珊瑚顶，并有戴孔雀翎者，章服已居极品。然见汉官，执礼甚谨，固见恭顺。实由圣天子德威远播，无思不服也。汉官银章、铜章，土官铁章。

夷　例

夷俗最重窃盗，事发辄捆缚犯人，投大江中。杀人者，罚牛马银物，入土司赎罪。至奸淫一事，不足为异，未见有告讦者。即或事败，不过私自罚柴数百斤而已。其有规避徭役，不遵土司饬遣者，例最严酷。籍没其家，将其人并家属，分卖各部落为奴。

地　炉

寨子正中一间，必挖地炉，置鼎锅，为举家炊爨所。或支铁架，或系铁索，下垂数十鼎锅，一时并举，最为便益。地炉四围，男女杂坐烤火，无间冬夏。汉人居夷地久者，虽夏日亦喜煨榾柮。甚矣！习俗之移人也。

跳锅装

俗喜跳锅装，嘉会日，里党中男女各衣新衣，合包巾帕之属，罄家所有，杂佩其身，以为华赡。男女纷沓，连臂踏歌，俱欣欣有喜色。腔调诘诎，无一可解。然观其手舞足蹈，长吟永叹，又似有一定节蔟，此亦任佅之亚欤？因思《周官》韎师及鞮鞻氏所掌，当尔亦尔尔。暇日，尝令彼歌跳，赏以酒肉，俱踊跃欣喜。

负 任

尝见黔楚苗猺及西藏夷人，携带货物，或缠缚头顶，或系绊脊膂。头不得转动，身不得屈伸，视肩挑手挽，劳苦尤甚。然彼徒习以为常，乐此不疲。至金川，夷人辄用皮条，长数尺，作活套束物系背，仍手持其端。劳顿时，背就蹲石，手松其套可小憩。盖金川跬步皆山，顽石瓣伏，搘撑良便，夹道崎岖，又复盘旋曲折，若用横担，非特上下触碍，抑且转侧多阻。因地制宜，其法尽善。

节 令

回人于正朔、长至、令节外，复于岁中扣满三百六十日为一周。是日互相往来，登堂称贺。不计闰，不计大小尽，不计冬夏，总以周天为度。至夷俗特重十月、十一月节令，每年十月十三日及十一月十四日，头人家及土人在官者（通事译字之属），辄聚亲戚男女，及其所部百姓，宴饮赏劳，欢笑竟日，傥亦吹豳息蜡之意耶？

卷　三

俗重藏经

夷人不知有儒教，读书识字，皆奉藏经为授受，如中华读四书五经然。字画又与西藏稍异。其有学业深邃者，辄远赴西藏，从班禅佛处博览群经，十数年后归来，便翘然自异。群以喇嘛目之，抗衡于土司、酋长之列，徭役赋税俱捐免，亲戚朋党，咸趋承恐后，不敢与抗礼。有延之诵经者，赠贻倍优。以故，民间兄弟多者，必有一二人为僧，由俗所尚也。

徭　役

夷俗多力役之征，一家中更番出应，终岁几无虚日。惟喇嘛及土僧，得从优免。此外，虽头人之弟兄，亦与齐民同作苦云。

信　鬼

俗尤信鬼，人患病，延喇嘛诵经咒，复捻酥油肖病人形为替身，送诸荒野。或舍身为僧，其室家殷实者，辄雇人作替。岁时旁磔，先立土坛，设纸供数事。厚叠薪刍，选两长人，蹑肩矗立，高及丈许，蒙以大衣，伟壮殆如赤郭，盖取食鬼之义。人各执弓矢，鸣钲鼓，四处寻索，追至土坛，将积薪焚之，俗称“得尔布斯”，犹有《月令》大傩遗意也。

人皮鼓

俗既信佛，家各有经堂，有事必延土僧及喇嘛礼忏。夫所谓土僧喇嘛者，出家而在家，居处并与人同，特无妻室耳。然口诵佛经，手持牛羊肉脯咀啮，无拘忌梵筵。乐器中有声似觱篥者，削人胫骨为之。又有小鼓如鼗者，截两骷髅，以胶漆连颞门骨，两面蒙人鞟（用背肋皮）。取阅之，色微黄，薄似羊皮，而腥秽特甚，令人森寒植毛发。吁！彼徒所谓佛法，与采生折割者，又何择乎？

三撮须

夷人终身不留髭须，间有留者，率卷曲如佛顶螺髻。更有一种三撮须，最为奇观，两口角及下唇三处，各留少许，如初生榆荚大。虽于思长鬣，仅存数茎。随风飘飏，乍见令人捧腹。

名　字

儿初生时，辄延喇嘛诵经咒，祈福命名。名字自一二字至六七字不等（如巴布里之酋长名朋，仅止一字。其他屯弁曰安本、曰穆塔尔、曰绰窝斯甲、曰丹比西拉布，堪布大喇嘛名罗布藏札木杨，多寡不齐如此。至胜因寺主持喇嘛，名擢尔吉噶竹诺尔布，并不止七字矣，举此可见一斑）。大抵取藏经中绝嘉者，以致什伯雷同，甚难识别（如羊中、如肯朋、如擢斯甲之类，千人中重名者几数百）。竟有父子一名。尝见《水经注》有林邑王杨迈死，其子咄代立，改名杨迈。昭穆二世，父子同名。郦善长谓为林邑将亡之兆，殊不知夷俗同然，无足异矣。

婚　配

夷俗无问名、纳彩诸礼，男女率先私合，然后婚配。男家倩喇嘛拣择吉日，通知女家。至期，两家各延喇嘛诵经礼忏，亲戚邻里，咸集女家，餍饫猪膘，吸杂酒。男家倩一人前往，如媒妁礼。女家亦倩一人壶浆以迎，酌之酒，男家人长跪而后饮之，女家者端坐不动也。饮毕，群拥新妇至夫家，言笑谑浪，相率跳锅装。跳毕，各侈饮啖，既醉既饱，忽如鸟兽散，而新妇亦飘然逝矣。自此往来不常，食宿无定所。迨生有子女，然后依栖夫家。

居　室

夷人无姓氏，不知有族属，遂至婚媾混乱，即居处亦大可异。其俗男卧碉上，女卧碉下。男女分类杂处，卧无定所，无床枕衾褥，惟毛毡贴地而已。虽新婚夫妇不同室，夜间鹤步下梯，暗中摸索，未闻有以误入桃园诋諆者。相沿成俗，犹有弄明遗风。惟土司及头人家，渐循华礼。

耐　寒

儿生不洗浴，以手拭之。寝之地而裸体焉，不知襁褓绷裹，然亦未尝感冒风寒。行旅往来，身携裹粮，托宿长林丰草间，蒙以披毯，虽遇冰雪，坐卧其中，曾不致疾。盖垢腻既多，腠理自密，风寒不得而入也。予尝于六月间，因公事路入雪山，至绝顶，密雪乱飘，风冷如刀割，赖身披重裘，得以无害，然足趾冻裂欲堕。而彼徒衣不加增，行歌自得，殊无蹙缩之象。岂其漠不知寒，亦由自幼习惯使然也。

夷葬

人死有天葬、水葬、火葬三种，独不知土葬，悉于索卦决之。天葬，取死人脔割如泥，和面成丸，投群鸟啄食，或举全尸喂虎狼，盖即顿逊国鸟葬之意。水葬，委尸大江，实鱼鳖腹。火葬，积薪燔之，亦犹释氏之荼毗。为之严切禁止，咸知土葬云。

金川往事十三则

小金川逆酋（僧格桑）之妻，即金川（索诺木）之姑。姻党联结，朋比为奸，附近十八家土司推两金川为雄长。初，两金川有夙怨，不甚联络，划控卡山梁为界。后，金川日强，遂越控卡，占据小金川之大牛厂。小金川畏之，退保小牛厂。小金川本恃控卡为保障，至是滋惧，遣使卑词厚币，结婚姻为唇齿国。自是凭凌弱小，日益纵肆，以致灭亡云。

革布什咱邻近金川，金川遂包藏祸心，阴以重金密赂革什布咱土司左右，以故，事机得先知。值土司率其子赴热水塘澡浴，勒尔日尔习（逆酋索诺木之祖）率轻骑袭之，杀土司及其头人，俘其妇归，遂踞有革布什咱部落。附近巴拉克底巴旺之属（俱土司地名）望风怀惧，咸纳女以自固。迨平定金川，始复革布什咱土司职，归其土地。今隶绥靖之独松沟、百越沟诸处，犹是革布什咱旧地。

（勒尔日尔习）既杀革布什咱土司，察其国中小头人及百姓多有未服。因遣人布告曰：“尔土司不道，是以杀之，会须立其子孙为后。”“国中”稍安。且曰：“择日于交界地方会议，彼此不得携凶器。”革布什咱信之，惟恐中悔食言，皆欣欣然拱手俟命，并不虞有他变。（勒尔日尔习）先密令瘗藏凶具，至日，率其头人百姓赴会。遍令去其衣服，以示无迂，使不我备，革布什咱益信之。议时，乘间发利刃攻之，枭梗令者数百人，余皆慑伏乞命，莫敢动，其地遂平。阴险强悍，类如此。

小金川与沃克什连界，世为寇仇。乾隆十三年间，曾围攻沃克什官寨。岳威信公（钟琪）率兵讨之，追逐至卡撒，输款乃止。遂分兵戍之，沃克什藉以稍安。金川桀骜之状，盖非一日矣。至今岳公碑，犹植卡撒道旁（卡撒属崇化屯）。

莎罗奔郎卡（索诺木之父）未故前，忽有野豹一群，突至官寨侧近，攫伤数人。须臾众集，围击歼之，不数日（郎卡）死。

小金川生聚日盛，尝有吞并意。复围攻沃克什，官军亦被困，告警甚急，当事遂奏请发兵申讨。美诺既克，巢穴扫平，逆酋（僧格桑）逃匿金川，遂与金川钩联一气。潜召降番为内应外合计，致有木果木之失。由是进剿金川，此两金川自取灭亡之缘由也。（僧格桑）之投奔金川也，有一大头人力劝之，使勿纳，或纳而献之军前，且可获重赏。

逆酋（索诺木）不听，又惑其姑（阿青）狂悖之说，遂决意拒命。未几，骈首就戮。《书》曰：自作孽，不可活，其谓是与？

番目（合尔甲）临阵，被官兵斫去两臂及颧骨一片，回寨数月始死。

勒乌围旧有喇嘛寺，女喇嘛住持，能先知未来事，为夷人推信。每因事进见土司，必苦劝，使投顺，（索诺木）不听。兵围时，不知所终。寺被枪炮击隳，今遗址尚存。

大兵围金川甚急，逆酋之小头人等，率先归顺者，俱赏给顶带有差。如（生格塔尔）给土司职，（合尔甲）给土守备职，最著功力，将军即遣回招降。比时（索诺木）自知稔恶既盈，有悔祸心。且念若辈俱小头人，输款后，尚赏有顶戴，欣然有羡意。会有一二头人与（索诺木）耳语久之，似阻且谮者，遂变喜为怒，曰："若等背叛本国，其心叵测，今又来赚我耶？若等既戴蓝顶、白顶，我独不能赏渠黑顶耶？"令左右以巨钉钉其脑，磔裂肢体，以狗夷众。

金川番民（色郎）归顺后，复被逆酋擒获，抉去两目精，糁以石灰，仍禁锢之。事平，将军录功，给土外委职，至今尚存。岁时来参谒见之，目眶空洞，令人生惨。心想尔时身受者，不知作何痛楚也。

小金川逆酋有卧床，雕刻龙凤状，绘彩陆离，形制巨甚，可卧数十人。土人中有曾侍（僧格桑）者云："土司居中，妾媵环卧其内。"僭差淫纵为何如？其床吴明府（光奎）随营管粮时目睹，后为兵火焚隳。此与伪属孟昶之鸳衾，俱独出心裁，为亡国妖孽云。

金川将破前数日，大兵云集，围官寨数十重，烽火连天，炮声震岩谷。大江中密施铁网，惧其逃逸，且自沉也。（索诺木）穷蹙，日日议降，畏死不敢出。适奉诏生擒，故军中不纵击，及反缚诣降，遣兵数百人，检搜官寨，地雷药发，轰然一声，屋宇片瓦不存，数百人一时齑粉。时乌总镇（尔纳）结营江浒，距官寨数里，为飞石击死，其余死伤者甚多。

官寨自震毙多人，无敢辄近。数年后，好事者潜为挖掘，忽得地室，空旷无际，中砌方石，池积水未涸。有一枯骨，僵植其中，颈际犹绾银铛，衣服水渍成灰。砗磲顶帽，尚俨然戴首。土人云是水牢。又获铜印一方，大如斗，汉篆"金川土司之印"六字，疑是前明颁发。蒋榕园别驾曾亲见之，未知后归何人手也。以上屯通事外委（杨卡尔吉）、通事（松朋）说，亦有得之同寅谈述者，恐传讹未确实，姑录存之，以备一说。

屯户

金川设屯田，招徕民户，每一户给地三十亩，使为子孙恒产。虑其路远不能挈妻子而来也，本籍咨送。准令大口每名日给盘费银一钱，小口银三分，口粮各一升。自本籍至屯所若干程，银粮应若干，由沿途牧令支发，于是得免行旅忧。又虑其既至屯所，何以托足，准给屋庐。无屋折价银二两，于是得免露处忧。又虑其无耒耜，则资以农具。又虑山田人力不能施，则资以耕牛。两户合一牛，一牛折价银十两，于是民得肆力于耕作。又虑播谷无资，每户各给籽种二石。又虑民力未纾，准免五年纳粮。自六年起，每户仅纳一斗二升耳。而犹虑其青黄不接，无以糊口，准令赴屯仓借贷，还新以易陈。国家为民计者，天地父母之怀，委曲周尽，宜夫户口日增，报垦几无隙地矣。

租　妇

亦有不由本籍咨送就近报垦，多系商民。去家既远，中馈乏人，纳金本地头人，或他处土司，可得夷妇，俗谓租妇。其人他徙或回内地，仍须送归原主，任其别配，不能挈之俱行。租之名以此，非若打箭炉及杂谷脑之夷妇，有三年、五年期限者可比也。

医　卜

绥靖属之屯千总行营都司（甲噶朋）善索卦，临阵时卜胜负，十不爽一，以故用兵必檄调，名籍甚。予初不之信，因其谒见，姑留试占之，俱近而可验者，殊不谬妄。见予患齿痛，因荐其所管百姓（羊中尔江参）能医。召之来，亦知切脉，但双手把握如捉拿象，已知其非娴习者，复于佩囊中取红色末药少许，有麝香气，令糁患处。竟不敢妄试，赏以荷包、刺刀、烟、茶诸物，欣然而去。

鸡　犬

鸡犬与中土异，鸡大者仅斤许，喜飞鸣树上，犬大者高至三尺，毛尾鬅鬙，颇似狻猊，能缘墙走屋，形既狰狞，声噌吰如华钟，喜啖生肉饼饵，投以咸食，辄病癞不救，尤畏炎热，尝携一头至内地，夏日中暍死。

天星米

俗喜艺天星米，一名喇嘛酥，米如黍粒，可作粮食，叶经霜，红如老少年。秋深，满山红叶，亦一大观。尝植之阶除，点缀秋景。

圆　根

圆根即擘蓝、大头菜之属，比芦菔坚实，味如薯蓣，微带药气。夷人歉岁作粮食，叶可饲猪。

鹦　鹉

每岁麦荞成熟时，鹦鹉千百群飞蔽空而下，绿羽璀璨，其声咿哑，农人持竿守护，有黠者设械穗间，俟翔集时机发潜罥其足，可以生擒。性极畏烟，触之，病目死。有红嘴、黑嘴二种。一说雄者红雌者黑，又一说由黄口渐黑而变红，未知孰是。总之，红嘴者习人语较易，黑嘴者差难耳。

左插子

男子喜佩刺刀，俗称左插子，身衣毬袍，长仅及胫，围帛，两端垂缀尻后如尾，无贫富，皆同。独腰间佩刀长尺余，外鞘镶嵌不一，竟有值至数十百金者，佩犊、佩牛之俗，严禁未能尽革。

夷　字

写字用竹筵削尖蘸墨汁写，犹有古人漆书遗意。字形如蛇蚓，变化不一，留心数年，竟不能识一字，细看似有行、楷之分，其横写倒读，则在清书、回字之间。

夷　画

喜向缯布画佛像，施朱傅粉，仍用汉笔。绥靖画手推土僧（羊中尔吉）第一。然佛像外，翎毛花卉，俱不足观。

饘　粑

番地无米谷，夷人日食饘粑，炒青稞磨粉，或用大麦、小麦、豌豆为之，入牛乳酥少许，用手搅和，捻成团子，食毕，舔手及所用木钵，以舌代盥洗。手黑如鬼，终身不浣。无碗箸，亦无盐醋诸物调剂。头人偶或用盐，然惜之如金。

食饘粑益人

夷人惟日食饘粑一饭碗许，莫不强健多力。尝仿其法为之，和以酥油，调以蔗糖，亦尚适口。管理懋功屯务吴明府，已食不辍，年五十余矣，转益精壮。

雪　鹅

尝有友人贻予一建昌鸭，其大如鹅，头戴鸡冠。又尝行卡撒，道见雪鹅数十，翔步雪中，或先或后，不甚畏人，白毛红嘴，与家鹅无少异，微觉高大，但趾印雪上作鸿爪痕，不似寻常连蹼鹅鸭禽畜耳。种类之异乃尔。天下之大，真无物不有也。土人云：“雪鹅喜眠食雪中。”

黄鸭

野鹜之属，较家鸭微小，毛羽深黄色，土人网得数头来献，予厚赉之。为剪其翼翎，与家禽同畜，日渐驯熟，闻呼祝祝声，辄逐队竞前，物我忘机，真有飞鸟依人之趣。后为缪明府清泉携去。

披毯

俗喜畜牛羊，春夏日暖，多剪牛羊毛绩线作毛毯，男女衣服取给焉。郑康成《尚书注》“织皮谓西戎之国”，良不诬也。衣服之外，横披大幅长毯，若释氏袈裟，日以蔽风雨，夜以代衾褥，寒暑不改服。民好徒跣，男女皆同，间用革靴，形制诡异。男子穿袍袴，女子短衫长裙无袴，裙带阔尺许，亦用牛羊毛织成，下垂五色流苏，其重足以压风。

蛮裙

数十亩之家，必留三五亩种麻苧，阖家衣服，藉以取给。近日蛮女下裳多用白布或藏绌制成。边幅镶红布，襞襀细致，如百叠裙，头人家妇女衣裙多用碎棉镶成，临风飘飏，颇似古时舞衣。

首饰

耳饰累坠，大于腕臂间跳脱，幸空中，不甚重。特讶其耳际垂聃，为地有限，何能衔此巨环？询之土人，始知幼时穿耳，即用桦皮卷塞，日渐增添，后遂可贯拇指。发梳数十小辫，挽结作髻，如西洋画图中式样。梳时极难，非半日不办，每月只梳一次。其解发垂髻，即八月洗裙日也。俗不贵珠玉，特重珊瑚、宝石、绿璁、砗磲，用金银镶嵌作首饰。

造纸

夷人亦解造纸，剥取楮树皮，入锅煮烂，复用杵椎捣，澄诸清水中。竹帘木械，并如汉式，随造随晒，顷刻可成。虽极坚韧，然质厚理粗，不堪供书写。其有细薄者，颇似高丽纸。楮树自一二尺至四五尺不一，遍地皆有。二三月间开小黄花，攒簇如桂。

索卦

索卦即蓍卜之法。地上先布土石杂物，卖卜者手持牛毛绳八条，每绳两端，各有散毛如流苏，即于散毛上随手挽结，掷地卦成。取土或取石，分行标识，如是者三，以定吉凶。

弈 棋

夷俗弈棋有二种：一名板带屑，二人对下，枰内二十四位，人各十二枚，子先尽者为输；一名孔屑，与汉人大马赶将军戏同。无象棋、围棋诸戏。

数 学

夷俗于数学一道，不知有乘除诸法，所恃惟牟尼珠一串，曰诵佛所需，亦即用以记数，多一曲折即茫然不知所为。五十年春，绰斯甲布土司（雍中旺尔吉）呈禀日蚀日期，时刻分秒未备，然先期推算，戛戛独造，有足多者。询所从来，出自土属喇嘛指示。喇嘛辟谷修炼，穴居山洞，数十年不预外事，素不解持筹布子，何以前知如是。释典静生慧之说，良不诬也。

南 瓜

两金川俱出南瓜，其形如巨橐，围三四尺，重一二百斤。每岁大宪巡边，必携数枚去。每一枚辄用四人舁之。

卷　四

百　谷

两金川只有大麦、小麦、青稞、黍、稷、荞、粱、豌豆、胡豆、天星米之属，有平生未见稻谷者。跬步皆山，无尺寸平地。傍大河及有水泉可灌溉者，为水田，可种小麦诸谷。其旱田只可种荞、黍，间有以稻谷试种，秀而不实，山高霰雾多也。山土甚坚，夷俗亦知用牛马耕耨，但牛则扼其两角，马则钩其鞍桥，运犁无力，未得深耕易耨之法，故劳倍功半。金川多再熟之田，小金川岁只一熟。

燕　麦

夷人间亦艺种燕麦，其实细而长，而入饘粑、咂酒中用。古乐府云："道旁兔丝，何尝可络；田中燕麦，何尝可获"，殊不其然。杨升庵《丹铅录》亦谓滇南沾益一路土人，以为朝夕常食，则燕麦何尝不可获乎？

惠　兰

崇化林卡山中，蕙兰极多。乙巳春，蒋榕园别驾送数十本来，树之庭除，开花十余枝，结兰荪二，叶阔如建兰，花瓣甚巨。又尝登榕园所建容光阁，超然尘表，俯瞰大江，凝碧无际，旁列兰草数盆，皆并蒂可玩。

菊　枕

蒋榕园雅爱菊花，有异种辄多方购取，虽远在千里，必遣健役致之。故崇化屯署独盛，替人卞参军（湖）复加培植。花时，路出崇化，必留余信宿，把盏吟赏。尝记昔岁菊残时，摘取数千朵赠予作枕囊。至今蘧蘧梦醒，犹觉曲屏深幌间，幽香可掬也。

山　羊

猎户尝献一山羊，高三尺，角长数寸，蹄尾如常，却有骙鬣，周身褐色，脊有黑毛一线，连缀至尾，剧似骡驴，性狠难驯，为作木笼锁贮，后以误喂桃叶胀死。

山羊有渠魁

山羊喜居雪山深邃处，日再出饮水，出必以群。尝晓行控卡山，见群羊横过马首，相去仅百步，高大如马，其行甚捷，先一羊前行，余羊约数百皆侁侁随后，鱼贯而进，行次殊整齐。予为勒马观望。距人既远，前羊少憩，余羊皆止。止而复行，如是三数次，始灭影不见。土人云："猎者遇山羊，必以计罥取其魁，咸惊惶不知所措，可掩群而获。不然，越山超涧，虽神骏不能及矣。"

咂　酒

番地无六酒六浆之属，只有咂酒一味，以小麦、青稞及黍子、燕麦为之。将稞麦等入水，锅内煮半熟，倒向沙地上曝干，然后拌酒曲入皮篓内，上用牛羊毛盖暖。数日后闻有酒气，再入酒坛，用牛粪封口，唯恐泄气。用时移贮铜瓶，入滚水少许，以细竹管数枝植其内（酒面味薄，酒底有沙土，故用竹管吸取中间），男女数人可以杂吸，似吃烟。甫到任，勘部民地亩，过勒乌围，屯练守备（阿咱拉）跪道壶浆以迎。予本不饮，不欲拂其意，略为取饮，味甜无酒气。及细问通事酿酒颠末，几欲呕下。

镇台瓜

西瓜有红、黄二种，出崇化、章谷二屯者尤佳。乾隆三十八年间，有一总镇驻兵江浒，携种艺植，遂传至今，俗称镇台瓜。虽青陵遗种，却与张骞苜蓿、蒲萄争先后矣。

竹笕可培旱田

绥靖屯属之双柏树（地名，设有格尔则塘汛），旱田十数顷，民番田亩，错杂其间，每岁只种荞黍一熟，因不通水泉，山土常干也。土人云："可从巴布里设竹笕引水，岁得再熟。"双柏树距巴布里约远十数里，跨越重山，人工物料，需费数百金。时值连年冰雹，且民夫新从台湾征剿回，方事休息，未暇施工，为之歉然。后之抚斯土者，量时行之，亦培植地方之一助也。

羌活鱼

羌活遍地有之，走卒辈山行渴甚，辄折取咀啮，云清凉如蔗浆。巨者蔚茂，高二三尺，根下每有水潭，藏羌活鱼一二，其形如鲵鱼，有四足，长仅四五寸。土人云："可治心痛症。"市得数尾，亦不敢妄试。尝阅郑仲夔《冷赏》载："凡产黄连之地，必有小蛇尺许，盘旋其中，触之伤人，必先去小蛇，然后敢恣采。"羌活中有鱼，亦犹黄连中有蛇，未足为异也。

土　参

药草可指名者，不翅百种，余多不能识别。懋属之大牛厂，绥属之黑山梁、宜喜、祚固诸山，皆有土参，俗称山萝葡，虽三椏五叶，形模不殊。然味薄如党参，尝煎汁成膏，服之有效。

佛掌参

懋功屯属之小牛厂、大牛厂两处，数十里内出佛掌参，其形五椏平列如手掌，新采时纤白腴润，不减柔荑，味甘平，食之益人。

蚊

金川无蚊蚋，间有一二，飞声薨然，大如蜻蜓，不螫人，乃知金文靖《北征录》中纪“元故都处有蚊如蜻蜓”，信然。尝扑获一枚，豹文长脚，头有黑翎如箭羽，戏腊诸书籍中，以为他日佐笑。

酥　油

酥油，取牛乳积盆盎中渐满，取皮囊盛之，两人对立，用手或用脚挪转之，令匀化，置静处，俟凝定取开用之。

熬　茶

熬茶用大叶茶同牛乳煮至百沸，用长勺搅扬，沃之以盐，名曰酥油茶。不能常用，日惟饮水耳（夷俗熬茶必佐之盐，茶以外俱淡食）。

牦　牛

牦牛性极驯，其身庞然，几倍吴牛（即水牛），毛长尺余，下垂如缨络，中土绝无。郭景纯谓“牦牛出西域”，信然。尾可为拂，亦可饰兜鍪。昔有人以牦牛尾贻刘先主，尝手自结旄者，即此。

云母石

章谷屯多云母山，日色照耀，遍地作金银光彩，石如水晶。拾其巨者，片片揭之，薄于蝉翼，用糊窗牖，晶莹明晃，一无隔碍，亦可遮风。倘施之曲房邃室，当不减宝帐红芙也。缪清泉尝手制数百方赠予，至今珍藏之。

猪 膘

夷地多荒山，畜牧既便，尤喜豢猪，与寻常刚鬣稍异，率皆红毛尖嘴，或红毛、黑毛相杂。适均如邵阳之隔织布，所食惟草菜粪秽，莫不瘦瘠骨立，皮厚一寸许，用时悬高处缢死，刲其背，去肠胃，用树条撑开风干，名曰猪膘。为极珍之物，非亲戚宴会，不轻用也。

不解煎炒

夷人脸俱黑色，千百人中，仅有一二白皙，然率尘垢盈寸，目睒睒如鬼，独齿牙莹洁如白玉。盖食物中只有酥油、饘粑数品，不知有醯酱煎炒故也。

阳 雀

绥靖属之逊克宗（地名）有一种雀类，形如斑鸠，长尾，尝自呼曰“贵贵阳”，昼夜不绝声，土人目为阳雀，云系雀王，深栖丛莽，不喜飞翔，日俟群雀供虫豸。此雀非虫不食，便遗下活虫如蚊母，夜间与叫月子规空山答响，倘亦开明魂化邪！

山 驴

尝于马游戎（麒）处，见一山驴驹，高二尺余，与寻常枥中所畜无甚歧二，惟头戴茧栗为可异。其家因与马驹同牧，日渐驯扰，小儿骑跨，予戏谓曰：“他时头角峥嵘，恐不知者笑其指鹿为马。”

屯 营

屯所同僚五人分屯而治，各远隔数百里，自觉岑寂，幸同城有绥靖、庆宁两营，得时与往还。绥靖营游击札公（郎阿），行三，蒙古人，性真率，敦古谊，与予最投契，同事半年，暇即会晤，为忘形交，有时翔步而来，司阍者未及报，早已抠衣即席矣。两署相距虽迩，而札公之脱略雅爽，亦可概见。寻以檄调松潘镇中营别去。接任马公，甘肃进士，能左右射，喜诙谐，亦朝夕过从，每于冬令后，约同山中猎较。马公偕两营备弁，率马步数百人，予亦率屯练及壮丁数十人，为捐给口粮，蹦毛群，捎飞翼，穷日始返，论功赏获，即以寓讲武焉。马公奉回教，治乳酪极精洁，每往辄供饮不倦，聊当卢仝七碗茗云。

黑帐房生番

绥靖与绰斯甲部落交界，再行十数程，有一种生番，名黑帐房。其地不生五谷，性好剽杀，日以搏取禽兽为业，盖亦打牲夷类。家各畜牛羊千百头，膻肉酪浆，所居无屋宇，以牛皮作穹庐，荫庇风雨，迁徙无常，月尝数易，率在深山穷谷中。其俗无头目，兼并凭陵，自立部落，推剽悍者为雄长。虽巉岩深堑，层冰积雪，辄纵马未尝颠蹶。其地无盐、茶、布、帛、鼎、碗之属，就近番民结数十人贩贸，可博十倍利。其相失在后及一二人独行，每被抢劫，俗称“放夹霸”。所产马，性极骁腾，生番亦常挟以易货，是以金川时有黑帐房马，骤试之，虽勇士不能驭。

贝　母

种类有二，枝叶丛生，根如百合者为上。一茎数叶，根如独蒜，及仅有一大瓣 抱跗者次之。花青莲色，皆从茎端下垂若悬灯。

雪　鱼

昔岭在绥靖屯治东一百十里。讨逆酋时，曾立营盘，墙卡至今尚存，俗呼万里城是也。积雪袤丈，虽三伏日，山径常封。土人云 ：“中有雪鱼，其大如臂。”想亦雪蛆、雪虾蟆之类。然在绥靖数年，未尝亲覯。章谷屯属之梭岭，亦积雪不化，缪清泉云：“其章姓典吏，曾一见之云。”

土　盐

深山中产土盐，夷人知地脉者识之。偕丑类挖掘，日引不穷，色如灰土，杂以砂砾，其咸不减内地，白盐微带苦味，章谷尤多。

星宿鸡

又名翠角鸡，头生两肉角，翠色鲜润，能伸缩，惊怒时其形岳岳，无事下垂颔际如带。毛色陆离可爱，每一翎辄有白眼如斗大（似孔雀翎眼，惟白色稍异耳），匀净不紊，因有星宿之称。或曰即吐绶鸟。他如山鸡、马鸡之属，种类甚多，因中土常有，不足异，未及备纪。

小曲酒

杜少陵、苏子瞻皆盛称郫筒酒，赴屯时，道出郫邑，问之，土人茫然不知，肆中惟有小曲酒耳。味薄劣，不适口，久服辄病不起。自郫邑至口外，酒家酿造亦惟此一味。予素不解饮，涓滴不能入口，朋来小叙，沽内地大曲酒，托幕友酬酢而已。若绍兴酒，其价较省垣数倍，且长途背运，半多酸坏，新疆寒苦，筵席中用之者绝少。

不斋

夷人不知天下有菜蔬，即土僧及喇嘛事佛惟谨者，非酥油、饘粑及牛羊猪肉不食，盖积习使然（近日稍知啖葱蒜，喜其渐进清虚）。惟受戒喇嘛，忌奉水族，然土人多半不食，非有他意，缘水葬者多，腥恶特甚，不堪入朵颐耳。乃世之崇奉浮屠者，动辄长斋茹蔬，借此为戒杀生节嗜欲计则可，欲效法西方，则急宜屏除草糗，餍饫鼎脔，庶几香积厨中，德馨远合矣。

雪莲

生深山积雪中，独茎无叶，其花淡红色，土人采取者，结伴裹粮，穷搜雪窖，有见潜往采之，苟语言指顾，即失所在，遍索不可得矣。俗谓此品山神最贵惜云。

苦笋

金川少竹，惟绥靖之正地沟有数十丛笋，味甚苦，不堪食，黄山谷所谓谏笋也。相距既远，得亦不易。章谷出巨竹，其笋必多，第未知笋味何如耳。

么凤

章谷屯出么凤，连毛羽大仅如拇指，五色咸备，视丹山鸑鷟，具体而微，性极灵警，不易获。间为土人设械罥取，可缀妇女云鬟，与钗头双燕争胜。每岁二三月，千百成群，飞往成都府属之灌、郫一带，啄食桐花，花谢即归巢。深岩密洞中，终岁不再见。土人亦谓之桐花凤。苏子瞻诗："故山亦何有？桐花集么凤。"乔子旷诗：" 那能飞作桐花凤，一集佳人白玉钗。"盖即指此，特未明言其所从来耳。

宝砂

又名八角砂，其形八角，大于黄豆，坚如金刚石，屑之可以治宝玉。章谷屯江浒甚多，淘滤之，一人日可得半升许。沙际时有玉璞，冯刺史（克巩）管屯时曾检得[illegible]枚，命玉工治之，甚佳，碎石嵯峨，惜无巨眼指识。

牡　丹

五六月间，牡丹盛开，绥靖屯尤盛。尝按行至深山中，花开满山，红白相间，下临碧水，掩映增妍。虽洛阳花肆，不是过也。惜俱单瓣，无重台者也。色有浅红、淡白二色。

鱼　蔬

松潘有鱼龙、鸡凤、菜灵芝之语，见包公剡《南中纪闻》。两金川距松潘不甚远，然绥靖、崇化、章谷三屯江鱼甚多，懋功屯略少。惟抚边一屯，纤鳞贵拟魴鰥。难种虽小，遍地有之。蔬属亦推绥、崇、章三屯为最，菜肥硕如山东黄芽蒜，大于拳。

斗米千钱

金川险远，脚价不赀，以故百物腾贵，斗米千钱，率以为常。安得闽中乌饭草，缩米绝细，便于取携，庶直稍贱耳。（《南中纪闻》载，闽中产乌饭草，能缩米，用以煮米，米粒坚细，每斗仅得升许，第略带黑耳。果尔，脚价可省十倍。）

猴　经

独松汛之正地沟，山高箐密，严洞中猿猱充牣。土人攀援而上，寻取所谓猴经者。赴肆贸易，多至数十百斤。土人云："牝猴天癸，可治妇女经闭。"尝买得一二斤，藏之笥箧，以不载《本草》，未敢妄用。独松汛把总花（莲林）云："猴洞深处，群牝经水堆积满焉。虽出外数十里，临期必归原处就之，未尝轻掷。"物性如此，殆类九节狸溲溺，必有一定之处云。

金

两金川遍地生金，命名以此。首推抚边，披沙所得，自然成片段，巨者至两余，细亦重分许，色皆上赤，俗称瓜子金是也。他屯只产金屑，俗称麸金，入火不能镕化，不足贵也。

雄　兔

俗说兔纯雌无雄，故茂先、柯古之伦，咸谓望月而孕，口中吐子，志之载籍。然《木兰歌》云："雄兔脚扑朔，雌兔眼迷离。"王充《论衡》亦云："兔舐雄豪而孕。"则兔原有雄矣。丙午冬，营僚约予同猎山中，获雉兔数十头，中有雄兔，视其阳有二具，与他兽异，毛皆褐色，性狡甚，非若家畜白兔，可供阶墀间戏玩。闻之好事者云："天癸月至，课必以时，岁十二乳。"非妄言也。

延寿果

又名长寿果，金川处处有之，形如羊枣，丛生沙土中，去皮和米煮粥极香甜有味，亦可入牛酪烹煮。

朴 儿

树不甚高，夏日结穗，形与色俱如桑葚，味甜。未熟时，略带酸涩。小儿喜食之，加薄胶浓煮，亦可染作紫色。

俗 尚

夷俗尚武，咸工击刺之术。虽妇女亦解谈兵。闻有征调，殊踊跃向往，临阵奋不顾身。迩年两次出兵甘肃，两金川屯练俱录有战功，我绥巴图鲁头等侍卫（丹比西拉布），实为金川屯弁之冠。近因会剿台匪，檄令率领屯练赴剿。濒行，属以杯酒，并赋七律送之，落句云："翁叔勋名原崛起，会看延赏秺侯家。"未几，台匪荡平，将军上其功给二品衔，得荫伊子屯守备衔。此外河西屯都司（勒尔瓦）、照壁山屯千总都司衔（阿忠）、巴布里屯千总都司衔（绰窝斯甲）、小金之巴图鲁散秩大臣衔（穆塔尔），俱屡立战功，为两金川屯练翘楚。

兵 器

夷人多臂力，类能手挽强弓。然弓小如箕，弦控牛筋，复粗笨不相称。箭镞利甚，却无翎羽。是以射近能饮石，不能及百步之远。又善用火枪，枪制亦与中华小异。绥靖有飞枪手十余人，能殪飞鸟，亦屯练中表表者。

卷　五

异　僧

戊申五月初八日，有一喇嘛路经绥靖，巡查兵役以其形异，盘获送署。见其深目猳鼻，两颧耸峙，腮以上髭髯倒指拂鬓眉，颔下须拳曲作螺旋，竟似寺中装塑罗汉像。询其语言，重译不能喻。开一小囊，取出路票十数纸，率藏以西班禅及达赖喇嘛所给，皆夷字难识。惟广法寺堪布喇嘛所给者可以译释，备陈喇嘛系西天人，因慕中华峨眉、墨尔多诸名山，出外十三年。今朝山事始毕，回途不必阻挡云云。问答既不通，惟作手势示意。稍暇，即闭目危坐，口中喃喃持诵而已。与之食，必礼天地四方，身西向持咒然后食。又喜拾烟草口内咀龁，不用烟管，时时手搓少许纳鼻中，盖夷俗素尚鼻饮也。形虽怪异，持律甚严，非寻常游方僧可比。会值家大人初度期近，为延致书室中，令诵释典，以祈佛力福佑。三昼夜未尝辍声，腔调高下疾徐，殊诙怪可哂。问以占卜之事，笑而颔之。时长随（周南）自丁未十月遣回江南代觐，屈指往返程期，五月中可以抵绥。图形幅纸间，复作手势叩之，须臾，课成。植七指示人，谓为七日内可到，竟摇首不然。出手珠抚捏久之，按两端令数得七十颗，意谓七十日也。人皆掩口揶揄之，馈之银钱衣物，欣喜接受。答予藏佛二尊，予受其一。藏佛以红泥范成，其形如规，长仅寸余，中具千手佛像。濒行，以大指示予曰“好、好”者，不一而足，盖亦谀颂之意。于汉语中，仅解一好字耳。越数日，予过广法寺谈及此事，堪布喇嘛云：“渠所携咒语，寺中有之。至其经典，乃佛国真经，中土所无，仅能知其名，不能遍识也。”后，（周南）果于七月二十日抵绥，距喇嘛占卜日，适符其数。先知有足多矣，所纳藏佛，至今珍藏之。

抚边城隍

前管抚边屯某，尝梦见走卒持名刺，称抚边粮务拜会。某自讶瓜代尚远，何忽有替人，恐别有事故。方惊诧间，客已入门。趋出肃客，则故重庆府太守吴公（一嵩），迳就客位坐。因惊问曰：“太尊秩重，何为来作交替？”公曰：“幽明异路，底用多疑。”始忆吴太尊于木果木失事时，为护守登春沟粮台，身已殉难。惊悸而醒，辗转中宵。翌日，亟捐俸购材，建造城隍庙数楹，费多，一时不能集事，仅设木位。后顾刺史（浩）管抚边时，复修葺整齐，装塑神像，焕然可观。时因公事集懋功，闻顾公云。

女 怪

绥靖署后一山，童童然，高仅与众山齐。然平时发风及大雨雹，未尝不从此山起。土人云："上有数十海子，怪物丛聚，独惧枪炮。"农民播种后刈获前，须官为之备，庶冰雹不致为大害。乙巳六月间亭午，天晦，山后忽有一女子露上半截，长可插天，东逝甚迅，云气蒙之，不甚了了。倏忽间，狂风舞石，雹大于拳，亟施枪炮得止，经过地方，麦荞损坏。

神 树

又署后山有枯树一株，骨干离奇，盖数百年物也。自开屯田招垦数年来，居民日盛。樵苏所及，近山童童。惟此木相传有神凭附，犯者辄死，是以巍然独存。

许竹亭

许三竹亭（文雄），江苏镇江人。寄籍芜湖，为缪清泉内亲。尝客游西蜀，性豪爽，重气谊。诗情迈逸，时辈无有比伦。与予定交于蓉城旅舍，朝夕过从无虚日。未几，予有徼外之行。旧雨天涯，茕然形影，无聊欲绝。忽得尺素书，喜跃如获拱璧。附来近作数十章，半属停云之什、良友眷怀、两地心相印也。今录其二绝：

弓衣斜压赫连刀，叠雪山城虎啸高。
将略诗情堪自许，一时意气为君豪。
塞云高卷五营连，壮士齐歌敕勒川。
绣额蛮笺索辞翰，定知人羡李屯田。

末缀语云：读放翁汉宫之词，忆升庵滇南之事，忽生感慨，漫成二绝寄怀云云。写录一通，如与素心人数晨夕矣。

禁 蛇

章谷屯有营兵辞伍家居者，忘其姓名。性嗜蛇，每日必用数头作羹脍。取之不竭，人始疑之。其友因伺其出，潜蹑于后。见某入荒山无人处，禹步行，口中喃喃不绝声。顷之，如臂如椽者蜿蜒而来，络绎相续，至某前咸俯首不少动。先至者居下，随后以次相积，竟成高堆。末后一蛇，形不甚巨，然较常蛇稍异，独踞其颠。某遂择肥者一二头置筠笼中，复持诵数声，皆纷纷散去。其友惊讶之，且诘之云："尔何术致此？既致之矣，曷不多取数头，必将旦旦为之，殊不惮烦耶？"某云："我术原为除害救疾苦，今降而充口腹之奉。在法固不得多伤物命，最后者为蛇王，尤不得残害，违者术不效。"或有欲传其术者，始靳之，强而后授焉。其人如法持咒，蛇果毕集。窃喜其术之验，及诵退咒，蛇不动，且随之行，麾之不去。正窘极无计，幸其家寻至，始得延某为之解救。嗣后，莫敢有师其术者。

鼠异

丁未，小麦收获前，田鼠为害，千百成群，较常鼠略小，专啮麦穗，往来倏忽无定。所接壤连畦，竟有一家被残数处，而他家曾不伤及一茎一穗者。如是三数日，遂杳然不复见，幸不致成灾。去来无踪，无从捕除，及知古者祭虎迎猫，列于八蜡，良有以也。

中枪

署庆宁守备杜公（得成），尝言其数年前为叠溪营外委，檄调剿金川，派随都司某守勒乌围小路隘口，黑夜辄领兵数十人沿江巡哨。军中忌持炬燎，恐被敌人窥也。耳闻枪子声飕飕不绝，习为常矣。一夜，忽然毛髲森寒，恍如沃以冰水，几不能自持，疑疾作，急寻归路。须臾，觉寒液彻股胫，以手扪搎，湿而且粘，嗅之觉腥秽甚。方自念未尝痛楚，安得血流？比至营帐中，急烛之，血已淋漓透袍袴。大惊，遂痛晕。救苏视之，已贯革洞胸矣。昏愦间，若有人为其敷治者。未及数月，遂行坐如常。杜公袒衣示予，见其胸前疤痕如豆，背后则大如盆碗。盖枪子从胸次入，斜出于背肋间也。使非鬼神佑其义勇，万不一生。如杜公者，足以风世矣。

飞僧

夷人红教喇嘛有妖术，往往能兴云致雾。闻茹寨昔年有一喇嘛，居高山荒寺中，足迹不出户，人未尝见其饮食，疑其得道者。忽一日奋身硐颠，轻若飞鸟，见者谓为神仙冲举，莫不合掌膜拜。正惊羡间，巨雷一声，喇嘛颠越，视之已被殛死。时青天无片云也。

风变

尝因公事赴懋功，坐姜石霞（燮）署中。日亭午，忽彤云密布，如欲雪状。稍焉狂风大发，梁椽震震有声，势欲倾压，疾走庭院中。风猛不能行立，为坚抱木棚不敢动。久之雨来，风渐息，始得从容，时戊申冬十一月初六日也。翌日，懋功专城千总魏（玉龙）来言，有一奇事：昨日大风吹去十九岁一女子，为营书屈姓养媳。数日前蚤起，鬓发童童然如刀薙，素不识字，忽合掌诵经咒数十语。至是益诧为真，问其居址，住营盘中。问其家有何人及所居房屋几间，则姑蚤殁，翁赴锦城未回。居屋三楹，虚其中为晤客所，东首厥夫兄弟卧室，其女妯娌同居西偏，皆未婚配。因问尝有往来人乎？魏曰：“无之。”予笑谓曰：“子特未之留心耳，试急往追捕，行当不远。”魏既去。闻果于龙登硐盘获。戴僧帽、衣僧衣、足穿男子袜履，为捆缚归营。人问从何知之？予曰："是不难知。薙发诵经，必有方外交；狂风簸荡，人不暇顾，彼得乘间逃逸；山高路险，纤步难行，是以知其不远耳。"匆匆旋绥，未能悉其究竟。

篾索桥

赴金川必度汶川县索桥。军兴时，建立于两金川者不少，后皆撤去。今惟章谷屯有三所，每岁帑项修葺有例，一得胜桥，一卡岈桥，一甲楚桥。凡索桥所在，必水势险恶，既不可运方舟，又皆石壁危仄，高出千寻上，水复湍急，不能施桥磉。《后汉书》注所谓"溪谷不通，以绳索相引而度也"。其制两岸植桩千百，镇巨石于其上，絙以长绳，络以板片，两旁用巨索约身如栏楯。人行其上，随足倾陷，如履泥淖中，一至中间，随风簸荡，势更攲危。板罅下窥，惊涛掣电，耳咢天风，目眴喷雪，足蹑云气，身飘飘如纸鸢，进退无主，命悬一线，有欲落不落之象，万感茫茫，攒集于寸心。因忆赵光禄度汶川索桥诗：

平明出郭门，驾言度绳桥。
征人黯无语，水石为怒号。
入关（岷江由黄胜关至汶川）江始雄，荡激百丈涛。
鼋鼍驾无力，乃欲仗索绹。
两头系巨杙，压以石屋牢。
如锁支祈兽，恐挟骇浪逃。
仆马戒少留，短策手自操。
俯聆惊雷鸣，仰瞩浮云飘。
中流一掀簸，目眩心魂摇。
始知吕梁游，忠信良可褒。
一仆送既济，辞归语忉忉。
从军乃吾分，胡为累汝曹。

其形制及危险状，非身历者断不能道只字也。

章谷通事

丙午春，章谷城隍庙落成。铺户中一银匠某死，越半日复苏。自言城隍招募差役十三名，已有十人，并我得十一人矣，尚缺其二。虑无可充通事其人者（以通汉语夷人为之），我举通事某勤慎可用，城隍已赐允。我生前无大过恶，幸不致谴责。冥间与阳世无异，戒妻子勿悲泣。言讫长逝。某，小金川人，充章谷屯通事有年矣，强健无恙。翌午，觉心腹猝痛，逾刻即死。金川汉番错处，非通事不能达语言，顾神无不格，犹需狄鞮耶？固知阴阳一理，事非偶然矣。管章谷屯缪清泉说。

崇化水发

戊申夏六月，积雨过多，江水暴涨，高十数丈，各屯道路桥梁俱有冲圮，崇化独甚。崇化营盘及民居铺户，俱依高山坡下，泉水一道出其后，沿涧修有磨房十余所。十七夜三更后，泉水忽决，势如万马奔腾，挟巨石如屋如臼者凌空飞下，不可计数。地为震动，吼声闻百里，旁趋小校场，塘房一所，民居二三家，被水冲刷，片瓦不存，平地开成百道涧溪。若使泉水循旧道直下，营盘民居莫不摧荡一空，数千百生灵，当无一幸免。兹虽冲坏公私房屋数间，不伤一夫，冥冥中实有神助。时龙笠衫（舜耕）管理崇化屯务。

姚　生

绥靖有一小径，可通抚边。越三重雪山，昔岭亦在其内。路险甚，站程三百里，行旅绝少。武生员姚（从龙）尝因事裹粮独行，归途傍晚，见村居累累，男妇杂遝，往来营作，不异常人。因附近取火视之，面无下颔，遍顾皆然。惊惶驰走数里许，去村既远，见有行人，始敢驻足。复向前备述所遇，其人掩口大笑。心窃诧异，细视之亦无下颔。时天色渐暗，神魂惊丧，进退无据，投身积雪中，再起再仆，蛇伏而行。寻得岩洞，深可藏身，自喜身离鬼窟。然狐嗥熊咆，彻夜不眠，悸定病生，又迫以饥寒。天明，身不能起，距路殊远，呻吟莫应，惟待毙而已。初，姚生出门时，原约某日回家。过期不至，其子约同邻佑数人，遍索山中。于岩洞得之，舁归。奄奄一息，口不能言，调养月余，始平复如常。姚生谒见时，亲为予言：“深山独行，良足为戒。”

起　蛟

丁未六月初二日，大雷雨。章谷屯属之逊克宗山梁大穴中，有一巨蟒被震霆殛死。又数日，瓦寺土司所属之鹦哥嘴起蛟，山为倾颓，水黄色，斗立数十丈，冲荡行旅数人，桥梁俱为扫去。水退后，两岸沙痕如墨沛，殊不可解。适邢司马（凤竹）赴抚边任，阻水驻留旬日，目击之。尝忆《宝庆府志》所载：“郡多山，时有蛟患。方其始，龙与雌雉，气感而孕，遗卵草间，闻雷一声，入土一尺，日久成形。远望即有黑气如窑烟，近观则不见。由是闻雷渐升，将近土面，便闻呜呜如醉汉语，或如杀猪声。即循声掘之，两目未开，形如蛰蛇，杀之可以除害。”又，祁门县亦因出蛟遭水患，寻奉檄文令各省牧令预除蛟害，治法略同。凡有地方之责及山居者，不可不知。

蛟　形

前一年夏间，积雨后。泸定桥中间忽植一朽木，自大江中矗立数十丈，梢出桥面尺许。如是数日，往来人见者咸惊讶之，犹未足奇也。忽一日清晨，浓雾四罩，震霆骇空，朽木飞腾而上，水势汹涌从之，远入云际。桥已片木无存，幸民居距桥远，得以无恙。始知朽木乃潜蛟化形也。

熊

有人熊、马熊、狗熊、猪熊四种。予所见惟狗熊，署中尝畜其一。喜啖米饭饼饵，生才四五月。食兼数人，高已三尺余。每作人立，手足如人，遍体黑毛，惟心胸间有白毛如偃月，吼怒时一二人努力不能制。半年后，渐高于人，常窃鸡啖。性极淫，能府吮其势，咽精，辄沫流口角。其声呜呜，殊自得意，竟日不厌，亦豪猪自为牝牡之意。锁项银铛甚巨，时被掣断，幸驯熟不伤人。每逸必径入庖厨掘食，庋阁常有倾折患。后因需用熊胆，令强有力者击毙之。熊油能透物，试擦油手心中，果直透手背，可入药剂。熊掌因未得烹饪法，膻臊腻人，不堪下箸。后闻诸金明府（玉）云：须傅土火煨，其毛始净，再入锅中煮去膻汁，然后加醯酱烂蒸，味极可口。却未一试也。

放索子

夷人极耐苦，耕凿之暇，辄从事射猎。手格猛兽，虽重伤弗恤也，亦有机智。常于幽僻丛薄野兽出入必由之径，设机械潜伺，必弋获，俗称放索子。其法，取极坚树条，弯曲如弓，罥绳其间，埋浅土中。兽践其上，机发，足悬空际，虽猛兽无所用其力，且可生擒。较之擭兽陷阱，似更便捷。惟遇草豹性灵狡，辄宛转啮断绳索逸去，夷人亦无如之何，用枪箭制之而已。

甲咱汛衙署

绥靖属之甲咱汛，旧有喇嘛寺。四壁画神像及欢喜佛，彩绘鲜明，工极坚固。金川平定，改寺为都阃衙署，其后裁汰，仅设外委一员，领兵三十名驻防其间。署内墙壁虽经垩墁，然菩萨形象犹隐约微露。挈眷居住者，神物辄扰害不能安，甚至白昼为厉。汛官古（一德），川北阆中人，习回教，素不信佛，亵慢尤甚，旋病不起，濒危始悔，迁之塘房，越日死。死生有命，古亦适相值耳。然其署至今荒废，莫有敢居者。

孩儿鱼

大江中产孩儿鱼，《酉阳杂俎》作鲵鱼（必鞭出白汗构汁方可食，不尔有毒）。形如守宫，声如婴儿，能陆行。甲辰秋赴任，路过小牛厂，见民家盆盎中养二尾，皆长尺许。问所用，云："可治跌扑损伤。"细视其爪有四，极似鸡距，讶其形异，售之，放大江中。乙巳秋，因事公出，民间获一巨者，重九十余斤，市人环观，哀鸣甚惨。翌日旋署，已不获购放。尝见洪文敏《夷坚志》载："应山县大龟山寺外一池，产牙儿鱼，有四足，能登岸升木，作声咿嚘如婴孩，大者重一斤许。"又，张芸叟《南迁录》载："苏子瞻在武昌获一鱼，似鲇而有四足，能履地而行，或曰此鲵鱼也。”想是鱼种类亦繁，特不常见耳。然予官于绥靖五年，未闻复有重至九十余斤者。居民食之，未见有疾害。闻诸土人云：“悬其肉于无人处，下垂至地，闻人履声，辄收缩如旧。”亦物异也。

示梦托生

前任龚司马，莅任半载，其眷属始至。未至之前一夕，梦见已故都阃王公。公服佩刀，整齐严肃，似有上官将按临演习祗迎状。询之，云：“吾母安车即来，故伺候道左耳。”俯视之，见其左足步袜，惟右足着靴。心窃诧异，即惊寤。初不解其语，次日宜人至。妾正有娠，随得一子，胸有四乳之异，乳名十官。生即岐嶷，今才数龄，美秀而文，非复桓纠气象矣。然貌与王肖，无人不知为王公转生者。先是王官噶尔丹寺守备，迁南坪营都司，行有日矣，因公私累重，不得脱身，遂自缢死。清贫如洗，无以为殓，龚为经理其丧，复佽助旅费，其家始得扶榇而归。感动幽冥，托生图报，理或有之也。

瓮　听

军中有埋瓮听远之法。掘地丈许，可听十数里。自此深一尺，则远十余里。以次递增，可及百里。静夜伏地潜听，百里中人马行声，虽衔枚卷甲，皆历历可闻。赵光禄从军徼外，有《瓮听诗》“清宵入定气初屏，大地出虚声自来”之句，盖纪实也。

土地夫人

龙笠衫司马尝梦见一人，衣冠古处，不类今制，来谒见。德容和蔼，须发皓然。肃之坐，其人退让而后坐。遽云：“室人初到，有事欲求尊夫人，故挈之同来，使进见耳。”即趋出。未几，一妇人入，直抵燕寝。远望似白皙，而衣服殊布素。龙宜人亦梦见一少妇入见，若有所求，而嗫嚅不能出口，询之亦不答。遂寤。白所梦，夫妇相符，惊异咸默识之。越数日，笠衫过近郊，见土地祠神像，俨然梦中所见，盖孑然无偶者。归告其宜人，遂脱簪珥，施以塑其所见少妇像配焉。复于屯署后圃建祠一楹，塑二神像以供香火。

卷　六

藏　佛

藏佛有铜、泥二种。铜者用模范铸坯，或炼熟铜一块，鑢钖锉成。工匠迟钝，穷年累月不能竟其功，形制亦不甚相称，率多小首大身。中藏蝇头细字佛经，土人珍之，非重价不可得。若庄严铜像，皆内地汉人铸造，赝充藏佛，不足贵也。惟红泥印成之佛像，夷人重之如拱璧，用革囊盛贮，配身畔不暂离。闻之徐守之（世经）云："西藏喇嘛屑佛骨为之，近日稍异，佛化后，尸坐龛中，血肉溃烂，滤取血汁杂泥土砂硃印成。在西藏中已不可多得，配诸身畔，箭镞不能及，欲试之者，悬佛像于羊颈，射之，真赝立验。"守之曾管西藏粮务，故知之最悉。

乩　仙

岁暮燕闲，客有解扶乩术者。为设香案沙盘，如法致请，须臾乩动，赋降坛诗云：

青鸟衔来一纸书，紫鸾扶下七香车。
软红尘近蓬莱远，回望新成碧玉庐。

自称"碧霞仙子"。予戏与友人细语云："署廨嚣尘，固不足驻鸾鹤。乃眷眷三壶，倘亦未能解脱否。且神仙亦劳土木，何怪人间事忙。"乩即大书曰："瑶台琼宇，纵不烦尘世工倕，然岂若蜃楼海市，可以顷刻幻成耶？信如子言，则月宫八万户，如吴刚辈，直须裁撤耳。将世所传落成玉楼，勒名新宫，尽属虚妄矣。尘俗下士，未足知此。"时马游戎亦在座，惊讶之。因默祈指示终身，乩即示诗云："丛台方略倾丹陛，铜柱勋名到白头。"惜忘其全诗，盖皆切马姓者也。马喜极，以为他日建牙边塞之兆。逾年，马卒于官，始悟"白头"　语，仙已明示之矣。又有患留痰，逾年未愈者，祈求仙方。乩即示之，一试而痊。后历试裙边疮及一切肿毒，无不立效。其方斫桑树一枝，刮去粗衣，剥取中间一层白皮，捶烂如饼，蘸生桐油少许，再捶，以桐油渍透为度。视所患大小，盖覆于上，用帛扎紧，立效。缠患数年不能治者，每日一换，连换数次，无不脱然而愈。又有被刀伤祈求仙方者，用生熟松香（经火炼为熟），不拘多少，研末各半，渗患处，立愈。并示云："能于端午午时虔制，封纳磁瓶，陈年者益佳。"尝依方救人，虽血涌如泉，无不立止，痛亦顿停，愈后亦无疤痕。其方俱简约易办，可以广传济世，因录之。

夷语

夷人语言诙异，谓水曰答儿，谓火曰突米，称其头人曰达鲁，称其土司曰而甲而布。非通事译字不能解。官其地数年，始得十通一二。其头人中常往京师朝觐者，语言清利，全似燕音，几不复知为土著。即其服饰仪文，虽中土人好自修者，亦无以过之。盖夷人混沌未开，犹是浑金璞玉，易就雕琢也。

女子不穿裙裤

布拉克底部落毗连崇化，巴旺部落毗连章谷。两处男妇服饰，犹与金川相同。所异者，未嫁之女子不穿裙裤，上衣极短窄，复用麻线或羊毛线，粗细如钱串者千百条，长仅尺许，束腰际，垂掩前阴如帘箔，以兽革裹护尻后，自股髀以下，竟赤露无纤缕矣。风吹日暴，色皆类炙脯，严冬亦如之。贫富皆然，乍见令人惊诧。此与裸形国何异？土人云："处女耻言裙，必嫁后始得衣裙。"其彰身制度，何诡异乃尔。

山魈

崇化营游击衙署，四面皆众兵居屋，游戎会客密室，须上两番阶级。其地势，较之头门殆高十数丈，非有闲人可到。一日亭午，亮公（福）燕居寂坐，忽有碎石自窗棂中投入。饬左右巡查，出言未毕，飞石如雨下，然仅刮耳揶面，欲未伤人。正惊讶间，内有飞报长公子被鬼迷倒，趋视之，面如土色，口吐血沫不止。惊惶无措，左右急以姜汤灌醒，食顷始能出声。云："见一黑人，不甚了了，迎面擒搏，便觉闷绝，不知其他。"亮公亟延巫觋治之。寻访得一兵新自建昌假回，素事独脚神，疑其为祟。按法惩治，驱而远之，其怪遂绝。此丙午正月事，予适因公赴崇化，蒋榕园为予言之。独脚神即山魈木魅之类，鬼怪阴属，见晛曰消，白昼为厉，事涉神奇。亮公今升广西宾川营参戎。

雷斌

役人雷斌，奉票赴庆宁干事。归途稍晚，丙夜至沙尔尼（地名）。闻妇人哭声甚恸，复有慰解之者，似老媪声。灯光不能烛远，黑暗中无所见，因默念深夜荒郊，安得有妇人？心急足忙，灯复触灭。坌息疾趋十数里，始得抵署。向伙伴述之，因共忆其地向有两柩，盖铺户贾姓少年丧偶，遗有一子一女，未得葬地，附依邻媪权厝者。咸曰："鬼安其宅，斯不为人扰。既与厥夫素识，盍劝其早为窀穸，以安幽明。"翌晨，趋告之，见其家灯彩陆离，宾朋杂沓，若有事然者。询其邻人，知厥夫续胶吉日，始悟夜来冥哭，正为此耳。夫新人如玉之嗟，儿女芦花之虑。一灵未泯，虽死犹生，女魂亦苦矣哉。

小普陀

甲咱汛为绥靖往来要路，距汛三四里许，有沙地，极平坦。旁接高岩，壁立千尺，上有古树数株，屈曲如偃盖。灵秀之致，迥与常殊。因命夫役辈剪荆榛、伐藤蔓，翳荟一空，遂觉灵境豁然。觅径攀援而上，见岩石穹然，如覆盂倒耸欲坠，嵌空玲珑，成鸟兽鬼物状，飞者走者，偻而睡跂而立者，无不毕肖。复有玉乳下垂，如笋如鹅翎管者，不可胜计。皆涔涔滴泉水下，识者谓即钟乳，盖千年滴溜结成者也。水既滴沥不绝，苔滑不可行。从左偏攀藤蹑石而上，得一岩洞，广才数弓，高亦称是。地势略平，可以小憩。洞无罅隙漏光，然明爽可辨毫发。四旁石壁常湿润，生苔藓，以指甲剔之，辄露石管如蜂房，细看之，中通山骨，莹然透明，微有水珠流出。由洞口再上数十级，为平坡，横出半壁，仰窥石崖如削成，枭枝络蔓，恍在半空中，下望练江云栈，近列目前，真异境也。因捐俸敬塑观音大士像，供岩洞中，兼造慈云、撷翠各亭，往来行人庶得瞻仰游憩焉。又凿“小普陀”三字于半岩，以为标识。普陀在望，不必南海中求之矣。

冰 柱

慈云亭落成于丁未秋杪，至次年四月，冰柱摧，致压槛折，复建石墙围抱亭后，始得坚久。冰柱者，滴溜水凝，自冬及春，日积月累，渐如樯柱，巨者几到合抱。夏日为日光晒烁，始有倾折患。柱形晶莹明滉，如水精琢成。即徼外他处，亦不恒见。

三官桥

懋功之三官桥，为往来要道。近桥皆山路，嶙峋逼仄，猝难投足，复下临大江。方木果木失事时，撤回兵马及被伤民夫，莫不求生夺路，挤堕者不可胜数，须臾桥为压断。人既拥挤，一哄而前，势如排山倒海，不能自主，纷纷藉藉，皆趋入大江，江为断流。未几，积尸成堤，人马皆蹂躏而过，土番追蹑于后，复杀伤无数。事平数年来，每当天阴雨湿夜，犹闻鬼哭声。丙午春杪，有懋功营张姓兵丁，洗菜江干。挈回，掷弃于地，狂趋出门，似甚匆遽者。其子询所往，不答。追问之，则云：“有人约予谈。”形神有似疯狂，奔随其后，直趋三官桥下，拱手欢然，左揖右拍，似与数人足恭者。其子急扶掖之，已投身江中，幸近岸有浅沙，得以救起，衣裤淋漓，已不省人事。行路者闻呼，咸为趋救。舁归，灌姜汤得醒，询之，云：“方我洗菜时，有数人邀予酒食，数人中有二人乃旧相识，细忆之却忘其姓名，我辞以有事未暇。”彼二人曰：“故人久别，今得会晤，一樽话雨，人间至乐事，奈何以琐务推托耶？尔归置菜而来，我等当恪立奉候耳。”“复往，见数人方延伫望予，礼意殷勤，遥睇河干，帐房连属，旗帜鲜妍，默念军营何以至今未撤？忽有一人谓予曰：‘军中千总缺出，子盍图之。’予方欲言，其人执予手曰：‘尔子来矣，必阻尔事，尔随我来。’遂懵然不知。”言讫瞠目四视，曰：“何以身卧在床也？”其子延医调治，月余始愈。自此春秋祭享日，居民附烧锭帛为锭会。

玉带泉

泉在绥靖屯属之巴布里。飞流悬注若玉带，尝得句云：“四周云树添山翠，半壁风泉映草青。”丙午初夏，按行过此，屯练都司（绰窝斯甲）延至其家，集其民户数十人为跳锅装，极其恭谨。因犒以牛酒，复将前句裁作对联，镌木榜赍之。

冬虫夏草

俗称虫草。初生抽芽一缕，如鼠尾，长数寸，无枝叶。杂生细草中，采药者须伏地寻择。因芽及根，虫形未变，头嘴倒植土中，短足对生，背有蹙屈纹，棱棱可辨。芽从尾茁，盖直僵蚕，非仅形似也，然剖之已成草根。每岁惟四月杪及五月初旬可采。太早则蛰虫未变，太迟即变成草根，不可辨识矣。味甘平，同鸭煮，去滓食，益人。

夜光木

其木不易多得，率在深山人迹不到处，疑数千年古木所化，积雨山水暴下，随流赴大江，土人捞获以献。日间与寻常朽株无异，夜有光莹，绿如萤火，逾月渐退，惜不能耐久也。

狐　祟

署东偏空院，方广数十弓。地势高旷，毗连仓廒，短垣外下临铺户。僮仆辈夜间辄往便旋，尝有一黑物蹲踞院中，闻人声即远飏。见者不甚明晳，如是者已非一次。因相约潜往窥伺，则绥然一狐，撮土为香，对天礼拜，盖已通灵矣。群拍手相哗，转眼即不复见，由是其来渐疏。后铺户有一雷姓者，因事他适，积粮斗许，锁闭木椟中，越数日归，则封识俨然，而椟已空空。素知有狐祟，延一喇嘛持咒治之，其怪遂绝。

变鬼术

夷俗能为变鬼法，或男子或妇女，变形作羊、豕、骡驴之属，啮人至死，吮其血。见诸《南中纪闻》，予初未之信。自承乏绥靖，土人佥云：“黑帐房夷类，惯行是术。”学其术者，授咒日诵之，渐能变化。自后或猫或狗，随其意为之。以盗窃人财物，间有被执及击毙者，辄与畜兽无别。惟齿牙如人，不能改变。然则《太平广记》所载“板桥三娘子易饼变驴”一事，未足惊异矣。

女千总

崇化属之独角寨屯千总（肯朋）死，子幼，其妻（板登尔跻）摄职，抚治番民。岁时随各屯弁参谒，服男子顶带，略无怍色。尝阅《秦良玉传》[①]，秦本重庆儒家女，嫁石砫土司马千乘。马死，秦袭职。时值明季荒乱，贼渠李自成、张献忠、罗汝才之属，出没川省，攻陷郡邑。草寇乘间窃发，无虚日。秦亲率士兵数千名，削木为梃，所至立功，保护数郡。时号白杆兵，贼不敢逼。明愍帝赐诗二章，有“从此麒麟添韵事，丹青先画美人图”之句。则土司亦有妇人为之者矣。其他若夫人城、娘子军，皆以女子擅名。至晋天水李毅为校尉，持节统兵镇南中。毅薨，子钊任洛未还，文武以毅女秀，明达有父才，遂奉领州事。[②] 则流官且以女子袭职，无论土官也。

雹异

乙巳三月，下冰雹，自辰至午始止。大者如栗，小者如豆，遍满山谷。每颗中有雀毛一片，雹神亦巧矣哉。第不知如许毛羽，从何处得来。

女魂

蒋榕园崇化任满，挈眷回成都。起程稍迟，傍晚过黑虎碉（地名），夫役皆散去觅茶汤。有婢女名金桂，坐肩舆中。忽见一巨人，头大如栲栳，两脚跨水沟蹲踞，水沟阔约四五尺，目光闪烁，直视舆中。婢惊大呼，舆夫等闻声纷集，始隐去。是夜，婢即疾作。及抵懋功，梦一女子来求附载舆中，自道张都阃妾，塞外无栖身处。每欲还家，奈一路关津严密，被检搜驱回者屡矣。今幸值尔主任满之便，尔主与家长为莫逆交，谅不至拒绝。且阳官公事往来，阴府不敢盘诘，或叨庇荫，旅魂得归故土耳。婢梦中辞以舆窄，不能容两人。女曰：“我伏尔座下，于尔固无妨碍也。”诺之，遂惊醒。自后婢疾日重夜轻，肩舆亦倍重。舆夫疑婢挈带夯物，啧有怨词，及见空无所有，咸惊诧不复敢言。比至灌县，婢疾顿瘳，肩舆亦轻如平时，盖妾系灌县人也。先是张公因中年无子，灌县纳宠。越岁，梦协虺蛇，产后渴，饮冷茶两盏，日久凝血成形，往来不定，时于胸腹间突起，手按之啾啾作声，随遁去，必晕绝逾刻。临终呼痛，声惨极不堪闻。距榕园任满日，不过半年耳。予与张公交好，故略详其家事。张公名（占魁），今升绥靖营游击。

① 嘉庆《金川琐记》所述《明史・秦良玉传》文字，是对《明史》本传的概述。

② 出自《华阳国志・南中志》，是对《华阳国志・南中志》的概述。

石 龙

绥靖有开平山坡建屋者，砂土中忽有石骨横亘，蜿蜒数丈，大可合抱，锹锄不能施。灌水剔去砂砾，鳞甲爪牙具备，惟两目未开，宛然真龙。其人惊惧，不敢施工。有教之以积柴燔烧之法，竟日槌平。今开店铺，在营盘西偏。

关壮缪显圣

金川之役，关壮缪尝于卡撒显圣。赬面长髯，横刀立马，番兵为之辟易。军中即其地建立庙宇，至今巍然如新。庙在半山，为往来必由之道。部民有曾在军营贸易者，尚能历历言之。壮缪手下周将军，亦尝显神登春沟（地名，属抚边屯），方降番劫掠大营，遂乘胜而袭登春也。贼势张甚，官兵及站夫被围数重。力敌不能出，四顾无援兵，而贼众络绎至者如蚁附。正仓皇急遽中，忽有一巨人，持大刀，横扫杀数十人。贼众稍却，兵夫等得乘势撤回。当力战时，咸见其皤腹睅目，一足着靴，一足着铁履，如草鞋形。及归大营，遍寻其人，已不见，莫不对天叩首，谢神助。后有回成都省城，游文庙街关庙者，见周将军塑像，即登春所见巨人也。服饰亦同，方悟助顺杀逆，效灵边塞，实藉将军神威也。今各屯武庙中塑将军，着一铁制草履，盖存其圣迹也。

陈 生

陈生，成都人。年少时旷居在家，性喜武艺，豪纵不拘小节，驰马弯弓，少暇辄为狭邪游。偶过委巷间，荜门半启。见一女子，年仅及笄，殆天人也。驻足凝视，女似省觉，转身入内。怅望久之，杳不复见，嗒然而归。自此形神俱惑，朝夕窥觇，足不停趾。访其邻佑，则一孤媪携幼女侨寓，不知族姓里居。生因托故与媪往还，女亦渐稔。无人时，女辄以秋波送娇，眉语寄意，生益惑焉。生有事他适，旬余始返，急往探询。则屋宇锁闭，盖厥媪已于三日前挈女迁徙矣。问所往，俱无所知者，神昏意乱，木立不复能动，邻人扶掖以归。遂患心疾，辗转昏愦中，忽忆柔情媚态，则哑然笑。又忆浮萍断梗，何处追寻，则啜以悲。欲歌欲泣之状，病似疯狂。一日烈风骤雨，正沉闷间，见一女子翩然入。细认之，则媪女也。惊喜起坐，询所自来，女为缅述之。始知媪以僦值昂迁往乡中，适遣往看妗氏，避雨至此。询得病源，颇动怜念，偎傍之际，吹气若兰。生渴思大慰，积疾顿瘳。挽女留数日，燕婉如伉俪，由是星离月会，积半年余，羸瘦骨立。亲朋有知之者，咸苦劝之，犹迟回不决舍。既患瘵疾，女来益频，每至深夜，辄就生淫。生力不自支，苦其扰，稍稍厌之。又念姓氏居址，恍忽无凭，每值雨雪夜，女子独行数里，衣履不沾湿，疑非人类，心益滋惧。侵晨女去，亟收拾行李，附贾人舟至夔州养疴。年余，渐复旧，入伍夔营，洊至外委。值公所会集，醉后细述往事于同僚中，意谓地隔千里，事越数年，当已永绝。席散回汛，则其女艳妆眩服，坐待已久。生一见大惊，口噤不成语。女笑谓曰："一别七年，何处不寻。适承垂念，是以不远千里而来。

何见拒之深?”出白镪数十置案头，生怀惧不能决，然悦其色贪其赠，亦且安之。会调征金川，女亦遂绝。今陈官懋营千总，名（国英）。署绥靖营守备杜公为予言之甚悉。后过懋功晤陈，戏问狐女事。陈笑诺而不敢言。乃知杜公之说非诬也。少年恣欲，几至不起，幸而获免，良足戒矣。又闻（国英）之兄（国瑞），年少时亦尝遇狐，以年满千总退居打箭炉，地震压死。

山中鱼

绥靖屯属本在勒乌围，即军兴日将军营盘也。因仓廒远在阿尔古（地名），支收不便。汉川令车公（煌）营屯时，撤材料捐俸移建。舍平地而取高坡，实迁就仓储也。方其施工，削平山石，见砂砾中有水一潭，双鱼游泳其内。尝见载籍多有掘地得鱼事，然犹谓沧桑变易，鱼子傅土，得地水而生。今山石中鱼从何处来，即有格物者恐亦不能格。予于乙巳秋捐俸即其地建衙神祠。

石髓

祠墙外为民番往来路径，路旁有一石笋，耸出地表尺余，牢不可拔。黑夜误触，每有颠蹶患。居民募石工搥去，石乍平，有微窍喷出黄水无数，既而滴沥汪汪，泛溢不绝，越三日夜始止。此乾隆四十二三年间事。盖道家所谓石髓也，饮之，后天而老，惜未闻有试饮者。

巴布里神

巴布里（地名，属绥靖）山巅海子有一物，大如屋，形似青蛙，尝踊跃涟漪中，翘首出水面四顾，不为人害。土民遥望见之者，合掌诵佛号，即潜伏不见。己酉夏，雨泽愆期，为结坛西里（地名），延庆宁营外委吴（之俊）作法虔求（吴擅敕勒及祈雨术），予偕马游戎，斋戒三日，执香步行，往返烈日中十数里，以虔祈甘泽。复念徼外深山多海子，率皆致冰雹为民患，而巴布里独异。必有神物式凭，为一方庇佑。因具牺牲致祭，迎取杯水供坛中。逾日，甘霖大霈，神物显灵若此。闻自后岁有旱暵，当事者虔求辄验云。

溜筒桥

绥靖之噶尔丹寺（地名），向有溜筒桥。已久废，其趾尚存。土民中有一年老者，为予言之甚详。江面既阔，夹岸皆高山。既不能立榛建桥，复不能建索桥（索桥形制详前），不得已，始为溜筒。其桥制特异，危险亦百倍于索桥。两岸高处，各植一巨柱，低处亦各植一巨柱，凡四柱。柱皆深埋山石中，出地高数尺，柱旁俱建屋一区，各设夫役二三名，为往来人接应。此岸高处之柱，与彼岸低处之柱，遥遥相对。柱端相连铁索，索外套一五六尺长之巨竹筒，用牛革及生漆裹护，极坚。筒上系一细索，较铁索略短。其端紧系高处柱杪。人畜欲渡者。抱缚竹筒高处，夫役持索缓缓放之，乘势而下，直抵彼岸。解缚，即收回竹筒。彼岸欲来者，亦从高处溜下，法与前同。内地惟雅州府属之天全州独多，盖天全本属夷地。雍正年间，始改土归流也。是非高山夹峙，水势深险且阔者，不必为此危险事。然其法有可取者，仿其意为之，亦可以济急务。如冲途州县，值紧急文报，严限时刻，而境内有大河险滩者，问渡往往需时。师其法，植竿两岸，各置递夫接送，似较便捷。因备书之，以俟采用者。

埋骨获报

缪清泉尝过逊克宗（属章谷屯）后山，见雪消处白骨甚多，及遍寻之，几满山谷。因召夫役百名，捐给资粮，掘数十巨坑，甃石深瘗，亲自巡视，警惰赏勤。结穹庐于雪窖中者二十余日，始得竣事。时清泉年逾三十，尚乏嗣。不出二年，即在章谷任所连举丈夫子，英挺竞爽，佥谓积善之报未有艾也。

男学琛恭校

附：题词[①]

跋

西南地势雄厚坤，亘亿万载离照昏。
圣清式廓扬赤旛，诞归丕冒涵渥恩。
伟哉造物不可论，奇奇怪怪惊心魂。
真宰变幻曾无言，雕镂不著斧凿痕。
丈夫苦如驹伏辕，要当匹马驱塞垣。
千寻铜柱追马援[②]，不尔下笔倾词源。
指顾万里风云奔，传之名山永勿谖。
吾舅风骨矜凤骞，文章声价倾玙璠。
焦桐终爨宁非冤[③]，掉头忽驾征西轩。
大吏器之畀以繁，绝塞冰雪无春温。
嗢咿呕哑日夕喧，须知性命同一原。
行循吏事志倍敦，驱策虎豹驯鹿猿。
云山万状归朱轓，暇时还将竹素繙。
详载节目及本根，体例严肃文不烦。
运意名隽词精浑，千秋文章肇厥门。
后来著述皆子孙，大关经济绥元元。
细及名物一一存，珊瑚木难射朝暾。
疑泛珠海登昆仑，嗟予阘观守愚芚春。
忽开眼界瞀无垠，岂惟八九云梦吞。

甥女归懋仪恭题

---

① 嘉庆《金川琐记》无此二篇跋，今据民国王云五主编《丛书集成初编》本《金川琐记》补录。
② 原注：叶。
③ 原注：舅甲午省试被荐，几得倦市。刘石庵先生，己亥、庚子科试时，俱拔第一。

跋

夫挟管窥之见者，不足以测奇；存夏虫之知者，不可以达化。故夫一物不知，儒者之耻；而登高能赋，大雅之才也。虽然簿领之役繁，则丹铅之趣减矣；驰驱之日多，则竹素之业荒矣。乃若寄意虚无，放词诡诞，义无关乎故实，体仅取乎铺张，斯则游戏之文章，难语大方之著述也。维吾叔父湘帆先生之作为《金川琐记》也，荒远在西南万里之外，草昧经开辟亿载以来，奇迹怪事，瑰伟连犿，震荡心魂，摇眩耳目。岂特周王马迹所不到，谢公履齿所未及已哉？爰以钱谷余闲，说研坟典；锋车所至，搜讨山川。一见一闻，识大识小，分为六部，汇为一书。皆本风土为敷陈，实与边政相表里。俾后之仕者得所据，学者有所稽，岂非艺林之龙虎，家乘之璠玙与？至其命意摅词，尤多卓旷，质而不俚，华而不浮。词文旨远，居然晋人清言；含英咀华，绝胜唐人小说。将张华《博物》，或且逊其精详；干宝《搜神》，未足方斯严谨也。（璜）幼随几席，长隔云山，窃叹政事文学，自昔同源，益信花月风云，总无异乎。受而卒业，常觉浩乎无涯。纪以数言，非敢阿其所好云尔。

嘉庆丁巳四月下浣

侄学璜盥手书后

（清）李涵元　潘时彤　修纂

绥靖屯志

道光五年刻本

提 要

绥靖屯，治所在今金川县县城。明初设都指挥使，清乾隆四十一年（1776）设阿尔古厅，四十四年裁，设绥靖屯。民国二十五年（1936）并绥靖、崇化屯置靖化县，1953 年更名大金县，1959 年再更名金川县。

（道光）《绥靖屯志》，李涵元修，潘时彤纂。涵元，贵州普定县人，监生，道光二年（1822）调署绥靖屯务；时彤，成都人，嘉庆举人，候选知县，曾纂《华阳县志》。李序："嘉庆壬申岁，大府檄修《通志》，前任北平范君存有《采访旧稿》，但择焉不精，语焉不详，已半就残蚀。……参引李湘帆先生《金川琐记》……乙酉夏，爰寄锦城紫垣先生纂修之。"其后，时彤补缺增新，历数月而稿成并付梓。

是志十卷首一卷，卷首有"序""职名""凡例""目录""图绘""宸翰"，正文分"天文""舆地""建置""田赋""祀典""职官""风俗""边防""艺文""杂识"十卷，四十七目。此志是四川编纂时间最早、门类最齐全的一种屯志，亦为今金川县内现存最早、最完整的地方志。

目 录

卷首

序

蜀志之兴，由来旧矣，历汉、晋、唐、宋、元、明，类皆各有著述，为一邦文献征。而声教所讫，幅员未广，边陲之地，纪载无闻，美哉犹有憾焉。洎乎我朝，重熙累洽，长治久安，廓一统之模，致重译之盛。大金川于康熙间归诚，小金川于乾隆间底定，改设为五屯，分壤而治，绥靖其一也。仰见国家武功赫奕，文教覃敷，德化之隆，超越前代矣。但《通志》所载，略而不详。官斯土者，未遑及此，非所以体睿谟、昭圣治也。冕宁少尉李君熙斋，克勤厥职，大宪以为能，檄司屯务凡三载，瓜期将代，顾念屯无专志，殊为阙典。爰取前任范君采访旧稿寄予，转延华阳潘紫垣孝廉创修成书，并属之为序。予惟蜀为西南奥区，屯治僻在荒服，列入版图，甫数十载。其间山川风土，既无可稽；一切制度仪文，又尚未备，较他志为尤难。兹李君以薄书余闲，犹能留心掌故。复有潘君博雅之士，广为搜罗，详加考核，勒为一编，大有裨于边防，洵足以信今传后矣。夫绥靖仅属偏隅，使各屯均有是举，将冕输赍纳幏，王会成图，度索寻橦，夷歌慕德。下观风俗之同，上备輶轩之采，则扬雄、左思所赋，未足称奇；陈寿、常璩所书，不能专美矣，岂非盛世哉！李君为予乡人，潘君又予弟同年友，相与有成，共传不朽，因乐述其缘起云。

道光五年乙酉秋八月上澣日，署四川成都府盐茶督捕通判、监察夔关税务，前摄崇宁县事、候补直隶州州判，乡愚弟王筌拜撰。

序

道光壬午夏，予承乏绥靖。是年冬，小子焕自省来屯，言从华阳孝廉潘紫垣先生游。先生渊源家学，早登贤书，数上公车，屡荐不遇，年届强仕，家居授徒，门人掇科第者，踵相接焉。藏书既多，著作亦富。今方伯董朴园先生前尹华阳时，延修邑乘，博雅详核，甲诸郡县志。其他诗文，传诵艺林者尤夥，予耳熟之久矣。窃思屯治，远在荒服，辟自我朝，今已数十余载。凡兹山川、名胜、赋役、风俗，与夫典礼、边防诸大端，均有关于政治，亟宜辑为一编，用昭国家圣武。而前此纪载阙如，颇难著述。嘉庆壬申岁，大府檄修《通志》。前任北平范君存有采访旧稿，但择焉不精，语焉不详，已半就残蚀矣。因偕幕友胡君午桥，检案牍，询土人，稍为增省，并参引李湘帆先生《金川琐记》，而艺文犹属寥寥，且体例未尽善，典籍无可征，何敢付梓。乙酉夏，爰寄锦城，请紫垣先生纂修之。先生于工课之暇，补厥遗，正厥讹，纲举目张，条分缕析，成书十卷。予展阅之下，见夫体裁简括，考辨精严，较前粲然其大备。遂捐俸余，寿诸梨枣，庶几附骥而彰焉。夫先生性既嗜学，才复过人，当此闭户著书，已足信今传后。他日珥笔词垣，簪毫史馆，抒其所蕴，以润色鸿业，颂扬太平，将所谓蹑班、马之芳踪，绍渊、云之雅制者，先于是见一端矣。小子尝得聆绪余，予又获缀名简末，其庆幸为何如哉！剞劂既成，谨识其厓略如此。

道光五年，岁在旃蒙作噩橘壮月既望日，四川宁远府冕宁县典史、管理绥靖屯务，黔南李涵元谨序。

职　名

鉴　定

钦命：四川分巡成绵龙茂等处总理新疆屯政兵备道、随带加二级、纪录十二次尹济源（戊辰进士）。

直隶懋功厅同知、总理屯政、加三级、纪录十次稽承泰（江苏无锡）。

主　修

宁远府冕宁县典史、管理绥靖屯务、加一级李涵元（固之，熙斋）。

纂　修

成都府华阳县甲子科举人潘时彤（笏书，紫垣）。

采　辑

成都府温江县儒学禀膳生员胡经德（纯一，午桥）。

校　对

贵州普定县监生、陕西候补府经历李焕（景明，有堂）。

江西安福县附生彭礼模（范堂，守三）。

誊　录

成都府华阳县童生屈廷甲（登第，鳖峰）。

绘 图

贵州安顺府普定县童生李大廷（宸南，云墀）。

凡 例

一、金川始末，详见我朝《平定两金川方略》。国家纪载，未敢僭登，谨录宸章有关屯治者，恭弁简端，俾边徼之区，群瞻天藻之焕焉。

一、绥靖仅五屯之一，地志以疆域为断，其各屯所属，概不阑入。

一、屯治前代俱列荒服，我朝始隶版图。虽无古迹可稽，颇有名胜可纪，略载数条，以供游览。

一、风俗分列汉夷，详载好尚。昔称异域，今属同文。圣世怀柔之治，化导之方，于是斯极盛矣。

一、物产与中土大同小异。分类详载，互证参观，亦多识之一端也。

一、原稿所收艺文无几，兹从诸家专集，并各选本广为蒐罗，分体鳞次，载录綦详。其编纂已定，复有所得，谓之续辑。

一、屯志与内地微异，如学校、驿传、铺递、盐茶、钱法、榷政、木政诸类，尚未设立；选举、人物、列女、仙释、方技、流寓诸类，现乏其人；均无从载入。兹于卷末，各存其名而注一“阙”字，统俟后来增补云。

一、屯旧无志，嘉庆壬申岁，大吏重修《通志》，檄取各属底本。时屯务北平范君，检抄案牍，采访见闻，汇呈一册。稿存屯署，但门类繁杂，体例未符。兹总为十卷，分系子目，庶几文省事增。

一、屯务黔南李君熙斋，留心掌故。公余偕幕友湔江胡君午桥，择取范君原稿，并引上海李君湘帆《金川琐记》，此外无载籍可征。兹广咨博采，补遗正讹，详加考核，约七万余言，较为全备，阅四月而书成。昔人谓陈承祚志失之诬，常道将志失之琐。自维谫陋，恐难免交讥尔。

一、李生焕曾赴屯省觐，亲历风土，见闻颇真，纂修之余，足资访问，且与校对，例得备书。

紫垣潘时彤识

图 绘

疆域图

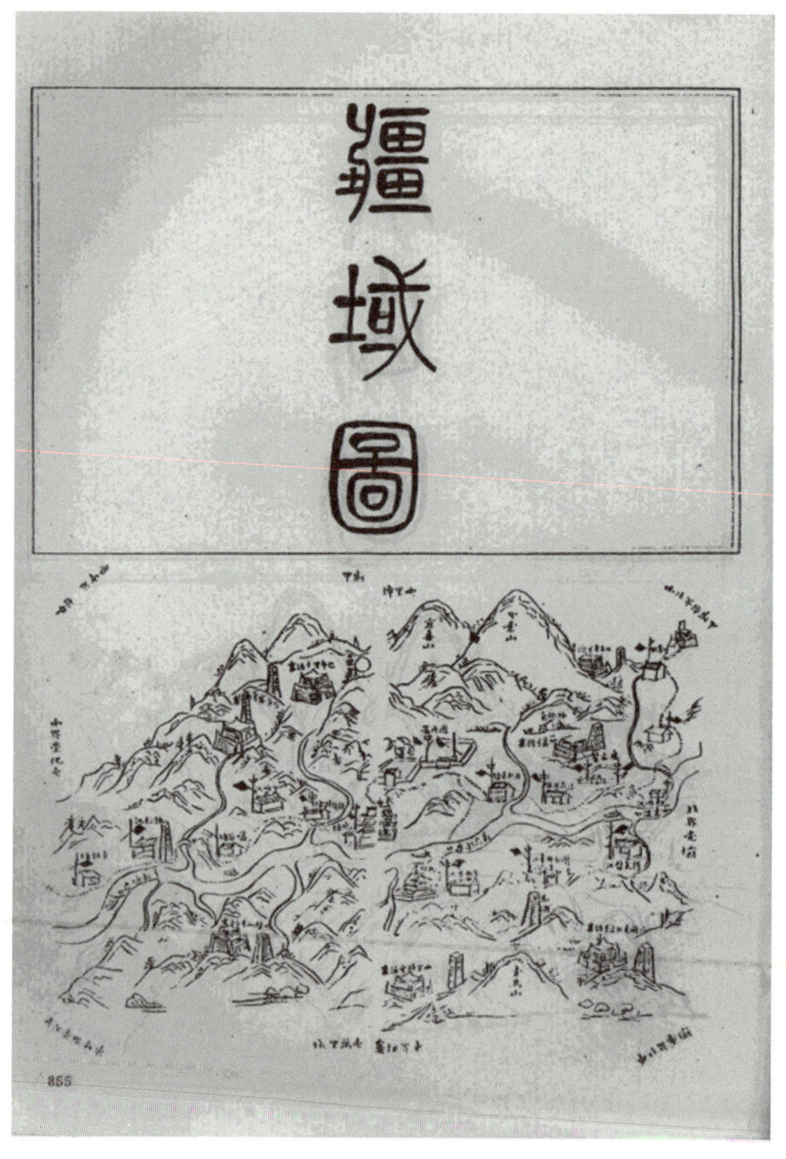

名山图

大川图

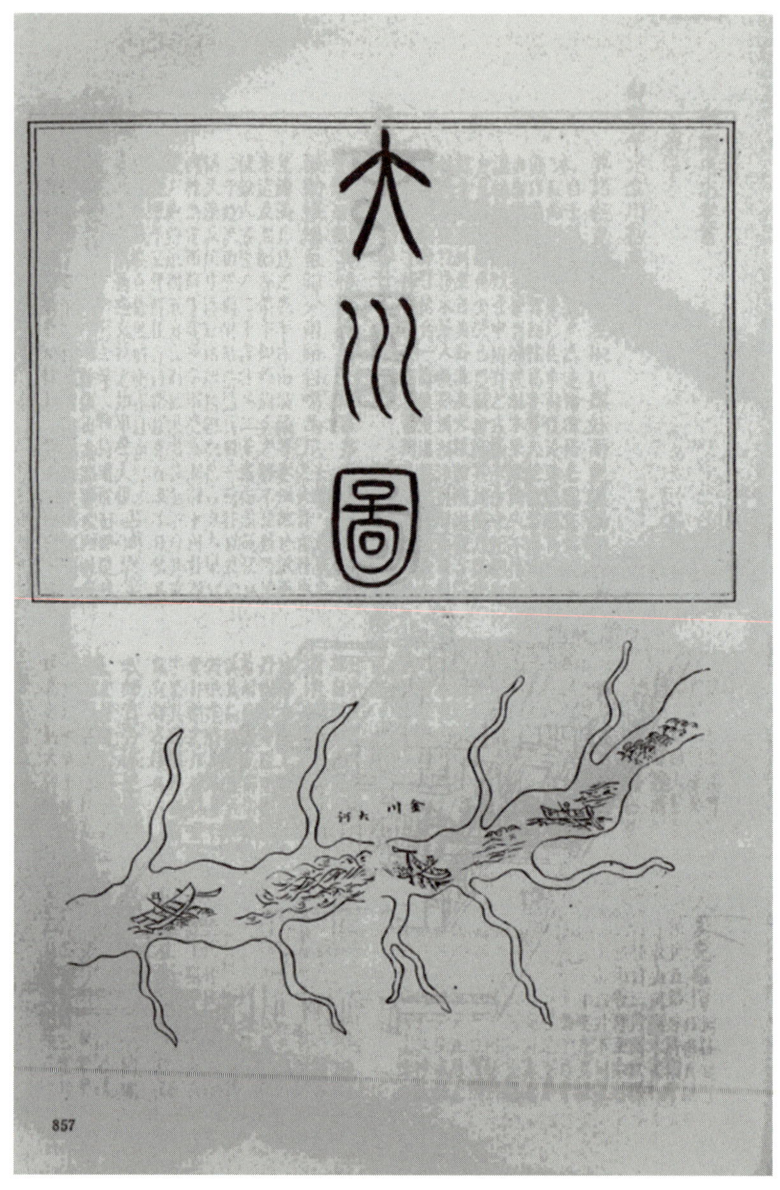

屯署图

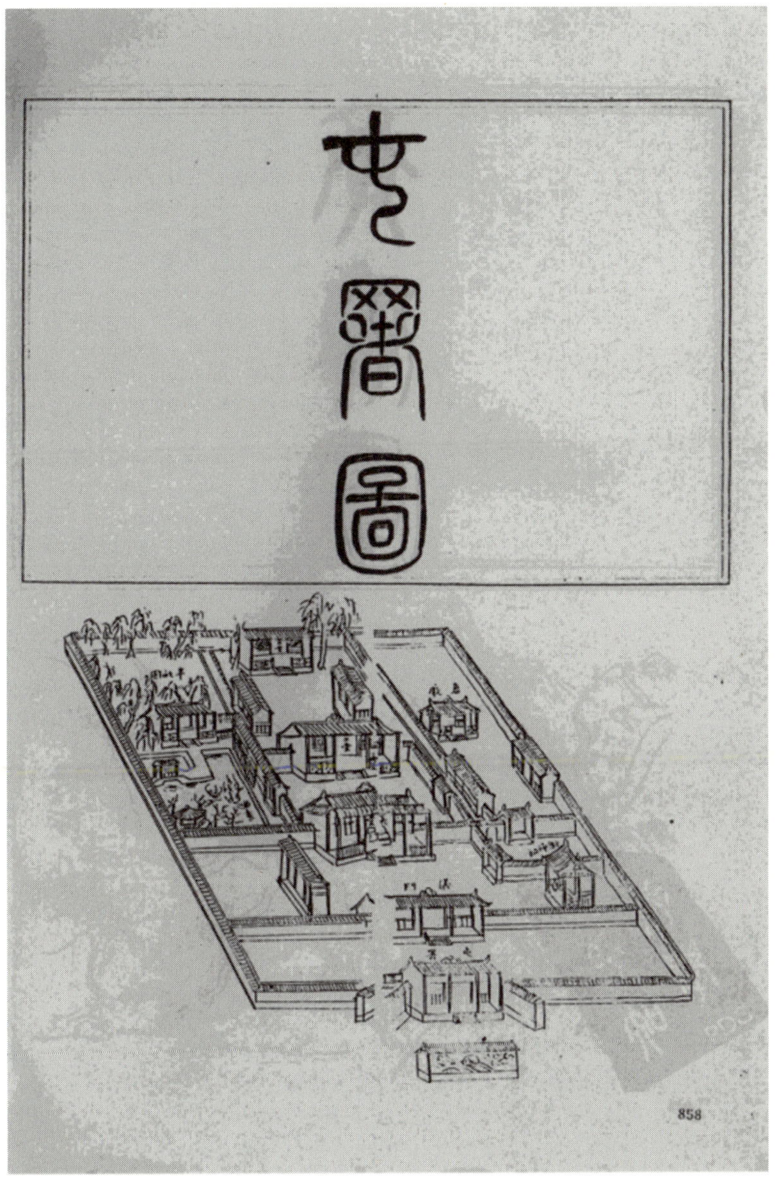

宸章[①]

御制平定金川勒乌围之碑

美诺既克，移问促浸。狼狈为奸，而更谋深。劫木果木[②]，其恨至今。将士何辜，弗雪冤沉。兵威大振，劲旅继至。师分两路，谷噶马尼[③]。上下同心，摅忠敌忾。西路遂进，南路略泥[④]。丫口深入，爰克罗博[⑤]。喇穆喇穆，并占默格[⑥]。获康萨尔，木思工噶[⑦]。逊克尔宗，其险难托[⑧]。凡此数处，林立坚碉，层次攻剿，我师实劳。据昆色尔，

---

① “宸章”各碑、诗、考及叶音、反切等，原《屯志》均以正文与阐释并录，为了方便阅读，厘清正文与阐释之文句，故将“宸章”之阐释文字脚注于文下。

② 自壬辰冬攻克美诺，逆酋僧格桑窜去，索诺木匿而不献，于是移兵申讨促浸。时温福为将军，由功噶尔拉进剿。阿桂为参赞大臣，由当噶尔拉进剿。温福旋攻据昔岭，遂驻木果木，师久不得进。温福绌于谋，以营中所有之兵筑卡布守，既耗兵力，且以分而见少，癸巳夏，贼酋窥其无能，乃逞狡谋，令贼目纠众自美卧沟及大板昭潜出，号召儹拉降番复叛，扰木果木后路。温福漫无部署，军营为贼所劫，绿营怯兵，一时俱溃。温福被害，其余大臣、官员、兵丁阵亡者甚多。我朝用兵从无如此挫折者，思之实堪切齿。

③ 去声。木果木之失，皆由营中无满洲兵为之表率。亦由温福等奏阻，故已派而未遣。及温福既偾事，知绿旗兵之终不足恃，乃派健锐火器营兵二千、吉林兵二千、索伦黑龙江兵二千，并派西安、荆州驻防满兵四千前往，以为之倡。又添派陕、甘、滇、黔、两湖精锐数万，合力大举，以阿桂为定西将军，丰昇额、明亮为副将军，阿桂遂统八旗劲旅，阅五昼夜而恢复儹拉全境，乃进攻促浸。甲午正月，阿桂自西路攻克谷噶丫口，占其山梁，入贼境百余里。明亮亦自南路攻克马尼，此为再进克捷之始，军声大振。

④ 去声。勒乌围从西路进攻，噶喇依从南路进攻。阿桂自攻得谷噶丫口，遂能扼要，所进据皆其险隘。明亮等既得马尼，虽时有小捷，然庚额特、马邦俱未易攻进，于是遂专望西路之得手矣。

⑤ 阿桂自丫口进兵，以罗博瓦为贼人紧要门户，因派兵五路，分将领率之，超越而登，遂将罗博瓦山峰及山冈碉卡尽行攻克。

⑥ 叶。阿桂自三月间攻得罗博瓦，阻雨数月，至六月初梢晴，遂克其冈下之色淜普，又于六月下旬尽克喇穆喇穆山梁，及日则丫口，七月中又克其该布达什诺大木城，并焚烧格鲁瓦角寨落，十月中复占其默格尔山梁，其地在日尔巴当噶之下，荣噶尔博之上，向阅地图，指以咨询阿桂，而所筹适相合。既占此山梁，遂克密拉噶拉木大寨，并克获凯立叶各寨。我兵势益联络矣。

⑦ 叶。阿桂自十月攻得默格尔，驻兵密拉噶拉木几两月余，至乙未正月十二日，官兵乃攻克康萨尔山梁，其险倍于他处。贼之守御亦更坚，而官军于三日内全得之。其后复因雨雪，顿兵三月，至四月初十日，大霁雪消。十四日中夜，官兵潜进，攻夺木思工噶克丫口。阿桂自谓一日而收三年未竟之功，洵不妄也。

⑧ 逊克尔宗为勒乌围贼巢外险。自前岁四月间攻之，经年未克。阿桂自得木思工噶克丫口之后，于五月初攻克噶尔丹喇嘛寺及噶朗噶，又抢占舍图旺卡，已居高得势，而留逊克尔宗在后，究属非计，乃于五月十二日派兵前往，时雾气四塞，官军乘势攀越岩磡，直至碉根，遂将其地上下石碉木城悉行攻克。是役也，丰昇额之力居多，因于其公号果毅下增“继勇”二字，嘉其能绍乃祖额宜都之绩也。

乃近贼巢。北军亦至，隔河匪遥[①]。曰勒乌围，贼旧官寨。垣固碉高，力守要害。经楼辅车，陡磡画界，木卡石城，蚕簇鳞绘。挐栅周遭，援路截其。泅水拽桥，囊土济师[②]。穴道旁出，轰以地雷[③]。凡此百计，用尽无遗[④]。四面炮攻，碉摧垣裂。遂督大军，破墙冲阓。游魂弗支，奔迸蹩躠。功成一夕，中秋八月[⑤]。众军之力，一帅之谋。靖彼贼穴，安我蜀陬。肫乎厥忠，卓乎厥猷。铭志鸿功，永示千秋。

御制闻两路军营攻得要隘信至诗以志事

两路驰军报，一朝达喜音[⑥]。
谷噶[⑦]既深入[⑧]，马尼[⑨]并深侵[⑩]。
雪冒如平蔡[⑪]，火腾卜克金[⑫]。
旗兵真识义，屯卒亦输忱[⑬]。
奋勉咸敌忾，幺麿期就禽。
讵宁靳重赏[⑭]，实用励同心。

---

① 七月初二，官军乘夜潜进，直上昆色尔山梁，蚁附登碉，立时攻克。初四日夜，官军纵焚贼寨，至拉枯喇嘛寺，飞腾而入，又得喇嘛科尔三寨，并攻克菑则大海，竭三日三夜之力，占地纵横三四十里，焚其碉寨一百三十余。先是明亮在南路，以其株守无益，令移兵北路会剿。甫至宜喜，即得达尔图山梁，至是复由茹寨攻进，连克额尔替石真噶等寨，尽得其上下沙尔泥之地，与阿桂军营仅一河之隔矣。

② 勒乌围为贼旧巢，恃其碉高墙厚，守拒甚力。且有转经楼相犄角。中间碉卡鳞次，又阻以高堋五层，殊不易攻。阿桂于勒乌围转经楼之中，挐栅以截贼人援路，并令冷角寺一带官兵，由西北而南，沿河挐栅，以断其下水之路。又募楚兵善泅水者，系巨索于甲尔日磉桥柱，以拽圮之。又以磡边贼人枪石可及，乃令官军头戴柴捆，手推沙囊，匍匐而行，至磡沿层积堆起，赶列三层木栅，以击磡下之贼。

③ 叶。

④ 并于所掘地道中，用砲轰击磡下，掘沟抗拒贼众。凡可以用力设法者，筹画备至，阿桂可谓善于谋矣。

⑤ 官军四面合围，炮轰枪击，并抛掷火弹。所遇碉卡，或拔栅斩关而入，或攀援涌跃而登，呼声四起，贼众披靡，歼戮殆尽。惟莎罗奔兄弟及贼目丹巴沃杂尔闻风先窜，究亦难逃大网，计亥、子、丑三时，将勒乌围官寨、转经楼、喇嘛寺悉行攻克，凡贼所恃以抗拒之处，一夕无不摧破。时乙未八月十五夜也。

⑥ 明亮以正月十一日，在马尼报捷；阿桂以正月十二日，在谷噶报捷；俱于二十三日奏到。

⑦ 读作平声。

⑧ 阿桂等奏：于正月初十日子时，派兵抢过谷噶丫口，占其山梁三四处，连得碉卡，已入贼境一百余里。

⑨ 去声。

⑩ 明亮奏：初十日丑时，进攻马尼之前，攻得碉卡，杀贼二十七人，贼目一人。富德截出马尼之后，攻克垭口一碉，抢夺木城，杀贼二十余。和隆武于卡卡脚亦攻得二碉，与明亮兵合，而对河之德赫布亦攻得贼寨四十余处，马尼中山梁五碉诸贼悉溃。奎林以皮船渡至博堵，亦得其木城二座。

⑪ 海兰察等所统官兵，自谷噶山梁丫口，蒷行下沟，风雪大作。官兵穿林越险，奋勇直前，转战二十余里。五更后又复大雪，官兵转乘雪雾迷漫，直抵碉根，除黑夜歼毙贼人不计外，共杀贼三十余。

⑫ 明亮进攻拉窠克石卡五，遂逼遮东大碉，贼放枪抵御，官兵不避危险，蜂拥而上，于西面挖开石脚，抛掷火弹，复于东南角举藤牌掩蔽，穴地实以火药，地雷轰发，碉墙随圮，贼大半压死，余亦皆歼毙。

⑬ 此次官兵攻碉接仗，倍为出力，皆由八旗劲旅奋勇先登，绿营观感激励，并效法恐后，而屯土兵练，亦各踊跃用命。

⑭ 在事出力之满汉屯土各兵，俱加赏一月钱粮，并令将军等查明分给，宁滥毋遗。

崇岭彼失据[①]，穷巢我可寻。
虽然宜戒满，筹笔倍生钦[②]。

御制副将军明亮等奏报攻克卡卡角山梁诗以志事

玉垒蚕丛境，跬步皆奇险。
番贼所恃兹，急切未易掩。
马尼既夺寨[③]，我军鼓勇敢。
层层直逼进，木溪亦随陷[④]。
而何卡卡角，当前险倍俨。
三面设计攻，一线穿栈巉[⑤]。
岂意贼设伏，火器潜来犯。
火熄技难施，狡寇惊破胆。
喙駾窜岩穴，追击多禽斩[⑥]。
遂得成奇功，览奏额手感。
斯诚天默佑，何修弥自慊。
伫待取马邦[⑦]，贼巢近可撼。
助顺而祸淫，昭昭悬上览。
耆定速戢戈，苍生乐恬憺。

---

① 先是，海兰察等于初九日辰时，即在谷噶山梁丫口下埋伏，贼人并未知觉。至酉时，见丫口下有贼五人，海兰察追蹑之，枪殪其一，余皆窜奔。恐其至贼营送信，因议于喇穆。喇穆横岭外，分路进攻，占其左右山梁及相近之僭巴拉克山峰。额森特亦据岭东之色依谷山梁。海兰察又占最高之登古山梁。贼于此等要隘，并未预为守御。今大兵皆入丫口，贼已自失其险矣。

② 两路官军所向克捷，实赖上苍嘉护，余惟益凛满盈之戒，以钦承眷佑耳。

③ 明亮于正月初十日进兵，即攻克马尼垭口，夺碉歼贼，军声大振。寻进攻卡卡角，贼人据守木溪。明亮于十九日子时，派令将领督兵分剿时，有预伏峭壁下之空。蓝翎兴善保、守备田蓝玉，乘夜漏未尽，率吉林索伦劲卒，于万难容足处，驾空绝迹而行。比黎明，兴善保、田蓝玉等已立于山顶，官兵皆接踵而上。贼见我兵从山峰石空中截出，皆惊惧失措。而山梁碉内诸贼，咸望风溃，余皆奔窜。统计杀贼五六十余，尽得木溪碉寨。

④ 叶。

⑤ 先是攻得木溪，令官兵暂为休息。明亮等随相度形势，于二十四日，派兵两路，于正面、西面仰攻，明知贼所防备，用以牵缀，别派兵一千绕过山后截出，东面进攻，使贼三面受敌，以期得手。时东面沟内碉寨栉比，我兵拦阻在内。复派巴图鲁拉布栋阿等带兵策应，合为一处，虽将沟内碉寨或焚或夺，然进退皆为地势所限，而正面、西面官兵，亦以处险，未能寸进，相持至两日两夜。察西面山麓绝壁中，微有攀陟可上之径，兴善保、田蓝玉即选健兵五百，超越先登。

⑥ 廿六日黎明，兴善保等将陟山顶，忽有贼数十于峰下突出，排枪欲犯我兵，而枪药皆不燃，贼即惊窜。我兵因得直薄其前，挥刀驱杀，而贼人正面山嘴炮位亦随火炸裂。三面官兵闻声相应，勇气百倍，共杀贼六十余。而山寨逸出之贼，于山梁相遇，我兵又截杀其半，尽占卡卡角贼寨。此皆赖上苍嘉佑，神力默助所致。朕惟倍深寅畏，并勖将军等，益知感敬，迅望集勋。其奋勉出众之兴善保、田蓝玉，前既赏以巴图鲁号，兹复授兴善保四等侍卫，田蓝玉都司，即用，以示奖励。

⑦ 由卡卡角而前，地名庚额特，其西山势壁立，正面山脚直插河流，惟山半羊肠一线可通，有两石卡阻路，后复护以大碉。土人云：是促浸南路第一紧要门户。明亮等拟用大炮轰击，可望计日克捷。过此则为马邦，再进则为噶喇依贼巢。惟冀仰邀天贶，扫荡金川，速奏大捷。

御制将军阿桂奏报攻克罗博瓦山碉痛歼贼众相机进剿诗以志事

罗博瓦最高，四峰瓦围拥。
危石锁岩岈，冰岩滑巃嵸。
贼紧要门户，死守弗开空。
然势在必取，将军申戒董。
八旗子弟兵，其中多将种。
心既坚忠义，力倍加拳勇。
偏伍与弥缝，部署劳洞洞①。
夜发晓将及，贼众拒冲涌。
据高直下捣，我师屹弗动。
待其近至前，持满无不中②。
绿旗及土练，激励均跃踊。
履险如席平，腾高拟乌玃。
刀矛短兵接，贼败不旋踵。
陇种奔案角，惃踉逃穴孔。
两日克八碉，廿六卡获冗。
贼巢斯已近，一鼓期收总③。
然予更有思，好生承天宠。
逸德玉石焚，佳兵诚宜奉。
渠魁所弗赦，胁从实懵懂。
晓之令归命，倒戈或阴拱④。
诛杀既弗亟，成功庶速巩。
寄谕相咨诹，慎事惟虔竦。

---

① 阿桂奏：罗博瓦山最关紧要，此一路必当竭力，始得建瓴之势。因于廿三日，派海兰察等统兵九百名，攻第二、第三山峰中间丫口，以截断贼人归路。又令额森特、乌什哈达，带兵在后续进。海禄、保宁之兵又继之。普尔普仍攻罗博瓦之前山峰，福康安攻喇穆喇穆大碉。又令特成额、成德等由左边山沟潜进，以牵贼势。

② 叶。

③ 廿三日三更，传令军士进发。将及黎明，官兵分为五路，各自爬越而发。贼先已知觉，即攒聚群贼，往下直冲，势甚凶猛。官兵内虽有被石滚伤之人，并不稍为移动，俟贼人冲近，持满而发，无不应弦即倒。既近则刀矛短接，伤毙亦多。贼人势不能支，始行败退。官兵上紧追杀，直上山梁。贼众除杀死外，并有抱头滚落崖下箐中者。海兰察一面占据丫口碉卡，一面往抢三、四峰及峰下一冈碉卡，尽行攻克。普尔普督兵攻打两夜，意气腾上，攻开碉座。统计歼贼二百余，促浸头人二名，攻克大碉八座，大小二十六卡，抢获炮位、火药、铅丸甚多。距逊格尔宗不过五六里，俯瞰贼人碉寨，竟可直下冲压。拟从罗博瓦对面山梁发兵，截断其后，贼日不攻自溃，长驱直入，更为得办。阿桂调度有方，诸将领亦奋勉出力。因晋阿桂太子太保，海兰察授内大臣，普尔普、额森特授散秩大臣，并赏荷包有差，伫俟功成懋赏。

④ 官兵杀贼甚多，贼必心生畏惧，然歼戮太多，朕心有所不忍。因谕将军等，及贼番惊怯之时，开诚晓谕：以此事由于逆酋之负恩反噬，罪在不赦，与诸番无涉。番众中如有能设法擒获索诺木及莎罗奔兄弟并其姑阿青、头人丹巴沃杂尔等至军门来献者，奏闻，另加赏录。若能弃逆投降者，亦可贷其一死，各予安插。诸番如果明于顺逆祸福，自求可生之机，既觉事半功倍，且可免致玉石俱焚，方合朕好生之心耳。

御制军邮诗

军邮今日来，报克色淜普。
罗博瓦捷后，两月余阻雨。
虽定六路攻，曾未寸步举①。
迩来略放晴，我军勇倍贾。
门户既已近，贼人防益固②。
山脊筑三碉，左右更夹辅。
进退两维谷，决策在破釜。
期得而后往，将军计非卤。
分投各衔枚，一呼发万弩③。
人人自为战，上下力各努。
踔碉如履平，炮石中鼓舞。
观之心恻然，喜极泪欲堕④。
得战碉十一，平碉四十许。
杀贼二百余，器械获无数。
歼其大头人，率丑守碉者⑤。
盖自用兵来，斩获斯为巨。
临逊克尔宗，勒围近堪睹。
赏恤所弗惜⑥，嘉许难行语。
伫待驰红旗，崇捷耆定武。

---

① 先是阿桂拟分兵六路，由罗博瓦下沟攻取对面突起碉卡，抢占日则丫口，并攻喇穆喇穆峰上大碉。以番地雨雪久不止，我军未能即进。

② 叶。

③ 罗博瓦冈下地名色淜普，贼于山梁中连列三碉，复于两旁坡塄各筑大碉，右一左二，与中互为援应。时因久不进攻，官军蓄锐励勇，思一展试。会连日晴霁，先派海兰察等统兵攻中路，额森特、乌什哈达等各统兵攻其左右，福康安等为后应。十二日丑刻月黑后，阿桂、丰昇额、色布腾、巴尔珠尔董率各兵，分队衔枚，潜往设伏。先令普尔普等攻扑喇穆喇穆各碉，以分贼人之力，其右麓并令成得等作势牵缀，普尔普等直上，连抢两大石卡。贼方合力抗拒，海兰察等已直抵第一碉根，贼因碉半为炮所摧，于下截堆木为御，官兵即就木堆腾跃而上，毁其碉墙，抛入火弹。贼见官兵四面围攻，固守不出，乃派索伦兵预伏其旁，开围一面诱之，贼果窜入伏中，官兵控弦以待，射殪过半，余亦负箭而遁。其第二、三碉贼，虽悉力死拒，官兵亦皆跃上碉顶，毁门克之，歼贼殆尽。其左右两坡之碉，并先后攻克，杀贼与中路略同。复克其向西山麓之碉。翌日，又克其向南山麓之碉。是役也，统计攻获战碉十一、平碉四十、炮五，火药、铅丸、鸟枪、刀矛、口粮无算，杀贼二百余，割首级三十九，耳记五。殪其大头人达什侧妄，即索诺木令在此路领兵者。又毙其次头人巴克多、绰窝思达尔结二名。捉得生口六，皆讯供以闻。

④ 叶。

⑤ 叶。

⑥ 用兵以来克碉之多，无有及此次者。因敕部录叙，并解亲佩燧囊赐将军、参赞，以示宠异。其领队大臣之出色者，如海兰察等六人，亦赏官用燧囊各一。

御制滴博蓬婆考

杜甫诗有“已收滴博云间戍，更夺蓬婆雪外城”句，为《和严武军城早秋》作。注之者谓：滴博蓬婆，西山地名。或云：滴博，西山城名；蓬婆，吐蕃城名。或又于“滴博”下注云：岭在维州。至何以谓之滴博、蓬婆，则未详其义。按：武为剑南节度使，以广德二年，连破吐蕃，诗正作于此时。今维州桥在汶川，其外即番境，诸番即吐蕃种类。向闻促浸逆酋，有欲占维州桥之语，并闻其地以此语造为歌曲流传已久。则唐时或曾占维州境，亦未可知，故云已收滴博也。又今以维州以外为西路，与严武所称西山亦合。惟滴博、蓬婆以内地字义解之，辄不得其说。考番语即唐古特语，唐古特谓“楼”曰“丢①乌”，今地名亦有讹称“兜乌”者。“丢乌”急读即为“碉”，故今以番人所居之楼为“碉”，其实“碉”于字书，为石室兼楼称之义始全。但言“碉”者，犹从番语耳。又唐古特“闭头巴”字亦读作“斡”，视其语所应用者而分之。或当时有粗识番字不解字义之人，读“斡”为“巴丢巴”，再转遂为“滴博”。亦犹元姓“却特”误为“奇渥温”，由粗识蒙古字形之人，妄为离合，因至②传讹耳。又“蓬婆”亦唐古特语“朋博”之转。“朋博”者，堆阜之谓。今之色淜普为贼番就堆阜筑碉之所，则“淜普”当即“朋博”之讹。“色”盖“色尔”，番语所谓“金”也。兹因纪色淜普之捷，考订如右。

御制将军阿桂奏报大兵攻克喇穆喇穆山梁及日则丫口诗以志事

色淜普克固可进，喇穆喇穆转在后。
山梁上有贼战碉，直进仍虞彼掣肘。
我兵相势分营围，而匪聚徒亦严守。
惟彼峰尖两大碉，肋崖如削猿难走。
以故贼不甚隄防，得此斯为踞其首。
搤吭拊背则无难，捣虚抵隙或堪取。
分兵两路各进攻③，别选精锐登峰嵝。
峭壁直上千仞高，以顶继踵翼为手。

---

① 丁羞切。

② 至：同治《理番厅志》无。

③ 阿桂奏：自克色淜普以来，贼知我兵注意在彼，守御益密，因细加体察喇穆喇穆一带山梁各碉。其东附近登古丫口者，丑徒聚守最严，其南近萨斯甲尺沟者，亦为坚固。惟迤西峰峦突起，两大碉居山绝顶，两旁坡崖如削，北面山势更陡，贼度官兵不能往据。若能占此山巅，已断其后路，势必俱成瓦解，可收捣虚抵隙之功。即于廿二日晚，令额森特、乌什哈达等，分两路攻色淜普南面山冈贼碉，福康安带兵接应。又令普尔普、海禄等，进攻喇穆喇穆山梁东边之碉。保宁、彰霭等，攻其以次贼碉，并令成德、特成额、六十六等，亦于左边进攻。海兰察、官达色、泰斐英阿、格勒尔德等，直取绝顶两大碉，于满洲、吉林、索伦及绿营屯土各兵内，选至勇至健兵六百余，分队潜上。

须臾遂克两战碉，贼众尽歼无一漏[①]。
其余各碉虽力拒，我围益坚鱼在罶。
贼知难拒尽弃遁，我兵追戮多僵仆[②]。[③]
乘胜勇气百倍增，并即克日则丫口。
是役诸将皆用力，而海兰察功最右。
相机取逊克尔宗，伫待捷音奏囊剖。

御制副将军明亮奏攻克宜喜达尔图山梁已据要隘筹进取贼巢诗以志事

宜喜达尔图，贼之北门户。
攻已一岁余，曾未进数武。
所以丰昇额，改图易西路[④]。[⑤]
明亮进正地，复以遇险阻。
亦欲往西路，已谓议可许[⑥]。
阿桂令其回，牵缀由宜喜[⑦]。[⑧]
昨接阿桂奏，攻碉进丫口[⑨]。[⑩]
晴明望宜喜，贼碉毁弗睹。
但见我军营，列据山梁处。

---

① 叶。

② 叶。

③ 廿三日寅刻，额森特等见海兰察兵已抵贼碉下，督兵趋赴，越过三道深濠，箭殪多贼。其普尔普等所攻第一贼碉，官兵直冒枪石，抛掷火弹，刨挖碉根，贼窘迫出碉，官兵枪箭齐发，毙贼甚众，并射中红衣贼目胸背，带箭而窜。成德等所攻碉、木卡，尽力攻开，连克石卡四座。惟时海兰察所带各兵，先于半夜月出之前，掩藏火绳，屏息鱼贯由石壁陡滑处缘上，前人之踵几及后人之顶，以手引手，蚁附前进，预伏碉旁。黎明，一涌而登，直上东峰碉顶，毁门跃入，尽歼贼众。即扑进西峰尾碉围攻，奋力剿杀无遗，并焚其下两木城，贼随烬灭。成德、普尔普、保宁等冒雨攻围山梁之碉，彻夜无倦，贼弃碉遁。廿五日早，大雾迷漫之际，海兰察等复从山梁尾碉，乘势抢杀西南两山冈碉卡。官兵胜后，勇气倍增，并攻克日则丫口各碉卡，歼戮多贼。是役也，攻得贼碉三十六、木城五、石卡五十余、平碉百，杀贼数百余，生擒二，获马骡十一，炮一，枪仗、口食无算。喇穆喇穆山梁为此路贼人第一要隘，而日则丫口亦勒乌围要路。将士攀援超越，奋不顾身，虽雨夜雾晨，弥加勇往。而海兰察不避艰险，每攻必克，尤为勇将，亦由将军等调度有方。因敕部优叙，并赏兵丁等一月粮，并传谕奖励，以待底绩策勋。

④ 叶。

⑤ 达尔图山梁为宜喜要隘，贼人守御极严。昨岁，丰昇额统兵在彼同舒常攻打经年，未能寸进。因移兵凯立叶，亦无可进之路，遂就阿桂军营，两将军并为一路。

⑥ 明亮自绒布寨分兵七千，移攻正地，及遣人侦探黄草坪一路，直进二十余里，不见贼踪。斯噶尔一路，坚碉林立，箐密山深，难于急进。且恐堕贼诡计，亦请移赴凯立叶协剿，或听阿桂就近调取。以所奏颇为近理，遂嘉许之。

⑦ 叶。

⑧ 阿桂闻明亮欲往西路之信，谓西路已无藉添兵，应筹牵缀之法，使贼势分而力弱。乃飞札明亮，令赴宜喜酌剿。明亮军次木池，得阿桂札，即驰往宜喜。而绰斯甲布土司等亦诚恳，明亮在彼统兵，明亮因驾驭鼓励土司，共知奋勇自效。然其地有鉴于上年之难进，未能信其为策之善也。

⑨ 叶。

⑩ 即日则丫口也。

疑信尚未定，今朝奏囊剖[①]。
分攻彼七碉，奋勇齐并举。
一时皆即克，兼得格勒古[②]。
惟余第四碉，励众期必取[③]。
成功神且速，嘉劳[④]难尽语。
而实赖天佑，助顺默相辅。
贼巢已逼近，螳臂应难御。
诸臣既同心，和则力共努[⑤]。
定功膺茂褒，捷音日夜伫。

御制将军阿桂奏报攻克该布达什诺大木城及色□普下各碉并焚烧格鲁瓦角寨落诗以志事

制胜出奇资帅略，克碉歼贼不崇朝[⑥]。
三军敌忾诚均笃，二将宣猷绩独超[⑦]。
事逮半功将逮倍，勇宜鼓志不宜骄[⑧]。

---

① 叶。

② 昨阿桂于日则丫口军营奏：初六日清晨，云开日出之后，遥望达尔图山梁贼碉俱已不见，但见官兵营盘七座，知明亮已得手云云。虽喜且盼，未敢遽信也。十八日早，明亮奏：达尔图山梁，横亘数里，其中节尤要，贼于此连筑七碉，非分攻不能得利。因派奎林等攻第一、第二两碉，和隆武等攻第三碉，三保等攻第四碉，珠尔格德等攻第五碉，科玛等攻第六碉，噶塔布等攻第七碉，每起带兵六七百名不等。复派马彪、舒景安、都尔嘉等各带兵策应。其俄坡、格勒古则令都司崔文杰等带领绰斯甲布土兵三千往攻。初四日黎明前，各将领分路并进。维时大雨如注，官兵冒雨直进，勇气百倍。和隆武先攻得第三碉，余皆以次而克。殪贼二百余，献首级者廿一，耳记三十七。其俄坡、格勒古亦俱攻得，随将所有碉卡折毁，安设营垒。与阿桂所奏望见情形，适相合矣。

③ 明亮等通计得战碉十五座，平房廿六间，大炮六，枪矛、食物无算，生抢大头人一，散番八。惟余东北山口第四碉未克，然其势已孤，现今设法攻取。一经攻克，即可乘席卷之势，与阿桂合兵捣击，以伸众忿。

④ 去声。

⑤ 明亮奏至，降旨交部优叙，在事出力兵丁，各赏一月粮。将军等如此同心协力，深所嘉许。和能成事，计日盼捷音之至。

⑥ 阿桂奏：该布达什诺贼人木城最为扼要，若从彼绕出，即断其后路，不得不为冒险出奇之计。随派海兰察等，分路绕截攻打。十七日寅刻，各带兵潜进。比黎明，海兰察已绕过箐林，抢占木城后山腿之上，派兵焚其附近寨落，歼其番众。贼见事势危急，悉众来援，舍死格斗。我满洲索伦兵，枪箭齐发，殪贼无数，并射其两头人。官兵箭枝将尽，遂暂撤回。额森特见贼人寨落烟起，知海兰察已经绕出则色溯普右山沟下，备御必疏，遂超越巉道洊逑，且战且行，直踞色溯普山梁，亦焚其下附近寨落。十八日夜，复派各路带兵分攻。订于十九日子刻，同时并起，官兵乘势分进，折栅上碉，勇皆百倍。富兴、福康安、成德等各将木城碉卡攻克，海兰察于山后射毙多贼，额森特亦循山梁直下，均各攻夺贼寨，立时焚毁，此皆色溯普下格鲁瓦角地也。计克战碉二十三，木城九，石卡六十余，焚毁寨落七十余，碉房数百。歼贼男妇老幼三四百，所获军械、粮畜无算。官兵势已联络，现在进攻逊克尔宗。

⑦ 此次攻碉杀贼，在事将领、弁兵，无不奋勇出力，而海兰察、额森特尤为勇略超群，除谕优叙外，仍加赏海兰察超勇巴图鲁、额森特娴勇巴图鲁号，以旌异之。

⑧ 现今大功将成，诸事尤宜全善。三军乘胜策入，自皆鼓勇直前。然不可因此稍涉矜骄，以致志得意满，略有疏懈，并传谕切戒之。

勖哉伫企红旗报，紫阁重开姓氏标[①]。

御制将军阿桂等奏报攻占默格尔山梁并夺碉杀贼情形诗以志慰

逊克尔宗贼门户，攻余两月未能开。
因教绕道乘其隙[②]，遂得登峰歼厥魁[③]。
荣噶八当应弃守[④]，勒围噶喇速成摧[⑤]。
诸臣努力怜为慰，朝夕红旗望报来。

御制将军明亮攻克日旁一带碉寨诗以志慰

三军同力努，诸将一心佳。
达尔图虽险，日旁梯可阶[⑥]。
分兵还选队，入箐更缘崖。
正正旗先展，堂堂阵自开。
声东击西应，前至后登皆。
流滴飞搉摞，抱头互挤排。
石包难复守，沙坝亦沦埋。

① 平定西陲凯旋时，曾绘功臣像于紫光阁，其立勋最著之五十人，亲为之赞，余五十人亦命儒臣拟撰赞辞书之，并纪殊绩。今平定金川，原系内地土司，虽非若西师之拓地开疆可比，而将士攻坚力战之绩，则较西师更多。将来功成凯宴，亦欲仿西师之例，图形紫光阁，以昭茂典。

② 前因阿桂在逊克尔宗，攻剿日久，未能即得。因思日尔八当噶为必须攻取之地，商之阿桂，或令丰昇额带兵数千驰赴凯立叶，与玉岱合力攻压，可收夹击之利，现在觅间进攻之路，适与前旨相合。

③ 阿桂奏：探得日尔八当噶以下、荣噶尔博以上，其间有默格尔山梁，若能袭取，则进取勒乌围既为得势，而凯立叶、日尔八当噶之贼，皆在我后，计可不攻自溃。因令海兰察等绕道前往抢占默格尔山梁，额森特等亦夺获碉卡，瑚尼尔图带兵占据日尔八当噶西面高峰，海兰察、额森特复攻压密拉噶拉木大寨及其旁碉卡，尽行攻克，并克获凯立叶各寨。通计杀贼一百五六十，生擒者五，抢得大碉寨房二百余间，枪、矛、牛、羊、糌粑等物无算。闻之稍慰，伫盼捷音继至。

④ 阿桂称：现据之密拉噶拉木，距噶尔丹喇嘛寺不过十余里，即前抵勒乌围贼巢，亦止二十里。今经官兵占据，则荣噶尔博之贼，已失其险。日尔八当噶虽尚有贼，而前后俱有官兵，贼自不能复为死守云云。想可迅扫勒乌围，以期大功速蒇。至此次官兵，因阻滞日久，积愤愈励，于并无路径之处，不避险滑，攀越力攻，竟日彻夜，不少休息，可嘉之中复为怜惜。因敕部议叙，其海兰察、额森特尤为勇敢超群，特授参赞大臣，以示奖劝。

⑤ 勒乌围急呼则为勒围，噶喇即噶喇依之减字也。

⑥ 明亮奏：以达尔图贼人有备，未可急于轻进。因查日旁道路，上临绝壁，贴有斜坡一道，宽不及丈，下至山半复陡起石包，贼人在上联排碉卡，难展兵威。惟周叟对面之山，即系日旁分支，其前可以绕出石包之后，林深路险，止可进而不能退。随派和隆武等带兵从此路昼伏夜行，密为绕越。仍于正面派兵扬威，其斜下山沟并派兵规取，明亮等复统兵在后策应，约于十月二十日寅刻同时进攻。

望已贼巢近，捣从虚处挨①。
夹攻知日指，大捷候星差。
和起真有子②，欣余切感怀。

御制将军阿桂奏报攻克康萨尔山梁碉寨木城诗以志事

自克默格尔山梁，满拟即递平贼信③。
侵寻待之逾两月，密拉噶拉兵仍顿④。
盖缘已扼贼门户，因以死守防益慎。
彼处跬步无非山，石剑蚕丛允难进。
于康萨尔筑碉寨，弗遗余力据险峻。
嘉哉我将及吏卒，敌忾同志众积恨。
拔彼鹿角越彼濠，直逼碉根登奋迅。
坚垒深窖一时摧，大馘大膊不遗憖⑤。
三日歼贼二百余，遂夺山梁高万仞。
石碉凡十木城四，近碉寨卡全收尽⑥。
齐心努力悦以怜，普赉特旌夫岂靳⑦。
勒尔策依筹即捣，迅雷不及掩耳震。
譬如破竹已裂节，其解自当速迎刃⑧。

---

① 十九日四更，和隆武兵已绕至日旁山后，即分抢碉寨，贼众措手不及，枪石俱不能施。我兵尽力剿杀，将所有战碉十余座，平碉二百余间，全行攻夺。即山沟内水碉、水卡，亦经占据。沙坝山贼几次欲来冲夺，俱为我兵截住，而石包上拒守之贼，因官兵剿击追射无路可逃，俱纷纷滚崖落涧，无得脱者。统计歼贼甚多，割献首级三十余，生抢者七，所获兵械、马骡、牛羊、口粮等物无算。过此石包，直望勒乌围不过二十里，皆系漫坡，且与阿桂所攻日尔八当噶止隔一河，两军会合即已不远。本为声东击西之计，今成攻瑕捣虚之举，为之欣慰。因将副将军、参赞以下至官兵等，谕部录叙。

② 此次攻得日旁，全系和隆武之功。和隆武为将军和起之子。和起前在辟展军营，因追巴雅尔，为逆回所害。曾加优恤，并给以世职。今和隆武复能如此宣劳建绩，和起可谓有子，为之欣喜，兼感于怀。

③ 阿桂于昨岁十月内，攻克默格尔山梁，其地距勒乌围不过二十余里，计捣穴擒渠可以克期蒇事。

④ 贼因距巢甚近，死守益坚。阿桂自默格尔山梁得胜，即驻兵密拉木噶拉木已两月余，虽攻得日尔巴丹噶、凯立叶等碉寨，而得斯提一带，屡攻不下，乃未能直进。密拉木噶拉木，急呼之则为“密拉噶拉”。

⑤ 贼以勒尔策依山势延长，周防不易，因于康萨尔山梁多筑碉卡守拒，不遗余力。阿桂遂派兵三队，泰斐英阿等攻其前，瑚尼尔图、乌什哈达等左右夹击，福康安等在后策应。正月十二日寅刻，各路潜进，拔其鹿角，跃过重壕，至第一碉根，向上抛掷火弹，贼人枪石雨集，抵拒益急。我兵举枪注矢，以待贼有露身碉外者，即击射殪之。官军遂一呼而上，趴登碉顶。其碉内外地窖覆以石板，为我兵踹塌，贼多有压毙其下者，寻即攻得此碉。察其下有穴潜通第二碉，即以石填塞。是日巳刻，复得其第二碉，戌刻又克其第三碉。贼人除歼戮外，余皆负伤而遁。十三、十四两日，并将其下各处寨落，尽行攻取。是役也，计克大碉十，木城四，大石卡二十，寨落七，擒生二，杀贼二百余，获铜炮二，鸟枪、刀矛、棤杷等无算。康萨尔山梁悉剿平。

⑥ 叶。

⑦ 将士奋勇得胜，其志足嘉。因赏在事兵丁一月钱粮，其将弁中勇锐超群者，经将军保奏，优擢升等，赏翎、赏巴图鲁号有差。将军、参赞、领队等则俟攻得勒乌围，交部优叙。

⑧ 阿桂等奏：勒尔策依山形绵亘，贼防守不能尽严，拟于两三日内，迅速督攻，使贼人措手不及，以期进捣其巢。

事半功倍岂期然，为山九仞惧尤甚[①]。
伫报红旗报大捷，竭诚惟吁天助顺[②]。

御制获谍诗（有序）

阿桂既克康萨尔，即乘胜进剿堪布卓甲尔纳贼寨，数日复全克之。初，发兵之夜，有番人来投。讯其名为郎木卡，云："是鄂克什人，廿余年前逃往促浸者，闻大兵攻剿严急，故至此探路，欲率番投降耳。"阿桂以彼在促浸久，地形皆所熟悉，何待再探？且察其神色有异，严鞫之不复能隐。知为促浸头人当噶拉阿纳木遣其叩营诈降，以潜诇我兵虚实及进攻路径，厩牧远近，即令遁归以告，为抵御掩袭计。阿桂既得情，即斩郎木卡以徇，并札致各路督兵攻剿防守诸臣，胥留意毋忽。阿桂此举，可谓得行军机要矣。迩来贼中投出之番，不一而足，从未有如此察诘者。其中诚伪固不可知，然过疑惧沮迁善之途，而过信恐堕狙谲之术，自非明习有识者，未易臻此善。夫李靖之言曰："孙子用间，最为下策，譬之水能载舟，亦能覆舟。"然靖第知用间之难，若察间之难，则未之及也。余既嘉阿桂之能发奸，因成是篇以阐之。

兵法所贵者，知我知彼耳。
知我犹觉易，知彼斯难矣。
彼我互主宾，我乃彼之彼。
彼用间谍来，盖欲知我已。
诚投与诈投，是在精心揣。
诚投我抚之，或得彼端委。
诈投乃奸细，窥我告彼驶。
将军审获之，允协用兵理。
复克其两处[③]，贼巢入已深[④]。
师贞赖助顺，鸿捷计日指。

御制将军阿桂奏报攻克木思工噶克丫口等碉栅诗以志事

自报克获康萨尔，顿兵三月未能进。
虽时斩剿贼小创，以近巢穴守愈峻。

---

① 叶。

② 康萨尔之险倍于他处，贼之守御亦较他处为坚。乃官兵得之如不甚费力者，实赖上天嘉佑。阿桂奏谓，此数日适当上辛诣坛亲祀之辰，由于诚祷所格，不知予之默吁，固无一日不然也。

③ 阿桂于攻克康萨尔后，复得堪布、卓甲尔纳两贼寨，斩获亦众，且已至河岸，官兵汲饮甚便，即可乘胜深入，迅速成功。

④ 叶。

定计两路为夹攻，宜喜下压乘其衅①。
精兵既益调遣定，爰趁天晴入奋迅。
丫口为贼境咽喉，未因宜喜潜抽引。
而我将卒鼓敌忾，直冒烟火无回吝。
三面险碉一时夺②，自此径进势应顺。
西路捷实赖天佑，更称望见北路近。
得楞碉卡已攻获，萨克萨谷下一瞬③。
一日可收三年功，伫待明亮报实信。

御制副将军明亮奏报攻克宜喜甲索等处碉卡诗以志事

去年宜喜据山梁④，未进都因去路长。
增调官军足供用，更相筹画总抒良⑤。
日旁别缀聊虚掷⑥，甲索先攻且试尝⑦。
鼓勇遂教分队入，剪凶都励一心强。
碉平栅克力群奋，讯执丑擒气越扬⑧。

---

① 阿桂自攻得康萨尔以来，虽屡筹进剿，时有斩获，但贼人因距巢益近，竭力死守，未能即克。因计宜喜一路有可乘之隙，约明亮至军营面商，乘贼人不备，由山梁下压，可收夹攻之利。因于南路抽兵四千七百，又添派川兵二千。阿桂亦于西路选兵一千，令海兰察、福康安带往，俾资合剿之力。

② 军营自三月下旬以来雨雪弥漫，直至四月初十始得晴霁，山梁积雪已消。明亮订期十二三等日进攻，而阿桂以进攻宜喜之局，为此时紧要关键，必须木思工噶克及得式替两处，同日并攻，贼始不能抽掣堵御。因派将领带兵分路进攻。十四日子时，乌什哈达率兵潜至木思工噶克丫口，超越而登。贼以此地为其咽喉要处，并未潜抽此处贼人以防北路宜喜之兵，一见我军，即枪石齐发，力为抵御。游击梁朝桂先抢东北隅大碉，攀援而上，官兵随毁其碉根涌入。参将国兴督兵跃入木城，并用刀斧斫栅冲入。惟时我兵呼声四合，兵气益扬。侍卫移哈纳、副将曹顺，将山峰左右之碉同时攻克，其中所有贼众，歼戮甚多。官兵自康萨尔至丫口，连拿木栅占据。其攻打沿河各寨之兵，携柴前往堆积群尼寨下，放火焚烧，延入寨中，贼多烧毙。从此至噶尔丹寺可从山梁径下，并可直压勒乌围。阿桂奏谓一日而收三年未竟之功，为之欣慰，即敕部议叙。

③ 阿桂并称：北路官兵先于十二日进攻甲索，抢获大碉一、石碉九。并于十三日望见攻克得楞碉卡，向东南已至沙尔尼之上。又见有一队官兵，向东从萨克萨谷而下，已可直至河沿。所有日旁、沙坝及喀尔西、斯年木咱尔等四处山腿、山沟寨落，贼人似已不战而逃。由彼至勒乌围对河临岸，其间已无险阻。计明亮奏折，亦日内可至。

④ 昨岁七月，明亮自绒布寨移兵，欲赴西路协剿，道经绰斯甲布境，出其不意攻克宜喜山梁，据贼要隘。惟因去路绵长，官兵不敷绕截，随改路由达尔图进攻，未能深入。

⑤ 明亮等至达尔图，屡筹进剿，贼众守御更力。且于达尔图山梁下掘濠，阻官军进路，复稽时日。阿桂因筹议贼中形势，谓仍当由宜喜一带相机即进，并请多拨劲兵供用，使之迅速集事。阿桂唯以国家军务为重，实心运筹，不分畛域，其心足嘉，曾传旨奖谕之。

⑥ 南路及吉地等，抽调官兵四千七百余，合以川兵二千。阿桂又拨西路兵一千，再就宜喜等各营原有兵抽拨约可满万。明亮遂于宜喜一路，董率前进。其日旁一带，仍驻兵在彼，常作攻剿之状，以牵缀贼势。

⑦ 明亮既与阿桂订期夹击，因思甲索一带，促浸只余老弱防守，遂令总兵敖成督兵直入。十二日清晨，连破贼人要隘三碉，又抢占左右两山，贼碉四座，亦经占据。

⑧ 甲索既已得手，宜喜一路更觉勇气倍增。而达尔图以下，得楞一带，山冈绵延二十余里，其上碉卡甚多，因派科玛、阿尔都等，为两支分取得楞大碉。又派三保、和隆武、奎林、珠尔格德、阿满太等为五队，分取得楞南峰头所有之碉。其向东山腿，则令福康安等往攻。十三日黎明，各官兵呼声四起，奋往争先，贼人枪炮齐发，疾如闪电。三保等六队官兵，各将所指之碉，先后攻克。福康安等亦抢夺石卡三座。统计歼贼二百余，生擒者七。官兵各将所得之地，严行守御。

乘胜齐兵拟下压，截前料贼即奔忙①。
两军会合指旦晚，众志欢呼益黾薆。
三捷勒乌围最近②，红旗第一到悬望。

御制捷报诗

迩日捷报频频来，红旗益盼其至哉。
西路已克山之岭③，北路复据河之隈④。
下压⑤旁击⑥各尽力，弹丸勒围⑦实易摧。
噶喇依⑧窜势必有⑨，然亦岂能数月挨。
蚁附群小固可恨，何妨汤网为之恢。
降旨胁从与罔治⑩，好生天德敬体怀。
蒇功休息吾本志，回思久矣增徨徊。

---

① 明亮奏：拟乘贼人立脚未定、无险可恃之际，催集新到川兵克日下压，直至河岸边。非惟达尔图等处贼人立见窜散，即沙坝、喀尔西之贼，皆拦截在后，自可不攻而得。

② 阿桂攻克木思工噶克丫口，已可下压噶尔丹寺直捣勒乌围。明亮兵抵河岸边，亦可与阿桂会合夹攻贼巢。计克勒乌围动及噶喇依，并擒索诺木等。当三次报捷，而克勒乌围之红旗当第一先到也。

③ 阿桂奏：下巴木通，地既陡峻，上下双碉，中间复栏木城一道，沟壕重叠，以阻我军。海兰察、额森特于四月廿二日寅时，督催官兵，拔开木城，从中冲突，由旁绕出碉后，官达色等所统正面官兵，亦一拥直上。于是合力连克两碉，贼人大半被歼，得脱者甚少。官兵已据上游，勇气百倍。海兰察等乘势督率顺梁攻压，又将色尔歪、唵吉达佳布一带碉寨悉行攻获。维时五岱等先至来珠寨下直前攻克，而得式梯贼人尚以枪石抵御，及见梁上碉寨悉被焚烧，又见官兵循山而下，势不可当，旋弃碉而遁。官兵即将上下得式梯全行占据。而勒吉尔博山梁上下迤延二十里，所有碉寨、卡栅，经乌什哈达等先后攻剿，尽数扫除。其荣噶尔博一带山梁，经阿桂、丰昇额统兵抢占，直至第三峰之上，现拟奋力分剿。若由第三峰大山梁前进，又分一路出木思工噶克丫口，由半山前进，占至第九峰，则俯临勒乌围，势若建瓴，更无阻碍。此次计克大碉一百数十处，木城数十座，寨落二百余，寨房千数百间。杀贼三四百，生擒者十。夺获牛、羊、鸟枪、刀矛无算。

④ 明亮奏：茹寨一路麦田收获在即，贼人抵死护卫，攻之自不可缓。而茹寨战碉扼其险要，撒克撒谷一路官兵难以径进。惟当于台木斯丹当噶山腿尽处，竭力冲开贼垒，一路犁卡而前，直抵河沿，则茹寨一带皆可拦截，不攻自破。随于廿三日派兵分进。侍卫进财保等带兵抢占临河六处紧要碉寨，贼见官兵勇锐，势不能当，随各弃碉逃窜。其时副将图钦保带兵在撒克撒谷，听闻枪声，即督兵直攻茹寨战碉，抛掷火弹，乘贼人四散溃逃，即将各寨落纵火焚烧，而奋勇官兵亦已截出河沿，其各寨窜出之贼，中枪被箭者甚多，亦有坠河死者。自山腿以下麦田十余里，皆为我官兵占据。由此至勒乌围仅一河之隔，即可与阿桂订期会剿矣。

⑤ 谓西路。

⑥ 谓北路。

⑦ 即勒乌围，急呼之则为勒围。

⑧ 俗谓之刮耳崖。

⑨ 逆酋索诺木现居噶喇依，其各处贼番所有粮食、器具，闻皆陆续运往，尚欲恃此一隅拒守，为苟延旦夕之计。但其地积粮既少，而各处散回之贼愈聚愈多，口食更无所藉，非忍饥待毙，即溃散来投，谅必不能久存耳。

⑩ 前以贼番党助逆竖，抗拒王师，罪大恶极，曾屡谕将军等，以官军既抵勒乌围、噶喇依，贼即求降亦不可宥。今两路官兵，连次克捷，计日可以会剿，扫殄贼巢，鼠党狐群必立就骈戮，但为数不免稍多，于心究有所不忍。因令将军、参赞于进兵时宣谕：贼众有能畏罪出降者，仍从宽免死，如此网开一面，惟仰体上天好生之仁。而以此招降，贼众自必闻而解体，更可望大功速就云。

御制将军阿桂奏报攻克逊克尔宗诗以志事

逊克尔宗贼要害，攻之数月未能克①。
绕隙因据默格尔，反出其后斯必得②。
我后彼彼亦后我，故悉力守聚群贼。
康萨工噶虽屡剿③，仍拼死拒碉中匿。
噶尔丹庙既已获，勒围巢穴近咫尺④。
置此于后终非计，分兵首尾俾受敌。
偏伍弥缝未可施，仰攀侧越手为翼。
冒雾突冲进丫口。火攻短兵各尽力。
或斫寨门或越墙，贼不能支遂奔北。
木城石碉获数十⑤，一岁之功成顷刻。
是役固藉众鼓勇，副将军实丰昇额。
锡名继勇继乃祖⑥，国之荩臣绵世德。

---

① 逊克尔宗为勒乌围贼巢外险，自昨岁四月间阿桂即拟往攻，至六月中尚未能克。

② 阿桂因逊克尔宗久攻未下，探得日尔八当噶之下，荣噶尔博之上，其间有默格尔山梁，若能袭取，则进攻勒乌围既为得势，而凯立叶、日尔八当噶之贼皆在我后。遂派海兰察等绕道前往，抢占默格尔山梁，并攻压密拉噶拉木大寨及其旁碉卡，又克获凯立叶各寨。此上年十月中事也。

③ 自攻克默格尔山梁，阿桂在彼顿兵两月余。贼于康萨尔山梁添碉力拒。今年正月中，阿桂派兵三队，克其三碉，并将其下碉卡，尽行攻取。贼人因距巢愈近，益竭力死守。阿桂复于彼顿兵三月，而木思工噶克丫口尤为贼境咽喉，然必须与得式替同日并攻，贼始不能抽掣堵御。因于四月中旬乘积雪消霁，与明亮订期会剿，遂派兵将丫口碉卡悉行攻占。隔河望见明亮官兵亦从萨克萨谷而下直至河沿，其日旁等贼寨俱已不战而逃矣。

④ 五月初，官兵攻克噶尔丹寺及噶朗噶，距勒乌围仅数里。

⑤ 官兵自得噶尔丹寺并抢占舍图枉卡，业已居高得势。因思留逊克尔宗于后非计，但其下丫口山势陡削，贼人木城石碉互为联络，必须从上下压方为得力。随于五月十二日，派总兵成德、游击普吉保分兵前往，时雾气四塞。丰昇额察视机宜，未便再为迟待。遂令官兵用炮轰击，使贼人不疑我兵进攻，而成德、普吉保等即乘雨雾攀越崖磡，潜至碉根，尽将丫口上下石碉木城悉行攻克，复进克其下二大碉。阿桂以逊克尔宗在荣噶尔博山阳第七峰之后，恐贼人尚可沿沟来往，后路未绝，随派副将曹顺领兵循荣噶尔博山阳而下，放枪纵火，与丰昇额相犄角。丰昇额因思官兵将次合围，逊克尔宗贼必窜逸，应及早攻扑，庶可多歼贼众，遂派兵三路与之合力并进，或斫寨门而入，或梯墙跃进贼碉，奋勇击杀，群贼力不能支，悉于墙穴遁去，官兵追蹑歼毙甚多。计克石寨六，石碉十三，平房七，遂拟进兵由直古脑下压勒乌围矣。

⑥ 自上年四月，攻剿逊克尔宗以来，至今始攻得。经久相持，成功顷刻，深用欣慰。在事将佐虽皆勇往出力，而身先士卒，调度合宜，则副将军丰昇额之力居多。丰昇额所袭之公乃其高祖额宜都世爵，额宜都本系巴图鲁公，因于其公号“果毅”之下增“继勇”二字，以奖其能绍乃祖勇略，且庆国家之得世臣宣力也。

御制将军阿桂奏报攻克蓾则大海昆色尔山梁并拉枯喇嘛寺等处诗以志事

勒围望见阻巴占，绕路进攻兵出潜①。
腾石攀林越沟底，屯蜂附蚁上碉尖。
百余处克穷巢近，三日力殚群贼歼②。
将卒一心同效荩，可嘉并与可怜兼。

御制将军阿桂奏报攻克勒乌围贼巢红旗报捷喜成七言十首以当凯歌

廿四中秋夜丑时，木兰营里递红旗。
本来不寐问军报，孰谓今宵宛见之。

七千里外路迢遥，向十余朝兹八朝③。
可识众心同一志，嘉哉行赏白宜昭④。

贼巢最是勒乌围，甲杂小连噶喇依⑤。
破竹势成应不日，速传捷信愿无违。

行营半夜那来喧，却是红旗到叙门⑥。

---

① 十七日阿桂奏至，云：巴占为贼人最要门户，距勒乌围不过数里，故贼番悉众守拒，不遗余力。阿桂屡次统兵往攻，均未得手。因拟从舍图枉卡分路进攻，仍派福康安、特成额、乌什哈达等分兵三路，攻打巴占，以掣其力。遂派普尔普、泰斐、英阿等攻取章噶山峰。海兰察等随后策应，并攻章噶相近之果克多山峰。其昆色喇嘛寺在拉枯喇嘛寺之上，于此一路尤为扼要，因派额尔特等带兵进攻。其蓾则大海各碉，令常禄保等统师攻剿。又沟内岩洞贼众藏匿，派巴彦泰往彼截杀，不使贼众来扰。而岩洞以下沟内尚有寨落五处，则派富兴、成德等分头抢，并预为埋伏。

② 初二日黄昏，官兵攀林挟石潜密前行，正由岩洞经过，贼人即来冲扰。成德等遂围其沟内寨落，巴彦泰等亦敌住岩洞之贼。泰斐、英阿等即带兵直进，北至拉枯寺之上。各处贼人俱来迎拒，额尔特一面酌留官兵冲压，一面直上昆色尔山梁进攻，贼人枪石齐下，官兵即蚁附登碉剿杀，并歼其逸贼，遂夺据昆色尔寺。惟时官达色等循梁东上，占至雅木则碉对面，其余官兵蜂拥而西。海兰察即将果克多山峰攻克，瑚尼尔图亦克获所攻之碉。富兴、成德、海禄、巴彦泰等亦将各寨落、岩洞全行攻克，惟拉枯喇嘛寺贼尚死拒。初四寅时，官达色、泰斐、英阿、额尔特等合兵从上压下，成德等从下上攻，先将附近各寨克获，纵火焚烧，烟焰蔽空，遂进围拉枯寺。至亥刻，官兵飞腾而入，贼人逃遁无门，亦均诛毙。其喇嘛科尔三寨所属之瓜尔沙巴等寨，悉行扫荡。昆色尔山阳日尔底擦乌曲所属之格思茹等寨焚烧过半。常禄保等所攻之蓾则大海，亦于初四日寅时，官兵绕出其后，将大战碉围住。伺贼枪石稍稀，官兵四面攀越，贼人措不及，当将大碉攻克，其余各碉卡亦逐一扫除。计官兵竭三日三夜之力，占地纵横三四十里，攻烧碉寨一百三十余处，杀贼二百余人，抢获铜炮、手炮、鸟枪、刀矛、毡毯等物无算。因降旨，将在事出力之将领、弁兵，交部分别议叙。

③ 向来六百里加紧军报，俱以十一二日递到。兹军营八月十六日所发红旗，于廿四日丑时已达木兰行在，途中仅行八日。

④ 以驰递红旗迅捷，谕将赍旗员弁，查明行赏，其沿途驿站官员兵役，交部分别议赏议叙。

⑤ 勒乌围为促浸最要贼巢，今已攻克。则索诺木现居之甲杂小寨及其噶喇依狡窟，官军自可乘胜席卷，扫穴擒渠，伫见红旗叠至。

⑥ 叙门即和门。《周礼·夏官·大司马》注：军门曰和，立两旌以为之。叙和出，用次第出和门云云。今行营旌门之制，约略相合。

五载勤劳同上下，鸿勋集总沐天恩。

红灯一点引红旗，顷刻行营人尽知。
旧部新藩同贺喜，古来报捷可如斯。

成言原有付儿行，一见红旗即奏将①。
虽是慈心早知喜，更驰侍卫报山庄②。

一破贼巢飞骑驰，未遑详悉尽陈之③。
将军宣力应优赐，先示端倪加勉宜④。

前次受降惟戢斧，今番报捷乃犁庭⑤。
敬承天眷能无慰，未至武成心未宁。

宵衣⑥惟吾理合然，喜而不寐那能眠。
乃知屐齿事诚有，较彼殊犹高下悬。

三捷盼来一月间，此时军务正相关。
执渠扫穴歌耆定，伫待郊台奏凯还⑦。

御制是日晚阿桂奏折至知攻克勒乌围详悉诗以志事

勒乌围贼旧官寨⑧，垣固碉高不易攻。
石卡木城接鳞次，水临山背据蚕丛⑨。

---

① 启跸幸木兰时，命皇六子奉皇太后驻山庄，谕以红旌必由山庄经过，俟一至，即奏闻圣母。

② 皇太后虽已闻捷音，仍遣御前侍卫春宁，赍奏书驰诣山庄贺喜。

③ 阿桂等一得勒乌围，即发红旗，未能具折同奏，故尚未知其详晰也。

④ 红旗至，降旨将将军、参赞及将领等，交部优叙，兵丁各赏月银，而将军阿桂宣力独至，奏绩酬庸，必当予以公爵，优其章服，因先赐以红宝石帽顶，命其子侍卫阿弥达驰赍以往，俾益迅速集勋。

⑤ 前次征剿金川，莎罗奔、郎卡窘迫乞命，遂允所请受降。蒇事未十年，郎卡已侵扰邻境土司。郎卡既死，其子索诺木等与小金川僧格桑狼狈为奸，意欲蚕食各土司，甚至党恶负恩，抗干天讨，因深悔前此之姑息养奸。此次厚集兵力，捣穴擒渠，扫平贼境，庶可永除后患，自为正办。

⑥ 去声。

⑦ 将军等凯旋时，拟至良乡行郊劳礼，已预葺郊台以待矣。

⑧ 凡土司所居者，番人谓之官寨。

⑨ 阿桂奏：勒乌围碉高墙固，其南为转经楼。又过甲尔日磉桥，而南为科布曲山腿，与勒乌围官寨互为特角，枪炮俱可相及。其间寨落、木城、石卡，又皆鳞次栉比，联落接应，前阻大河，后负高磡。对河札乌古、阿尔古一带，枪炮既能隔水救援，而其后高磡层层，每层丈余至数丈不等。磡上均有卡栅碉座，备御甚严。且自转经楼至科布曲，陆路既可通行，而皮船过渡往来亦甚便易。是以各处败回贼人及噶喇依一带番众，全聚于此，合力抗拒。

计穷百变同摅悫，志合三军共建功①。
优叙先行循令典，蒇庸封爵待恩崇。

① 官兵压至勒乌围之上，分兵攻绕，既用大炮轰摧，复冲天炮击打。又从勒乌围、转经楼碉卡密排之中，一面挐抢占据，一面挐栅横截，以断其后路。并令泠角寺一带官兵，由西北合轰。沿河而南挐栅，以断贼人下水之路。又以高磡陡削，兵力难施，令官兵头戴柴捆档牌，手推沙囊匍匐而行，至磡沿层层堆起，赶立三层高栅以击磡下之贼。并于所挖地道中，用炮轰击磡下掘沟抗拒之贼。计高磡八层，已经官兵逐步抢占，仅余一层。而甲尔日磉桥更为贼人要路，因排大炮轰摧渐塌。复于楚兵内募善泅水者，潜于水底，缚巨索于桥柱之上，合力拉拽坍损。因于八月十五日申刻，分派官兵先为埋伏，以备攻抢勒乌围。令海兰察、额尔特等攻其近南木城。贼人枪石抵拒甚紧，转经楼等处之贼复来救援，官兵迎击，歼戮过半，而为满洲索伦兵弓箭所毙者尤多。复于亥刻，令额尔特、乌什哈达等攻进北木城，官兵拔栅踊进，出其不意，即时攻克。海兰察率同纳木北格勒尔德自官寨东南进攻，普尔普、泰斐、英阿自南进攻，福康安、特成额、明仁从西北进攻，而五岱攻其东北，丰昇额带兵为各处策应。维时四面各攻，呼声动地，抛掷火弹如流星闪电，官兵各攀援上登，贼人始犹支拒，及见我兵蜂拥齐入，胆落欲逃，被我兵歼戮更复不少。遂于十六日子刻，将勒乌围官寨攻克。珊尼尔图亦将末层磡上石碉攻获，并同乌什哈达将窜回之贼邀击歼毙。而转经楼亦经保宁、官达色彰霭带兵攻打，四面飞腾而上，至丑刻，一并克获。官兵追击逸贼至甲尔日磉桥，贼因桥断赴水窜逸。值雨后水涨，贼众淹毙甚多。复为官兵枪箭击射，得脱者无几。此次计攻克勒乌围官寨及转经楼喇嘛寺，并攻得其旁碉房、寨落、木城、石卡六十余座，凡贼所恃以抗拒之处，一夕无不摧破。杀贼数百人，夺枪炮、刀矛等物无算。遂扫其旧巢，拟乘贼人上下心胆俱寒，提兵直捣噶喇依，为迅速蒇功之局。此皆阿桂露布驰奏语也。

卷一　天　文

自《周礼·保章氏》以星土辨九州，而分野之说，遂为天官家权舆。言蜀分者类主觜、参、井、鬼。金川僻在西陲，《通志》载：懋功厅井鬼分野，鹑首之次。尝考狼星在井东南。又，史称西羌、吐蕃、吐谷浑及西南诸徼外，夷人皆占之，然则屯治殆亦狼星所躔欤？第天象难窥，姑存疑，以俟习甘石之言者。志天文。

星　野

井鬼考

《河图·括地象》：岷山之下为井络。

《洛书·甄曜度》：汶山之地为井络。帝以会昌，神以建福，上为天井星。

《前汉书·地理志》：秦地于天官，东井、舆鬼之分野也。南有巴、蜀、广汉、犍为、武都。又西南有牂牁、越巂、益州，皆宜属焉。

《华阳国志》：其分野舆鬼、东井。又云：西奄岷峨而称天府，原曰华阳。故其精灵则井络垂曜，江汉遵流。

左思《蜀都赋》：岷山之精，上为井络。

《新唐书·天文志》：东井、舆鬼，鹑首也。初，东井十二度；中井二十七度；终，柳六度。西南尽巴、蜀、汉中之地，及西南夷犍为、越巂、益州郡，极南之表，东至牂牁，古秦、梁、豳、芮、丰、毕、骀杠、有扈、密须、庸、蜀、羌、髳之国。东井居两河之阴，自山河上流，当地络之西北。舆鬼居两河之阳，自汉中东尽华阳，舆鹑火相接，当地络之东南。鹑首之外，云汉潜流而未达，故狼星在江、河上源之西，弧矢、鸡、犬皆徼外之备也。西羌、吐蕃、吐谷浑及西徼外夷人，皆占狼星。又《地理志》：汉蜀郡、广汉、犍为、越巂、益州、牂牁。巴郡之地利。集、壁、巴、蓬、通、开、中、万、涪、阆、果、渠，为鹑首分。

《宋史》：益、梓、利、夔四路分井鬼，又曰东井、舆鬼、鹑首也，尽巴蜀、汉中之地。

《明史·天文志》：四川布政司所属惟绵州觜分，合州参、井分，余皆鬼分。

《大清一统志》：四川懋功直隶厅井鬼分野，鹑首之次。

《四川新通志》：懋功直隶厅井鬼分野，鹑首之次。

狼星考（附）

《天星订考》：野鸡，雉也，与狼俱山野物也。雉性刚决，狼性贪戾。狼之盗主西北之国，盖井在斗魁之北也。

《皇朝文献通考》：天狼一星，增星五，黄道、赤道在鹑首宫，去极一百二十九度三十二分，入井宿八度五十一分。

《史记·天官书》：天旗东有大星曰狼。

张衡《周天大象赋》：狼援戈而野战。

《晋书·天文志》：狼一星在东井东南。狼为野将，主侵掠，色有常不欲动也。

宋两朝《天文志》：狼去极一百七度半，入井宿十度。

《观象玩占》：狼主杀掠，一曰夷将，一曰天陵，主南夷、主盗贼，金官也。

井宿图

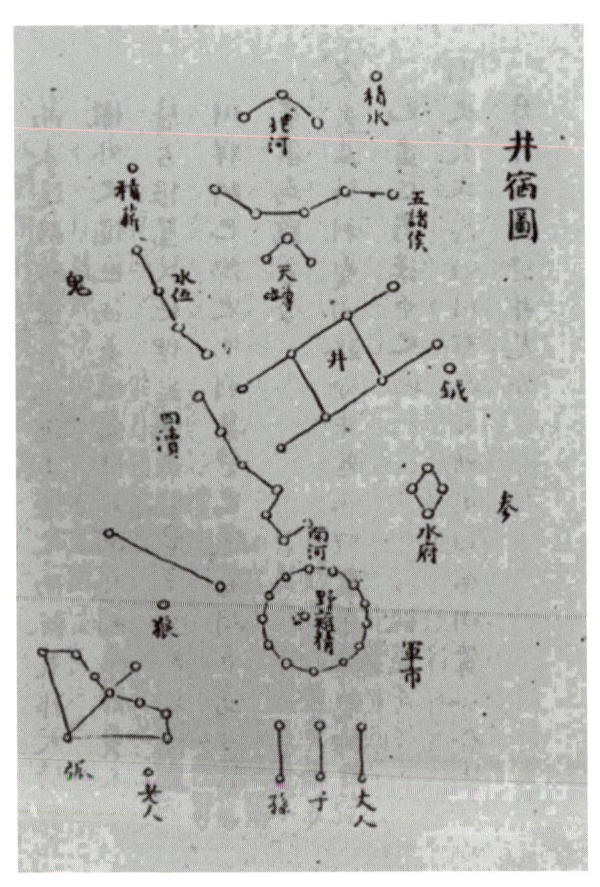

井宿歌

八星行列河中净，一星名钺井边安。两河各三南北正，天樽三星井上头。樽上横列五诸侯，侯上北河西积水。欲觅积薪东畔是，钺下四星名水府。水位东边四星序，四渎横列南河里。南河下头是军市，军市团团十三星，中有（一作中心）一个野鸡精。孙子丈人市下列，各立两星从东说。阙丘两个南河东，丘下一狼光蓬茸。左边九个弯弧弓，一矢拟射顽狼胸。有个老人南极中，春秋出入寿无穷。

井宿说

井三十四度，井八星，在河中主泉水日月。五星贯之为中道，谓之东井，主诸侯、帝戚、三公之位，天之南门也。黄道所经为天子之亭侯，主水衡事。列钺一星，主伺奢淫而斩之，故不欲其明。南北两河各三星，分夹东井，一曰天高，天之阙门，主关梁，河南曰南戍；一曰权星，主火。北河曰北戍，一曰衡星，主水。两戍之间，三光之常道也。天樽三星，主盛饘，以给酒食之正也。五诸侯五星，主刺举，戒不虞，一曰帝师，二曰帝友，三曰三公，四曰博士，五曰太史。积水一星，所以供酒用也。积薪一星，以备庖厨之用。水府、水位四星主水衡。四渎四星，以江、河、淮、济之积精也。军市十三星如钱状，天军货易之市。野鸡一星主变怪也。军市西南二星曰丈人，东二星曰子，东二星曰孙。丈人主寿考之臣，子与孙皆侍丈人之侧，相扶而居。阙兵三星，主象魏天子之双阙，诸侯之两观也。狼一星为野将，主杀掠也。弧矢九星，天弓也，以备盗贼，尝向狼。老人一星曰南极，秋分之旦见于丙，春分之夕没于丁，以秋分候之南郊焉。

鬼宿图

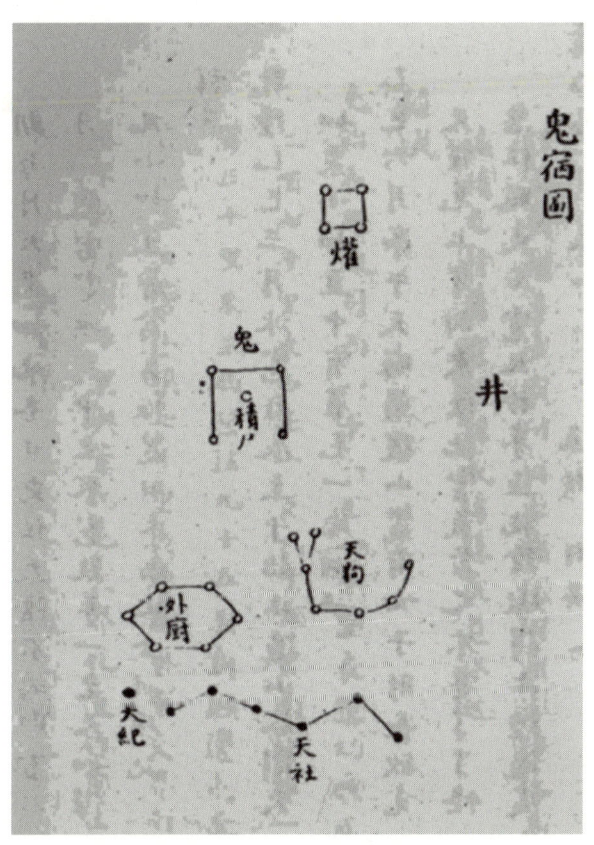

鬼宿歌

四星册方似木柜，中央白者积尸气。鬼上四星是爟位，天狗七星鬼下是。外厨六星柳星次，天社六星弧东倚，社东一星是天纪。

鬼宿说

鬼二度，日月五星之中道，主死亡疾病，又主视明察奸谋，东北星主积马，东南星主积兵，西南星主积布帛，西北主积金玉。中央一名积尸，一曰积尸气者，但见气而已。一曰铁质，主诛斩。轩辕四星曰爟，亦曰烽爟，主烽火，备警急。天狗七星以守贼也。外厨六星，天子之外厨也。弧南六星为天社，外厨之南一星曰天纪，主知禽兽齿岁。

气 候

大金地势较省会约高数万丈，节候仅差黍累而气机大异。一日之间，寒燠顿殊。咫尺之地，阴晴各别。冬晴日中可着春服，夏阴朝暮亦可披裘。四时无严寒酷暑，春多大风，亭午后起，震屋折木，终夜飕飕，黎明乃止。天晴阳气煦和，星月清朗。每月大半如此，冬日更佳。天阴不雨即雪，六月亦然，雷电无异中土。冰雹数年一至，大如弹丸小如豆，着禽畜辄毙，田禾无收。（《金川琐记》）

祥 异

乾隆乙巳三月，冰雹自辰至午始止。遍山谷间，大如栗，小如豆，中有雀毛一片。（同上）

乙巳六月，亭午天晦，署后山麓有女子，形长欲竟天，仅见上身，向东疾驰，云气蒙之，不甚了了。倏忽狂飚走石，雹大于拳，亟施枪炮得止。经过处，麦荞损坏。（同上）

乾隆丁未，小麦未获时，有田鼠千百成群。较常鼠差小，专啮麦穗。往来无定所，数日不复见。幸未成灾。（同上）

乾隆己酉夏，雨泽衍期。屯务李心衡祷于巴布里山巅海子，取杯水供坛中，越日大雨。厥后岁旱，当事者虔求辄应云。（同上）

卷二 舆 地

蜀称西南奥区，金川地居徼外，历代未列幅员。我朝德威远播，番夷来归，康熙间附入版图。乾隆间偶尔蠢动，旋经荡平，改设五屯，分治其地。绥靖虽属一隅，而与各屯犬牙交错，臂指相联，实为边陲要隘。下守屏藩之固，上昭声教之隆，讵可以蕞尔而忽诸？志舆地。

沿 革

金川在《禹贡》梁州之域。汉为西南诸蛮，唐时吐蕃有其地，在明代为金川寺。（《新唐书·南蛮传》：雅州西五百里外有诺祚、三恭、曜川、金川等十三部落，皆羁縻州也。《寰宇记》：隋开皇六年，以汶江县石门镇地近白狗生羌，于金川镇置金川县。十八年改为通化县，属汶川郡，唐初属茂州。又按《寰宇记》：武德元年置维州，领金川县，后州、县俱罢。咸亨三年复置，改曰小封。垂拱初，没于吐蕃。据此，则明之金川寺疑在唐金川县境。）有哈伊拉木者，封演化禅师，数传后分为大小金川。（番人称大金曰促浸，促浸者，大河滨之谓也。）大金川土舍莎罗奔，于康熙六十一年归诚，雍正元年授安抚司。（绥靖屯即在其地。）乾隆七年其子郎卡承袭，凌轹种类，侵迫小金土司泽旺。十三年，经略傅恒剿诛之，郎卡乞降。其子索诺木性尤凶暴（寨落即住勒乌围），侵杀革布什咱各土司。小金泽旺之子僧格桑转与党恶，屡围鄂克什，且侵明正土司。于是天威震怒，命将行师，扫其巢穴。三十九年，小金荡平。四十一年，索诺木势蹙，兄弟四人及其母阿仓、姑阿青等，均授首献俘。乃于大金促浸设阿尔古厅，并设阿尔古粮务。（同知住阿尔古，粮务住勒乌围。）四十四年，详筹新疆事宜，裁阿尔古厅。改阿尔古粮务为绥靖屯务，属懋功厅，成绵龙茂道分巡。

疆 域

屯治在布政司西一千二百一十里，在懋功厅西二百七十里。东西距一百六十五里，南北距一百三十里。东至西里站九十五里，与抚边屯交界；西至日旁山梁七十里，与绰斯甲布交界；南至卡拉濮六十里，与崇化屯交界；北至作固山顶七十里，与党坝土司交界。东南至噶布里山五十里，西南至乃当山四十五里，东北至当噶山二百六十里，西北至宜喜山五十里。

形势

四山环绕，一水中流，上为绰、松、党坝之锁钥，下系噶林巴之咽喉。

党坝、松冈环列于北，绰斯甲布犄角于西。大河中穿，群山外绕，为两金川膏腴之地，众荒服扼要之区。（《四川通志》）

二山（谓索乌、甲索）；效灵，东西保障；三渡（谓茹寨、勒乌围、卡拉）；争险，南北要津。

关隘

格尔替汛：在屯治东北四十里，系通党坝之要路。

日旁汛：在屯治西七十里，系通绰斯甲布之要路。

卡拉塘：在屯治南六十里，系通崇化屯之要路。

他角洛汛：在屯治东五里，亦促浸巢穴。乾隆四十年平定后，御制《平定金川勒铭勒乌围之碑》文，见卷首。此地可通抚边屯小路。

山川

按：屯治山多无名，兹即土人所能指实者载之。

索乌山：在屯东一百五十里。由鹧鸪山尾发脉，延袤三百余里，迤入线硐沟。国朝乾隆四十年征讨逆酋效灵，奉旨每岁春秋致祭，文见“祀典”。

甲索山：在屯西北一百五十里。由绰斯甲布之木池发脉，延袤一百五十里，迤入独松沟。峰峦层叠，险峭异常。国朝乾隆四十年，进攻勒乌围效灵，奉旨每岁春秋致祭，文见“祀典”。

照壁山：在屯东三十里。

昆色尔山：在屯东三十里。

日古山：在屯东四十里。

康萨尔山：在屯东北九十里。

思江山：在屯南十里。

勒尔吉山：在屯南六十里。

格尔替山：在屯北四十里。

足古山：在屯北九十里，与丹坝土司接界。

噶布里山：在屯东南五十里。

茹寨山：在屯东北三十里。林深箐密，四时积雪不消。

乃当山：在屯西南四十里。

色尔顶山：在屯东北四十里。

业乌山：在屯西北十里。

宜喜山：在屯西北五十里，与绰斯甲布土司接界。

日旁山：在屯西北七十里，与绰斯甲布土司接界。

金川河：由松潘厅西北髦牛徼外，环流绰斯甲布、松冈、党坝各土司境内。自西而南流入庆宁营，经过屯治西南流，下至卡拉渡，计一百二十里，入崇化屯境。

胜迹

索乌洞：在屯东一百五十里。相传上古时有男女夷人，称之曰达乌、达委，如汉人之谓祖父母者，始生人焉。洞中犹有手足迹并马蹄痕，殆即索乌山之神欤！每岁诸番男女，顶礼不绝。常以珊瑚、珠串、哈达及亡者衣饰等物置洞中，亦报本之意也。

温泉：在屯东六十里。自党坝发源至此半里许。热可澡浴，时有浮沤泛溢。虽严冬，暖气沸腾，土人常祓除焉。过此与常水同。

玉带泉：在屯西之巴布里。飞流悬注，若玉带然。屯务李心衡有句云："四围云树添山翠，半壁风泉映草青。"盖纪实也。

自然井：在屯东西里站，岩畔有穴，深邃无底，周围石骨生成，不假疏凿，四时弗竭，澄碧可爱。居民距江远，赖汲以饮。味同江水，疑其相通云。

大磐石：在屯南独松汛北，方十余丈，高亦称是，上平如砥，四面整齐，屹立道中。乾隆丙午冬，汛弁花莲林建江神庙于其上。

小普陀：在屯南甲洎汛三四里许。有沙地，极平坦，两旁林木阴翳。其左高岩壁立千尺，古树数株，蟠曲如偃盖。有石穹然，如覆盂倒悬欲坠，嵌空玲珑，作鸟兽鬼物状。飞者、走者，偻而睡、跂而立者，无不毕肖。复有石乳下垂如笋，如鹅翎管者，不可胜计。皆涔涔滴泉水，识者谓即钟乳云。上又一洞，广数弓，高亦称是。无隙漏光，而明辨毫发。四壁润湿多苔藓，剔之，有石管如蜂房，中空，微吐水珠。由洞口上数十级为平坡，横出半壁，仰窥石崖如削成。袅枝络蔓，在半空中下望，练江云栈，近列目前，真异境也。屯务李心衡捐塑观音大士像于洞中，并造慈云、撷翠二亭，俾往来者小憩焉。又磨崖书"小普陀"三大字以为标识。

独松：在屯南六十里。大江中有一岛渚，约长十余丈，阔仅半焉。细沙圆石，寸草不生。中一巨松，枯萎残折，仅存其半，犹长数寻。询之，土人云：乾隆三十年间，其树高插云汉，旁枝可荫十亩，盖千百年物。自逆酋不恭，松忽陨折，不可谓非促浸妖孽云。

神仙包：在屯北十五里。岿然山阜，上独平坦。相传上古天地初分，有巨人身被马革，蒙首卧山上，觉而洪水泛流，举目左顾，山为之倾，因委蜕去，分山导水，不知所终。按，其说荒诞不经。每岁正月十三日，番夷男妇着丽服，携酒食，群集转经、烧香、然酥油灯。屯民亦咸往观焉。

半亩园：在屯署右。隙地数弓，旁植花木，中有池亭，跨以小桥，颇称幽静。屯务马文耀题曰"半亩园"。范堃题曰"听风听雨亭"，又曰"鞠船读书处"。李涵元题曰"涉趣"，又曰"云舫"。有诗赋，见"艺文"。

冢墓

义冢二区：一在屯西二里，乾隆四十八年，屯务李心衡置；一在屯北二里，嘉庆七年，署游击马永魁、署守备边元佐置。

卷三　建　置

尝思道历久而不变，政因时而制宜。诚以古今有治人无治法也。我国家耆定遐陬，怀柔绝域，一劳永逸，百废俱兴。金汤则众志成城；橦索则群生利济。廨含趋公于夙夜；仓箱庆祝夫丰年。蠢尔蛮貊之邦，晏然仁寿之域矣。《书》曰：绥爰有众。《诗》曰：日靖四方。其是之谓乎？志建置。

御碑亭：在屯河东迤北勒乌围，即逆酋索诺木寨地。乾隆四十一年，金川蒇事，奉文建。道光四年，屯务李涵元详请重修。碑文见卷首。

城　池

屯治无城池。自乾隆四十五年，改屯为营，有旧建石城一座，后倚业乌山，前濒金川大河。其门有三：南门即今游击署之头门，东曰东门，西曰西门。楼栅各一，无他名目，亦无池隍。其街道有新街、老街、半边街之名。

公　署

屯署：在旧城外，计三十二间。乾隆四十三年粮务车煌详请借项修建，五十八年屯务马文耀详请补修，嘉庆十五年屯务慕湘文详请补修。

仓廒：在屯署左，乾隆四十二年建修，五十六年屯务马文耀详请重修。每四间为一号，号为“永”“丰”“万”“年”“余”“庆”六字，额贮杂粮五千八百七十石零。嘉庆二十五年，屯务范贻谷详请借项补修。

游击署：在城内正中，计三十八间。乾隆四十五年，游击陈大刚详请动项建修。

守备署：在城内西偏，计二十八间。乾隆四十五年，守备何连升建修。未经详请动项。

较场演武厅：在城南二里有奇，计九间。乾隆四十五年，游击陈大刚、守备何连升详请动项建修。嘉庆十三年，署游击贺廷印、守备杨正凯详请补修。

大火药局：在城西八百六十步，计大小六间。嘉庆十四年，署游击何化龙、署守备马成详请动项建修。道光四年，署游击赵廷耀详请补修。

小火药局：在城西二百八十步，计大小六间。乾隆四十五年，游击陈大刚、守备何连升详请动项建修。道光四年，署游击赵廷耀详请补修。

津　梁

茹寨渡：在屯东北二十里，为松冈、党坝之要路。

卡拉渡：在屯治南六十里，为绥靖、庆宁之要路。

勒乌围渡：在屯北五里，为抚边屯之要路。

日磉桥：在勒乌围大河之左。自逆酋索诺木负固，大将军阿桂帅师攻勒乌围，觅善泅水者，系索于桥柱拽圮之，今仅存其名。

溜筒桥：在噶尔丹寺汛地。桥已久废，其址尚存。土人云：其制如雅州、天全州之溜壳子。

驿　传

阙

铺　递

阙

绥靖地处边陲，路非孔道，向未设有驿传铺司。文报出入，系交营汛兵挨塘递送，颇无遗误。

南路：绥靖营底塘、格尔则塘、甲咱汛塘、噶谷塘、独松汛塘，上交崇化屯界。

北路：丹札木塘、沙尔泥塘、卡木尔塘，下至庆宁营。

学　校

阙

屯列版图，甫数十年，尚未设学，亦无书院、义学。道光五年，屯务李涵元创兴义学于城隍庙左廊，延师训课。每岁捐送束脩十金，并以前任屯务马文耀查出遗留屯民二户，地租五石，以资薪水。有碑记，见“艺文”。

榷　政

阙

屯治在五屯极边，内通徼外，外达成都。所产与经过之物，俱无足贵者，未设关税。

盐法

阙

屯地不产盐，并无水陆及羡课盐法。汉番所食俱由灌、崇各邑市买犍盐，背负来屯出售。其价每斤七八分不等。间有食蛮盐者，系章谷徼外夷地所产，色红，有土腥气。

茶法

阙

屯地不产茶，亦无与外夷交易者。汉番所饮，俱由懋功厅属之猛固场茶阜，贩买来屯出售。

木政

阙

绥靖崇山峻岭，树木阴翳，然鲜栋梁材，兼难水运，故无可采。

钱法

阙

屯无铜铅山厂，亦未报充商人。民间所用均由成都宝川局时制，买运来屯行使。每纹银一两易钱八九百文不等。山深道远，贩运颇艰。日中市成，用银者居多，用钱者参半焉。

补遗

惜字库：在屯治市中灯竿坝。道光五年屯务李涵元捐建。有碑记，见“艺文”。

卷四　田　赋

古者寓兵于农，后世屯政所由昉也。金川自底定后，改土为屯，兵民番练，咸令垦耕，无事则供徭役，有事则饬戎行。遇国庆典，又蠲免其征输，法良意美，永奠边陲矣。至于户版之多寡，水利之源流，与夫物产之同异，皆守土者所宜知也。志田赋。

屯　垦

绥靖、庆宁两营眷兵包崇忠等三十四名，每户给地三十亩；单兵张复元等八百二十八名，每名给地十五亩；共垦地一万三千四百四十亩。屯民九百七十六户，屯番四百六十三户，屯练十五户，共屯民、番、练一千四百五十四户，每户给地三十亩，共垦地四万三千六百二十亩。

又加垦屯民七户，屯番一百三十八户，屯练一户。内加垦屯番三户，每户给地二百一十亩；又一户，每户给地一百八十亩；又二户，每户给地一百二十亩；又三户，每户给地九十亩；又十三户，每户给地六十亩；共二十二户，给地二千一百亩。外余一百二十四户，每户给地三十亩，共垦地三千七百二十亩。

户　口

自乾隆四十一年设屯招垦起，陆续安插屯民、番、练及绥靖、庆宁两营眷、单兵丁屯垦内。除四十九年奉文拨归崇化屯管束屯番八十四户外，至道光四年止，现在承粮花户，屯番，屯练，眷、单兵丁，共计二千四百六十二户。

科　粮

自乾隆五十七年奉文清查后，至道光四年止，现在屯垦地六万二千八百八十亩。每三十亩每岁征麦、稞、荞、豆四色粮二斗一升八勺五抄，每岁共征粮四百四十一石九斗四升一合六勺，此外并无额征银两。乾隆五十九年，奉文丈出余荒地二千三十五亩，以一千九百一十亩赏给出征奋勇屯番练等，量力垦耕，永不起科。尚余荒地一百二十五亩，以作公产。

经 费

屯员每岁春秋二季致祭索乌山、甲索山、金川河三处，每处应领祭品银十两零五钱，二季共领银六十三两。

茹寨渡船一只，领经费银十两零二钱四分七厘零；勒乌围渡船一只，领经费银十二两七钱二分二厘零；卡拉渡船一只，领经费银十一两七钱二分二厘零；每渡船三年详请拆修一次。

屯务一员，每月应支月费银六十两，岁共支银七百二十两。

书吏二名、仓夫一名、斗级一名、通事一名、译字二名。每名每月应支工食银一两，岁共支银八十四两。除修造船只银数不计外，岁共支银八百六十七两。

屯务一员，日支口粮麦一升。书吏、仓夫、斗级、通事、译字七名，日支口粮麦七升。家人、衙役十三名，日支口粮麦一斗三升。计岁支口粮麦七十五石。

徭 役

每岁屯署皂役，系屯练十六户轮流充当，并无杂派。其文武屯署，日用薪水夫及往来迎送乌拉等事，俱各寨屯番轮派供役，日给口粮。由通事、译字签传。

水 利

绥靖屯田多依山麓，灌溉维艰，并未筑修塘堰。低田濒河傍溪，间有引水灌溉者，现有八处：

线碉沟：在屯东十里。

巴布里沟：在屯西十五里。

甲咱沟：在屯南三十里。

独松沟：在屯南五十里。

克尔玛沟：在屯北十五里。

新咱沟：在屯北四十里。

格尔替沟：在屯北三十里。

巴思科沟：在屯西南三十里。

《金川琐记》云：绥靖屯属之双柏树（地名。设有格尔则塘汛），旱田十数顷，民番田亩，错杂其间，每岁只种荞黍，一熟。因不通水泉，山土常干也。土人云：可从巴布里设竹笕引水，岁得再熟。双柏树距巴布里约远十余里，跨越重山，人工物料需费数百金。时值连年冰雹，且民夫新从台湾征剿回，方事休息，未暇施工，为之歉然。后之抚斯土者，量时行之，亦培植地方之一助也。

蠲　政

乾隆四十一年改土为屯，高山原隰，陆续招徕民间开垦，皆由内地州县咨送前来。山深道远，盘费维艰，所有耕牛、农具、籽种、房屋等件，力难措办。四十五年详报，奉文恩准。屯民共一百十九户，每户赏给房价银二两，籽种、口粮二石，毋庸缴还。大小男妇共三百七十七口，每名口日支口粮米八合三勺，小口折半，至次年秋收后止。每户给牛价银十两零二分。其房价、籽种奉文赏给，毋庸缴还。所有牛价银两，并到屯起支口粮，均令按年摊缴。嗣于乾隆五十一年，奉恩旨，全行蠲免。五十二年，恭逢高宗纯皇帝七旬万寿，奉旨免征兵民屯番科粮。又嘉庆元年，恭逢恩旨，免征十分之二。兵民屯番，共荷殊恩，群沾实惠，洵怀柔之盛治焉。

物　产

黍之属

黍，糯黍、蜀黍。《谷谱》：一名高粱，一名蜀秫，一名芦粟，一名木稷，以种来自蜀，形类黍稷，故有诸名。

玉蜀黍。《谷谱》：玉蜀黍，一名玉高粱，一名戎菽，一名御麦，以其曾经进御，故名。御麦出西番，旧名番麦。《农政全书》又作“玉米”。按，旧列麦后，今遵佩文斋《广群芳谱》移附黍后，以类从也。

天星米。《金川琐记》：俗喜艺天星米，一名喇嘛酥米，如黍粒，可作粮食。叶经霜满山红叶，亦一大观。

麦之属

大麦、小麦、燕麦。《金川琐记》：夷人间亦艺种燕麦，其实细而长，可入糌粑、咂酒中用。《古乐府》云：道旁兔丝，何尝可络；田中燕麦，何尝可获。殊不其然。

青稞、甜荞。《广群芳谱》：荞麦，一名荍麦，一名乌麦，一名花荞。注云：茎弱而翘然，易长易收，磨面如麦，故曰荞，曰荍。而与麦同名也。俗亦呼甜荞，以别苦荞。

苦荞，《广群芳谱》：苦荞麦出南方，春社前后种之。茎青，多枝叶，似荞麦而尖，花带绿色，实亦似荞麦而棱角不峭。味苦，磨为粉蒸，使气馅滴去黄汁，乃可为糕饵，色如猪肝，谷之下品。

粟之属

粟，糯米。《广群芳谱》：粟，粱属也。北方直名之曰谷，脱壳则谓之小米。《本草》：粟，一名秈粟。古以粟为粟、稷、粱、秫之总称。而今之粟在古但呼为粱，后人乃专以粱之细者名粟。大抵黏者为秫，不黏者为粟，故呼此为秈粟，以别秫而配秈。

蛮粟。一名迁粟。

菽之属

蚕豆。《广群芳谱》：蚕豆，一名胡豆。南北皆有，蜀中尤多。《本草纲目》云：豆荚状如老蚕，故名。王祯《农书》：谓其蚕时始熟，故名。亦通。

豌豆。《广群芳谱》：豌豆，一名胡豆，一名戎菽，一名毕豆，一名回鹘豆。《本草纲目》云：其苗柔弱宛宛，故得"豌"名。崔寔《月令》作"跸豆"，出回鹘地。

黄豆、红豆、豇豆、冰豆、四季豆。

枲之属

蛮麻，火麻。《广群芳谱》：大麻，一名火麻，一名黄麻，一名汉麻。雄者名枲麻、牡麻，雌者名苴麻。

油麻。《梦溪笔谈》：胡麻是今油麻。张骞始自大宛得其种，故名胡麻。以别中国之大麻也。

蔬之属

葱、韭、蒜、芥、芹、菘、苋、荠、蕨、菌笋。《金川琐记》：金川少竹，惟绥靖之正地沟有数十丛，笋味甚苦，不堪食。黄山谷所谓谏笋也。

蔓菁、擘蓝、圆根。《金川琐记》：圆根即擘蓝、大头菜之属。比芦菔坚实。味如薯蓣，微带药气。夷人歉岁作粮食，叶可饲猪。又《日程琐记》云：圆根即萝葡也。形匾味粗。易地弗良。

荠苊、蒝荽、菠棱、莴苣、苦荬、木耳、青椒、洋芋。《益部方物略记》：赤鹯芋，形长而圆，味最美；蛮芋，子繁衍博；果芋，品最下者也。

蓏之属

黄瓜，南瓜。《金川琐记》：两金川俱出南瓜。其形如巨橐，围三四尺，重一二百斤。每一枚辄用数人舁之。

西瓜。《金川琐记》：西瓜有红黄二种。出崇化、章谷二屯者尤佳。乾隆三十八九年间，有一总镇驻兵江浒，携种艺植，遂传至今。俗称镇台瓜。

北瓜、苦瓜、金瓜、瓠子、茄子。

果之属

梅、桃、樱桃、胡桃、银杏、楂梨、石榴、朴儿。《金川琐记》：树不甚高，夏日结穗，形与色俱如桑葚，味甜。未熟时略带酸涩。小儿喜食之。加薄胶浓煮，亦可染作紫色。

野葡萄。

延寿果。《金川琐记》：又名长寿果。金川处处有之，形如羊枣，丛生沙土中。去皮和米煮粥，极香甜有味，亦可入牛酪烹煮。

木之属

松、柏、杉、桦、楮、柳、白杨、黄杨、黄荆、蛮柘、崖桑。夜光木，《金川琐记》：其木不易得，率在深山人迹不到处。疑数千年古木所化，积雨山水暴下，随流赴大江，土人捞获以献。日间与寻常朽株无异，夜有光，碧如萤火，逾月渐退，惜不能耐久也。

竹之属

苦竹（详见前笋注）、筋竹。

花之属

梅、兰、菊、蘼芜、芍药、蜀葵、罂粟（一名米囊）、玫瑰、凤仙、醉仙、鸡冠、月季、雪莲。《金川琐记》：雪莲生深山积雪中，独茎无叶，其花淡红色。土人采取者，结伴裹粮，穷搜雪窖。有见，潜往采之，苟语言，指顾即失所在，遍索不可得矣。俗谓此品山神最贵惜云。

木香、龙爪、金钗、凌霄、野海棠。

野牡丹。《金川琐记》：五六月间，牡丹盛开，绥靖屯尤盛。尝按行至深山中，花开满山，红白相间，下临碧水，掩映增妍。惜俱单瓣无重台者，色有浅红、淡白二种。

草之属

茅烟。《姚旅露书》：吕宋国有草名淡巴菰，一名金丝醺。刘廷玑《在园杂志》：□外人相传高丽国，其妃死，王哭之恸，梦妃告曰：冢生一草，名曰烟草，采之焙干，以火燃之而吸其烟，则可止悲，亦忘忧之类也。王如言采得，遂传其种。外国有盖露、余糖、发丝等名。《食物本草》：烟草一名烟酒。春种夏花，秋日取其叶，曝干切叶如细发。草顶数叶名曰盖露。按蜀产郫县者良，屯产殊不及也。

火草、伸筋草、老鹳草。

冬虫夏草。《金川琐记》：俗称虫草。初生抽芽一缕如鼠尾，长数寸，无枝叶，杂生细草中，采药者须伏草寻择。因芽及根，虫形未变，头嘴倒置土中，短足对生，背有蹙屈纹，棱棱可辨。茅从尾茁，盖直僵蚕，非仅形似也。然剖之已成草根。每岁惟四月杪及五月初可采。太早刚蛰虫未变，太迟即变成草根，不可辨识矣。味甘平，同鸭煮，去滓食，益人。李元《日程琐记》云：初夏，首下尾上，尾尖出草嫩如韭，扁圆直上有须。端午以后草仍就枯，其虫首上尾下，有嘴又有目，有须有足，蠕动而去。

药之属

沙参，土参。《金川琐记》：懋属之大牛厂，绥属之黑山梁、宜喜，祚固诸山，皆有土参，俗称山萝卜，虽三椏五叶，形模不殊。然味薄如党参，尝煎汁成膏，服之有效。

黄芪、萎蕤、车前、贝母。《金川琐记》：种类有三：枝叶丛生，根如百合者为上；一茎数叶，根如独蒜及仅有一大瓣抱跗者次之。花青莲色，皆从茎端下垂若悬灯。

菖蒲、仙茅、甘菊、紫苏、荆芥、升麻、羌活、独活、香薷、细辛、赤芍、茜草、大黄、萹蓄、萆薢、白部、木通、木贼、乌梅、花椒、益母草、夏枯草、豨莶草、土薄荷、土藿香、小茴香、地骨皮、牡丹皮、五加皮、青木香、刺蒺藜、牛蒡子、五灵脂、草灵脂、熊胆、麝香、山羊血、穿山甲、蝉蜕。

羽之属

鸡。《金川琐记》：鸡大者仅斤许，喜飞鸣树上。

松鸡、雪鸡、马鸡、火炭鸡、星宿鸡。《金川琐记》：又名翠角鸡。头生两肉角，翠色鲜润，能伸缩，惊怒时其形岳岳，无事下垂颔际如带。毛色陆离可爱，每一翎辄有白眼如豆大，匀净不紊，因有星宿之称，或曰即吐绶鸟。他如山鸡、马鸡之属，种类甚多，因中土常有，不足异。未及备纪。

鸭、水鸭、黄鸭。《金川琐记》：野鹜之属，较家鸭微小，毛羽深黄色。

雪鹅。《金川琐记》：尝行卡撒，道见雪鹅数十，翔步雪中，或先或后，不甚畏人，白毫红嘴，与家鹅无可异，微觉高大，但距印雪上作鸿爪痕，不似寻常连跗鹅鸭禽畜耳。种类之异乃尔。天下之大，真无物不有也。土人云："雪鹅喜眠食雪中。"

雉、鹰、鹞、鹦鹉。《金川琐记》：每岁麦谷成熟时，千百群飞，蔽空而下，绿羽璀璨，其声咿哑，农人持竿守护，有黠者设械穗间，俟翔集时机发，潜罥其足，可以生擒。性极畏烟，触之，病目死。有红黑嘴二种。一说雄者红雌者黑，又一说由黄口渐黑而变红，未知孰是。总之，红嘴者习人语较易，黑嘴者差难耳。

鹁鸠、鹌鹑、画眉、布谷、啄木、鹡鸰、崖燕、黄雀、杜鹃、阳雀。《金川琐记》：绥靖属之逊克宗有一种雀类，形如斑鸠，长尾，尝自呼曰"贵贵阳"，昼夜不绝声，土人目为阳雀，云系雀王，深栖丛莽，不喜飞翔。日俟群雀供虫豸。此雀非虫不食，便遗下活虫如蚊母，夜间与叫月子规室山答响，殆亦开明魂化耶！

么凤。《金川琐记》：么凤，连毛羽大仅如拇指，五色咸备，视丹山鸑鷟，具体而微，性极灵警，不易获。间为土人设械罥取，可缀妇女云鬟，与钗头双燕争胜。每岁二三月，千百成群，飞往成都府属之郫灌一带。啄食桐花，花谢即归巢，深岩密洞中，终岁不再见，土人亦谓之桐花凤。

喜鹊、乌鸦、鹭鸶、瓦雀、鹧鸪、鸬鹚、红嘴鸦、白项鸟、号寒禽。

毛之属

牦牛。《正字通》：牦牛出甘肃临洮及西南徼外。野牛也，人多畜之。状如水牛，髀、膝、尾、背、胡下黑毛长尺许，尾长大如斗，尝自爱护。古取为旌旄。今人以为缨帽，毛杂白色者，以茜染红色用之。《山海经》：潘侯之山有牛，四足节生毛。即此。或作"髦"，亦作"牦"，又作"旄"，或省作"毛"。师古言即犏牛，非。《金川琐记》：牦牛性极驯，其身庞然，几倍吴牛，毛长尺余，下垂如缨络，中土绝无。郭景纯谓牦牛出西域，信然。尾可为拂，亦可饰兜鍪，昔有人以牦牛尾贻刘先主，尝手自结眊者，即此。

黄牛，犏牛。颜师古曰：牦牛即犏牛。《水东日记》曰：牦牛与封牛合，则生犏牛，状类牦牛，偏气使然，故谓之犏牛。据此说，犏又牦之遗种，非即牦牛也。

马、骡、驴。《金川琐记》：尝于马游戎麒处，见一山驴驹，高二尺余，与寻常枥中所畜无甚歧二，惟头戴茧栗为可异。其家因与马驹同牧，日渐驯扰，小儿骑跨，予戏谓曰："他时头角峥嵘，恐不知者笑其指鹿为马。"

猪、猪膘。《金川琐记》：夷地多荒山，畜牧既便，尤喜豢猪，与寻常刚鬛稍异，率皆红毛尖嘴，或红毛、黑毛相杂，适均如邵阳之隔织布，所食惟草莱粪秽，莫不瘦瘠骨立，皮厚一寸许，用时悬高处缢死，刲其背，去肠胃，用树条撑开风干，名曰猪膘，为极珍之物，非亲戚宴会，不轻用也。

野猪、羊、羖羊、山羊。《金川琐记》：猎户尝献一山羊，高三尺，角长数寸，蹄尾如常，却有骏鬛，周身髭色，脊有黑毛一线，连缀至尾，剧似骡驴，性狠难驯。又云：山羊喜居雪山深邃处，日再出饮水，出必以群，一羊先行，余皆随后，猎者遇之，必以计罥取其魁，咸惊惶不知所措，可掩群而获。

羯羊、犬。《金川琐记》：犬大者高至三尺，毛尾鬅鬙，颇似狻猊，能缘墙走屋，形既狰狞，声噌吰如华钟，喜啖生肉、饼饵。投以咸食，辄病癞不救，尤畏炎热。

猫、虎、豹、熊。《金川琐记》：有人熊、马熊、狗熊、猪熊四种。予所见惟狗熊，署中尝畜其一。喜啖米饭饼饵，生才四五月，食兼数人，高已三尺余，每作人立，手足如人，遍体黑毛，惟心胸间有白毛如偃月，吼怒时一二人努力不能制。半年后渐高于人，常窃鸡啖。……锁项锒铛，时被掣断。幸驯熟不伤人。每逸必径入庖厨攫食，庋阁常有倾折患。后因需用熊胆，令强有力者击毙之。熊油能透物，试擦油手心中，果直透手背，可入药济人。熊掌因未得烹饪法，膻臊腻人，不堪下箸。后闻诸金明府玉云：须傅土火煨，其毛始净，再入锅中煮去膻汁，然后加醯酱烂蒸，味极可口。却未一试也。

豺、狼、獐、麂、鹿、狐、兔、獾、猿猴、水獭、田鼠、松鼠、黄鼠狼。

鳞之属

雪鱼。《金川琐记》：昔岭在绥靖屯治东一百十里。讨逆酋时，曾立营盘，墙卡至今尚存，俗呼万里城是也。积雪袤丈，虽三伏日，山径常封。土人云："中有雪鱼，其大如臂。"想亦雪蛆、雪虾蟆之类。然在绥靖数年，未尝亲觏。章谷屯属之梭岭，亦积雪不化。缪清泉云："其章姓典吏，曾一见之云。"

鲟鱼（细鳞鱼，肉粗味腥）、石爬鱼、羌活鱼。《金川琐记》：羌活遍地有之。走卒辈山行渴甚，辄折取咀啮，云清凉如蔗浆。巨者蔚茂，高二三尺。根下每有水潭，藏羌活鱼一二，其形如鲵鱼，有四足，长仅四五寸。土人云："可治心痛症。"市得数尾，亦不敢妄试。尝阅郑仲夔《冷赏》载："凡产黄连之地，必有小蛇尺许，盘旋其中，触之伤人，必先去小蛇，然后敢恣采。"羌活中有鱼，亦犹黄连中有蛇，未足为异也。

孩儿鱼。《金川琐记》：大江中产孩儿鱼。《酉阳杂俎》作"鲵鱼"（必鞭出白汗如构汁方可食，不尔有毒），形如守宫，声如婴儿，能陆行。甲辰秋赴任，路过小牛厂，见民家盆盎中养二尾，皆长尺许。问所用，云："可治跌扑损伤。"细视其爪有四，极似鹅距，讶其形异，售之放大江中。乙巳秋，因事公出。民间获一巨者，重九十余斤，市人环观，哀鸣甚惨。翌日旋署，已不获购放。尝见洪文敏《夷坚志》载："应山县大龟山寺外一池，产牙儿鱼，有四足，能登岸升木，作声咿嘎如婴孩，大者重一斤许。"又张芸叟《南迁录》载："苏子瞻在武昌获一鱼，似鲇而有四足，能履地而行，或曰此鲵鱼也。”想是鱼种类亦繁，特不常见耳。然予官于绥靖五年，未闻复有重至九十余斤者。居民食之，未见有疾害。闻诸土人云：“悬其肉于无人处，下垂至地，闻人履声，辄收缩如旧。”亦物异也。

鱼虎，《太平寰宇记》：“有舌口如棘，能食鱼。”

介之属

蜗牛、山螺蛳、土鳖。

虫之属

蛇、土螋、蜂、蝶、蝉、萤、蛾、蝇、蚊。《金川琐记》：金川无蚊蚋，间有一二，飞声薨然，大如蜻蜓，不蜇人。乃知金文靖《北征录》中纪“元故都处有蚊如蜻蜓”，信然。尝扑获一枚，豹文长脚，头有黑翎如箭羽，戏腊诸书籍中，以为他日佐笑。

蚋、蠓、蚁、蜾蠃、蜻蜓、螳螂、蝼蝈、蟪蛄、蜘蛛、蜈蚣、蟋蟀、蚯蚓、蝌蚪、石蚕。

金之属

麸金。《金川琐记》：两金川遍地生金，命名以此。首推抚边，披沙所得，自然成片段，巨者至两余，细亦重分许，色皆上赤，俗称瓜子金是也。他屯只产金屑，俗称麸金，入火不能熔化，不足贵也。

自然铜。

石之属

银精石、白砂石、宝砂（又名八角砂，其形八角，大于豆，屑之可治宝玉）。

货之属

虎皮、豹皮、麂皮、獐皮、猴皮、狐皮、牛皮、羊皮、氈子、牛绒、氆毡、毛毯。《金川琐记》：俗喜牛羊毛，绩线作毛毯，男女衣服取给焉。郑康成《尚书注》“织皮谓西戎之国”，良不诬也。衣服之外横披大幅长毯，若释氏袈裟，日以蔽风雨，夜以代衾褥，寒暑不改服。

木碗、佩刀。《金川琐记》：男子喜佩刺刀，俗称左插子。身衣毯袍，长仅及胫。围帛，两端垂缀尻后如尾，无贫富同，独腰间佩刀长尺余，外鞘镶嵌不一，竟有值至数十百金者。佩犊、佩牛之俗，严禁未能尽革。

鹰毛、蜂蜜、黄蜡、菜油、酥油《金川琐记》：酥油，取牛乳积盆盎中渐满，取皮囊盛之，两人对立，用脚挪转之，令匀化，置静处，俟凝定取开用之。

蛮麻布，蛮皮纸。《金川琐记》：夷人亦解造纸，剥取楮树皮，入锅煮烂，复用杵椎捣，澄诸清水中。竹帘木械，并如汉式，随造随晒，顷刻可成。虽极坚韧，然质厚理粗，不堪供书写。其有细薄者，颇似高丽纸。楮树自一二尺至四五尺不一，遍地皆有。二三月间开小黄花，攒簇如桂。

卷五　祭　祀

蜀之专祀，首列江渎，其他神元，咸隆肸蛮。绥靖自设屯后，坛壝庙貌，尚无明文。惟索乌、甲索二山，金川大河，俱于乾隆年间，助顺效灵，奉旨春秋致祭，仪文度数，例得备书，而官吏兵民建修祠宇，并附载焉。盖夷俗佞佛信鬼，因势利导，亦神道设教之意也。志祀典。

索乌山神祠，甲索山神祠，金川大河神祠，乾隆四十一年平定大小金川后，俱奉旨赐祭。每年春秋二季，奉颁香帛各一分，并祭仪银两，敕地方官致祭。

祭　品

牛一、羊一、豕一、登一、左铏一、右铏一、左簠一、右簋二、左笾十、形盐、藁鱼、枣、栗、榛、菱、芡、鹿脯、白饼、黑饼、右豆十、韭菹、醓醢、青菹、鹿醢、芹醢、兔醢、笋醢、鱼醢、脾析、豚胉、酒、爵三、烛二、灯十盏。

仪　注

祭日陈设毕，赞引者引承祭官至盥洗所。盥洗毕，引至行礼处，立。典仪唱：执事者各司其事。赞引者赞：就位。承祭官就位，立。典仪唱：迎神。司香者捧香盒跪香炉左。赞引者引承祭官就炉前立，赞：上香。承祭官上注香炉内，又三上。瓣香毕。赞引者赞：复位。承祭官复位，立。赞引者赞：跪叩，兴。承祭官、陪祭官行三跪九叩头礼，兴。典仪唱：奠帛。行初献礼。捧帛者跪毕，三叩头，退。执爵者立，献爵于案上正中，退。读祝者至祝案前，一跪三叩头，捧起祝文，立。赞引者赞：跪。承祭官及陪祭官、读祝者俱跪。赞：读祝。读祝者读毕，捧祝文跪安案上帛匣内，三叩头，退。赞引者赞：叩，兴。承祭官行三叩头礼，兴。典仪唱：行亚献礼。执爵者献爵如初。献仪献于案左，退。典仪唱：行终献礼。执爵者献爵如亚献仪，献于案右，退。典仪唱：送神。赞引者赞：跪，叩，兴。承祭官、陪祭官行三跪九叩头礼，兴。典仪唱：捧祝帛恭诣燎位。捧祝帛者至案前，行一跪三叩头礼，捧起祝帛。司香者跪捧不叩，依次送至燎炉。承祭官转立西旁，候祝帛过，仍复拜位，立。赞引者赞：诣望燎位。承祭官至燎所，祝帛焚半。赞引者赞：礼毕。各退。

祭　文

初次致祭祝文

皇帝遣臣致祭于索乌山之神，曰：集朕勋于扫穴，栉比开屯；稽殷典于封山，盘纡踞胜。憺天威而致讨，溯神贶以披图。瘴垒蛮烟，拱挹出群峰之表；氛消雾廓，嵯峨雄两镇之间。自马尼谷噶之兼收，洎昆色拉枯之进剿。势悬压卵，先登而狡窟难凭；声震轰霆，再鼓而连群就缚。俯錭金之林立，尽我藩篱；览沃土以塍分，艺之黍稷。兹维昭佑，爰考彝章。报功宜在春秋，画野资夫保障。缅昔六师风扫，效灵实助戎行。欣兹千耦云兴，秩祀聿隆。肇尔尚其昭鉴，勿替歆承。

皇帝遣臣致祭于甲索山之神，曰：徼靖蚕丛，犄角重夹河之势；崖旋螺径，郁盘开镇地之基。丕功克集夫方行，灵佑式彰乎深入。达尔图负嵎力抗，攻坚直指前锋；绰斯甲执挺前驱，选锐还临绝壁。奋戈鋋而逼垒，倏据建瓴；鸣鼓角以穿云，遂成破竹。平坡下压，断右臂于连冈；隔水相闻，会中权于捣穴。喜朕功之既蒇，迅奏俘渠；冀乐土之同登，群安食力。爰举秩庸之典，垂为命祀之文；当时甲积应齐，铭勒永彰师武。此日屯戍森列，赓悬用答神庥。尚克歆承，服时明命。

皇帝遣臣致祭于金川大河之神，曰：溯源松徼，输派岷江。逾丹坝以遄趋，合溁众壑；汇金川而曲注，派合双流。曩者师驻浒滣，列栅而沙痕敛涨；迨乎兵翻巢窟，移营而灶影浮涛。用嘉效顺之灵，肇锡维馨之祀。路逾邛笮，澄清标大渡之名；水别沱潜，疏凿导桓江之远。通津利涉，俾无阻于川梁；溉种含滋，庶并宜于粟黍。沉埋特举，翕艅攸同，神其式临，歆兹有秩。

春秋致祭祝文

皇帝遣臣致祭于索乌山之神，曰：惟神显迹昭垂，奥区静镇。气通参井，连峰高压夫奔涛；隘隔筰駹，叠巘细开夫聚米。对勒乌围而耸峙，昆色耳左转岩横；俯昔岭以环临，噶喇依南屏路抱。朕永绥边徼，载戢干戈。分屯而佩犊风消，列岭而缘猱险辟。考埋沉于四望，爰秩泄云兴雨之司；张挞伐于五年，用酬助顺效灵之贶。惠泽长周夫远迩，报祈罔替乎春秋。荐是苾芬，庶其歆格。

皇帝遣臣致祭于甲索山之神，曰：惟神奠安蜀徼，宣畅皇威。据官喜之上游，控日旁之右地。昨以金川用武，助扬震叠于戎行；洎乎玉垒销锋，用答庥嘉于祀典。五十里荡氛廓祲，道载壶浆；一千人陟险梯空，行同枕席。繄骏庸之克赞，宜美报之加隆。礼肇无文，屹河西而作镇；泽期永赖，犁雪外以安屯。一隅远峙夫坤维，二仲虔将夫鼎享。尚其昭格，鉴是馨香。

皇帝遣臣致祭于金川大河之神，曰：惟神井宿分隅，岷源溯润。众流并凑，青浮孟笔以东来；巨渎遥连，碧映峨眉而南注。属王师之耆定，嘉祝贶之式凭。移营而沙篆浮痕，咸占利涉；振旅而波纹漾影，永镇澄清。朕既缵武功，爰崇祀典。渥被资生之益，特申时祭之仪。答美报于灵源，春秋匆替；告普存于边服，俎豆长新。尚克来歆，庶彰咸秩。

祠庙

武庙：在屯治南三里。乾隆四十四年，分驻阿尔古屯防事维州协副将李天佑建，五年，游游击陈大刚、守备何连升募修。

城隍庙：在屯治西七百二十步。乾隆四十八年，屯务李心衡建。嘉庆三年，屯务马文耀重修。道光四年，屯务李涵元补修。

龙神祠：在屯治北濒河二里。乾隆五十二年，屯务李心衡建。

离明祠：在屯治东一百六十步。嘉庆十六年，阖屯商民公建。

衙神祠：在屯署左仓房内。

观音寺：在屯治南甲咱汛三里许岩畔。乾隆五十三年，屯务李心衡建。

观音阁：在屯治北二百步。乾隆五十八年，守备刘顺建。

玉皇阁：在屯治北九百步。嘉庆九年，署游击德印、署守备边元佐募修。

山王庙：在屯治北二百三十步。乾隆五十八年，绥靖营兵目公建。

江神庙：在屯治南独松汛北大磐石上。乾隆五十一年，汛弁花莲林建。

昭忠祠：在屯治南三里关帝庙左。道光五年，绥靖营游击陈文耀、守备赵廷耀、千总王国治率众兵等捐建。内祀历来出师阵亡、病故员弁兵丁。

附录职名于后：

出师西藏阵亡游击一员：张占魁。

出师达州阵亡守备一员：朱映棠。

出师达州阵亡把总三员：马玉成、何连升、罗应举。

出师西藏阵亡兵丁四名：孟贵、杨天佑、黄国栋、贺功。

出师湖南阵亡兵丁二十五名：江正雄、傅以明、杨魁、柳义春、杨庆、张文伸、许永祥、杨济川、韩白林、边正雄、席朋、李龙、赵琳、王廷贵、罗文英、赵学胜、王玉林、任章、顾尚贵、田与奇、赵魁、马德、宋文彪、钦大友、杨正龙。

出师湖北及撤赴达州阵亡兵丁二百零三名：李怀春、王庆、江正荣、王占祥、宋履元、王国玺、周占图、刘天荣、李朝龙、陈贵、张洪贵、周闻、孟华、王胜荣、卢文贵、王君佐、张金山、胥金贵、杨登贵、李俸、陈正龙、马忠义、董用明、王廷玉、周洪、唐之贤、朱得荣、陈得俸、张玉、张开榜、窦珍、许升、罗玉贵、马化彪、阙贵、田仲、毛国盈、张永和、柳贵、郑国珍、任全易、赵得贵、龙登云、孟玉林、张天荣、李玉春、余彪、杨明、高贵、杨国臣、徐登鳌、刘天祥、李应举、祝文贵、许国俸、张奇、王坤、杨廷坤、袁启贵、李有成、张坤、杜玉成、王龙、胡得泰、王文得、黄与贵、魏在元、耿文俸、潘贵、张进、叶世柱、王文泰、余金俸、马廷刚、何俸、廖朋、张林荣、钟万禄、王万友、宋魁、詹国忠、杨玉春、罗得胜、张国柱、董恂、倪珍、杨天芮、王学达、邓宗顺、蔡启俸、杨连升、郭荣、线启龙、高得友、陈大顺、王忠孝、江正明、周应龙、姚云顺、何升、陶俸、唐英、董贵、钟世海、席荣、雷三超、罗世俸、张大朋、莫贵、杨权、周俸、王登榜、张俸、胡伸、梁万贵、刘在伸、胥化卿、王学贵、尚廷富、薛俸明、刘大仲、王贵、宋国荣、魏芳年、赵万升、焦秀、杨天贵、王连、唐述茂、胥尚德、杨得胜、谢正才、江正刚、孟玉龙、罗万洪、胥大德、李国栋、苟文义、黄文、亢秀山、唐奇、锁友贵、黎国敬、胥文德、马茂林、张泰祥、张世安、计礼龙、韩福、王伸元、杨贵、杨兴志、蹇玉贵、干廷英、黄玉龙、顾钦元、邱正国、马应魁、刘在元、贾如松、朱福、唐思位、刘世魁、张维得、黄保华、张林、王经、张文、李恂、李尚元、蒲贵、贾绍舟、孟玉贵、梁得胜、马文贵、武明英、邓文德、余化龙、傅朝俸、罗宽、窦仑、张忠义、周全美、张同富、杨廷斌、侯正坤、马泗海、周得荣、李全忠、王文仁、王廷龙、杨文献、王之富、李应伸、王在明、龙坤、冉廷彪、张升、王明泰、李绍龙、刘武、周俸荣、容胜。

出师果洛克阵亡兵丁一名：穆占秀。

出师瞻对阵亡兵丁一名：夏登魁。

出师宁陕病故兵丁一名：杨玉成。

出师川北防堵病故兵丁一名：花凤翔。

仙　释

阙

地处穷边，山深箐密，雪积云封，并无古刹丛林，可以栖真住锡，间有缁衣黄冠，类皆寻常流亚，未足称二氏之翘楚焉。

卷六　职　官

设官分职，所以治民；抚字御防，相助为理。而汉番杂处之区，守土者责綦重焉。屯务文员，向照西藏例遴现任佐贰经理，三年更代，需次者六载为期。武弁则勤训练，护储胥，恒有备而无患。方今官方澄叙，大法小廉，吏治蒸蒸日上。虽属边陲，岂无懋著、循声、讴歌、遗爱者？是在良有司之自为矣。志职官。

文　秩

乾隆四十一年平定后，原设阿尔古同知一员，阿尔古粮务一员。旋因详筹新疆事宜，奉文裁撤阿尔古同知，改阿尔古粮务为绥靖屯务。嗣于五十一年，奏请设绥靖屯务关防。

原设阿尔古同知：吴受甲。

历任绥靖屯务员名

车　煌：湖南邵阳县人。由拔贡分发四川候补州判。乾隆四十二年十月，由阿尔古粮务改任绥靖屯务。四十五年十一月交卸。

龚贻穀：浙江会稽县人。由监生捐布政司经历，分发四川。乾隆四十五年十一月到屯，四十九年七月交卸。

李心衡：江南上海县人。由候补经历，分发四川。乾隆四十九年八月到屯，五十四年二月交卸。著有《金川琐记》。

李　堂：直隶永年县人。由监生捐办军需案内议叙州同，分发四川。乾隆五十四年二月到屯，五十七年五月交卸。

马文耀：浙江会稽县人。由监生历丁酉科顺天乡试，挑补四库馆誊录，议叙布政司经历，分发四川。乾隆五十七年五月到屯，嘉庆七年七月交卸。

胡涵道：山东海阳县人。由监生遵川楚善后筹办事例，报捐府经历，分发四川。嘉庆七年七月到屯，十三年六月交卸。

慕湘文：江苏吴县人。由监生应甲午科顺天乡试，挑取四库馆誊录，议叙签掣主簿，分发四川，补平武县大印山主簿。嘉庆十三年六月到屯，十六年六月交卸。

范　堃：直隶大兴县人，原籍浙江钱塘县。由监生遵工赈例，报捐从九品分发四川。嘉庆十六年六月到屯，二十一年三月交卸。

曹三选：浙江桐乡县人。由廪生中乾隆戊申科乡试举人。嘉庆六年大挑一等，以知县用，分发直隶，署怀柔县，因公镌级，恭逢庆典，恩旨以县丞用，选授四川平武县县丞。嘉庆二十一年三月到屯，二十四年三月交卸。著有《吹云阁诗集》。

范贻穀：浙江上虞县人。由国史馆供事议叙，未入流，选授四川芦山县典史。嘉庆二十四年三月到屯，道光二年六月交卸。

李涵元：贵州普定县人。由监生遵川楚例报捐，未入流。投效留川，补授冕宁县典史。道光二年六月到屯，现管屯务。

武　秩

乾隆四十一年二月，金川平定。留防阿尔古总兵一员，维州协副将一员，噶尔丹寺游击一员，独松都司一员，甲咱都司一员。

重庆镇总兵：高琭，汉军镶黄旗人，世袭云骑尉，乾隆四十三年裁撤。

维州协副将：李天佑，四川成都县人，由行伍出身，乾隆四十五年裁撤。

噶尔丹寺游击：马应诏，四川成都县人，行伍出身，乾隆四十四年裁撤。

独松都司：刘世勋，四川西昌县人，行伍出身。乾隆四十三年裁撤。

甲咱都司：阎伦，四川巴县人，行伍出身，乾隆四十三年裁撤。

乾隆四十五年，改屯防为营，随撤留防副将，改设绥靖屯游击一员。

历任游击员名

陈大刚：四川阆中县人，由行伍出身。乾隆四十五年十一月到营，五十一年三月升授甘肃督标右营参将。

马　琪：甘肃西宁县人，由武进士出身。乾隆五十一年四月调补到营，五十四年六月病故。

张占魁：四川成都县人。由行伍出身。乾隆五十五年四月升补到营。五十七年七月初三日征西藏廓尔喀阵亡。

胡尚贤：陕西凤县人，由云骑尉出身。乾隆五十七年十一月升补到营。嘉庆二年升授普安营参将。

李应贵：四川成都县人，由行伍出身。嘉庆二年三月由军营升补，并未到营，五年升授广东督标右营参将。

李廷臣：四川广元县人，由行伍出身。嘉庆五年二月由军营升补，并未到营，六年二月，升授越嶲营参将。

张应贵：四川华阳县人，由行伍出身。嘉庆六年二月由军营升补，并未到营，七年二月，升授会川营参将。

贺廷印：四川成都县人，由行伍出身。嘉庆七年二月升补，十四年奉撤回营。十五年三月，升授江南镇江城守营参将。

汤占先：四川华阳县人，由行伍出身。嘉庆十五年十月调补到营。二十一年交卸。

谢金章：湖北江夏县人，由乡勇出身。嘉庆二十一年十一月升补到营。道光元年升授永宁营参将。

陈文耀：广东东莞县人，由武进士出身。道光二年升补，于四年二月到营。现供今职。

中军守备员名

何连升：四川茂州人，由行伍出身。乾隆四十五年十一月到营，五十年十一月升补泰宁营都司。

王士杰：四川华阳县人，由行伍出身。乾隆五十一年六月调补到营，五十六年十月调补靖远营守备。

杜得成：四川松潘厅人，由行伍出身。乾隆五十六年十月调补到营。五十七年十一月升授维州营都司。

马元得：四川成都县人，由行伍出身。乾隆五十七年十一月由西藏军营升补，并未到营，五十八年二月升授龙安营都司。

刘　顺：四川成都县人，由行伍出身。乾隆五十八年六月升补到营，嘉庆四年五月升授广东肇庆营都司。

朱映棠：四川成都县人，由行伍出身。嘉庆四年五月升补，尚未到营，殁于王事。

涂　升：四川简州人，由行伍出身。嘉庆五年五月升补，并未到营，六年正月升授梁万营都司。

刘廷斌：四川温江县人，由行伍出身。嘉庆六年正月升补，并未到营。即于是年十一月升授梁万营都司。

杨正恺：四川华阳县人，由行伍出身。嘉庆七年正月升补，十年六月奉撤回营，十五年正月升授江西袁州营都司。

李廷赓：四川广元县人，由行伍出身。嘉庆十五年十二月升补到营任事。

王玉林：四川成都县人，由行伍出身。嘉庆十九年十二月升补到营，二十年升授建昌冕山营都司。

谭国臣：四川邻水县人，由乡勇出身。嘉庆二十年十二月升补到营，道光二年调补建昌镇标中营守备。

赵廷耀：四川新都县人，由行伍出身。道光三年三月调补现任斯职。

庆宁营守备员名

舒廷秀：四川绵州人，由行伍出身。乾隆四十五年五月升补到营。五十三年二月升授直隶保定营都司。

苏人雄：四川通江县人，由行伍出身。乾隆五十三年八月升补到营。五十九年七月升授河南陕州营都司。

萧太和：四川华阳县人，由行伍出身。乾隆六十年六月升补，尚未到营，即于是年十一月升授建武营都司。

官启文：四川松潘厅人，由行伍出身。嘉庆元年二月升补，尚未到营，即于是年五月在平陇军营殁于王事。

樊　谟：四川成都县人，由行伍出身。嘉庆元年八月升补，尚未到营，二年六月在磨子坝军营殁于王事。

马文斌：四川华阳县人，由武举出身。嘉庆二年十二月升补，尚未到营，四年正月升授广东义宁营都司。

袁升侯：四川成都县人，由行伍出身。嘉庆四年五月升补，尚未到营，五年六月升授山东登州镇右营都司。

张绍绪：□□□□□[①]人。升补庆宁营守备，尚未到营，嘉庆六年五月，升授泸州营都司。籍贯履历并未移营，无从查载。

周志林：四川双流县人，由行伍出身。嘉庆七年二月升补，尚未到营，于八年四月升授军标左营都司。

李思贵：四川达县人，由行伍出身。嘉庆十年四、六月[②]到营。

马　成：陕西凤翔县人，由行伍出身。嘉庆十九年八月升补，二十二年九月升授崇化营都司。

陈占先：四川邛州人，由行伍出身。嘉庆二十二年十月升补到营，二十四年交卸。

张梦熊：直隶宁远州人，由武进士出身。嘉庆二十五年七月调补到营，道光四年升授江西铜鼓营都司。

张占鳌：四川大邑县人，由行伍出身。道光五年二月升补到营，现任斯职。

政　绩

大金川自乾隆四十一年平定后，改土归屯。始设阿尔古粮务，旋裁，改为绥靖屯务。迄今四十余载，历任各员，虽非卓尔不群，要皆循分尽职，无素餐之讥，虚左以待继起者，当不乏人矣。

武　功

阿尔古地近勒乌围索诺木官寨，自逆酋负固，奉敕由儹拉移兵申讨，时经略元戎定西将军一等诚谋英勇公阿桂，会同定边左副将军一等继勇公丰昇额、定边右副将军一等襄勇伯明亮、参赞大臣固伦额驸色布腾巴尔珠尔、参赞大臣海兰察、参赞大臣哈国兴、参赞大臣额森特、参赞大臣舒常、参赞大臣富兴、参赞大臣五岱，率将弁等环攻勒乌围，炮轰枪击，并抛置[③]火弹，士卒争先，扑夺碉卡，贼众披靡，官寨及转经楼、喇嘛寺等俱经荡平。逆酋授首，边徼敉宁，洵武功之最著者也。详见卷首宸章诗文，兹不缕述。

---

① 原缺五字。

② 四、六月：疑有讹误。

③ 置：按前志所述，或当为“掷”。

封 荫

绥靖自改屯以来，学校未设，选举无人，土著军民，鲜登仕版，邀封荫者惟绥靖、庆宁两营，有世袭三员。虽非本籍，现在寄居，姑列职名于后。

绥靖营世袭云骑尉二员：

马魁文：成都县人。以父玉成原任绥靖营把总，奉调从征达州教匪。嘉庆元年十二月，进攻金峨寺殁于王事。恩赏云骑尉，世袭次完时，给予恩骑尉罔替。

陈锦龙：成都县人。以父万年原任懋功营千总，奉调从征湖北苗夷。嘉庆元年二月，进攻椿木岭，殁于王事。恩赏云骑尉，世袭次完时，给予恩骑尉罔替。

庆宁营世袭云骑尉一员：

王　基：成都县人。以祖父国相原任庆宁营千总，奉调从征达州教匪。嘉庆四年移兵陕西，在南郑县高埡子殁于王事。恩赏云骑尉，世袭次完时，给予恩骑尉罔替。

卷七　风　俗

风俗之书，由来旧矣。中土则有应劭《风俗通》，莫休符《桂林风土记》之类；外夷则有赵汝适《诸蕃志》、朱辅溪《蛮丛笑》之类，皆足资考镜焉。绥靖自设屯后，汉番杂处，好尚攸殊。虽向风慕义，渐革獉狉，而蹈德泳仁，期归画一，分类详记，知所以抚绥而化导之者固有在矣。志风俗。

汉　俗

民情：尚俭怀刑，勤于耕作。

士习：设屯之初，字识书吏，悉由内地募充。人多椎鲁，并无蒙士训读。近时，生齿日繁，渐习诗书。汉民子弟，性颇颖慧，其父兄共延师教之，足徵文治遐敷焉。

农事：地土坚燥，霜雪不常，且多冰雹。近于业乌山设炮御之，其患少息。麦为首务，有春冬之别。冬麦九十月种，平地卑下易于灌溉，仲夏即获；春麦二三月种坡地硗确，全赖天时，九十月获。他如稞麦、荞、豆、包谷，各粮播种之迟早，视雨泽以为期，总在春夏间。园蔬惟三月至十月乃有，他月则无也。

工役：梓人、圬人、庖人诸技各习一业以糊口，间有由营中匠役而应民间雇倩者。

商贾：列肆而居，类多秦、晋、豫章诸地人。汉夷日用之需，咸取给于兹。每岁春夏之交，伙计中能通夷语者，背负杂货入夷地售之，或易麝香诸物以归，名曰“跑寨子”。若夷人入市交易，与坐柜者翻译议价记簿，俟冬初以粮食、牲畜、薪炭诸物折算，其利数倍。汉人交易则异是。

饮食：麦面、黍米、小曲酒、牛、羊、豕、鸡、鸭、鱼，诸类俱有，惟粳米由内地来，斗米千钱，升斗甚狭，其价亦昂。民间稍裕者，岁暮春初宴客，间一用之，铺户亦然，虽营屯衙门，亦不能常食。

衣服：奢俭视其家之丰啬，间有服绒罽、氆氇、毪子、蛮绸、蛮布者，惟华制耳。妇女汉产者缠足，夷产者则否。着长袍、紧袜、薄底平鞋。其余妆饰俱同。

居处：市肆木房瓦屋，旁皆板壁，民居环堵，上架横木，覆以树条、薄板，名曰板房；加筑黄土如平地，前昂后低，名曰平房。收获时，即以为场。家梢裕者，亦盖瓦圩墁焉。

赛会：正月初九日，上九会；自是日起至十五日止，天灯会；三月初三日，娘娘会；又清明会、祭孤会、清醮会，卜日设坛，讽经禁屠；五月十三日，单刀会；二十八日，城隍会；六月十九日，观音会；二十三日，三圣会，祀关帝、火神、马王；七月十五日，盂兰会；十月初一日，牛王会；十一月十九日，太阳会。

夷俗

言语

鸟译狼歌，非通事莫能解。《金川琐记》：夷人语言诙异，谓水曰答儿，谓火曰突米，称其头人曰达鲁，称其土司曰而甲而布。非通事译字不能解。官其地数年，始得十通一二。其头人中常往京师朝觐者，语言清利，全似燕音，几不复知为土著矣。

饮食

饮乳酪、酥油茶、咂酒。食糌粑、烧饼，牛、羊、豕肉。《汉书》：武帝太初元年，更名家马为挏马。应劭曰：主乳马，取其汁挏治之，味酢可饮，因以名官也。如淳曰：主乳马，以韦革为央兜，受数斗，盛马乳，挏取其上肥，因名挏马。《礼乐志》：给大官挏马酒。今梁州亦名马酪为马酒。《金川琐记》：酥油，取牛乳积盆盎中渐满，取皮囊盛之，两人对立用手或用脚挪转之，令匀化，置静处，俟凝定取开用之。又云："熬茶用大叶茶同牛乳煮至百沸，用长勺搅扬，沃之以盐，名曰酥油茶。不能常用，日惟饮水耳。夷俗熬茶，必佐之盐。茶以外俱淡食。《琐记》又云：番地无六酒、六浆之属，只有咂酒一味，以麦、青稞及黍子、燕麦为之。将稞麦等入水，锅内煮半熟，倒向沙地上曝干，然后拌酒曲入皮篓内，上用牛羊毛盖暖。数日后闻有酒气，再入酒坛，用牛粪封口，惟恐泄气。用时移贮细瓶，入滚水少许，以细竹管数枝植其内（酒面味薄，酒底有沙土，故用竹管吸取中间）。男女数人可以杂吸，似吃烟。又云：番地无米谷，夷人日食糌粑，炒青稞磨粉，或用大麦、小麦、豌豆为之，入牛乳酥少许，用手搅和，捻成团子，食毕，舔手及所用木钵，以舌代盥洗。手黑如鬼，终身不洗。无碗箸，亦无盐醋诸物调剂。头人偶或用盐，然惜之如金。《日程琐记》：蛮食糌粑。糌粑者，炒熟青稞，磨为粉，调以酥油，手捻成团，咬食。食已，饮酥茶。茶性去脂，故蛮人重之。烧饼以麦面连麸用水和饼，就火煨熟。樵牧者各怀数枚以充饥。按，牛、羊、豕肉，详见前"物产"。

服饰

多氆氇、毹毲、毡毯、兽皮、金银、宝石之类。扬雄《蜀记》：有毲毿。注：如今之氆氇也。《玉篇》：毹，细毛也。《后汉书·乌桓传》：妇人能刺韦作文绣，织毹毲。注：《广雅》曰，毹毲，罽也。《说文》：蹂毛成片，故谓之毡。《释名》：毡，旃也。毛相著，旃旃然也。《正韵》：毯，毛席也。按，夷人男子富者衣用白毪子制大袖圆领。帽用狐爪或狐腋镶，若桶然。足着皮靴，腰系五色绵线宽带。系时，将前后衣提耸蓬然。腰间多佩左插鞘刀，手握念珠。贫者服牛绒、蛮麻布，戴毡帽，跣足无靴。其寨首、士兵多从汉制，见汉官执礼甚恭。首戴白毡有盘帽，如汉人草帽样，微小，周围镶青绒边或片金。帽后缀豹皮，下齐腰膂，并缀五色圆缬。衣用氆氇，襟袖边幅，俱镶豹皮约二寸许，间有用大红哗叽及小呢镶獭皮者。头人则着汉服。僧衣多着红黄色，帽亦多黄色。手持转转经，以铜为之，圆若竹筒，雕镌甚工，卷叠佛经数千言贮其中，上有机捩，可以旋转。佩胸前，日夜捻动，以代宣诵云。妇女妆饰，发梳数十小辫，挽结作髻，如西洋图画中式样。梳时极难，非半日不办，每月仅梳一次。其解发垂髫即八月浣裙日也。俗不贵珠玉，特重珊瑚、宝石、绿璁、砗磲，用金银镶嵌作首饰。喜用珊瑚小珠作串，发际竟有带至数串者。亦有以珠串作押领戴至七八串者。又以红绿布裹辫缠头，垂肩，总以多为贵。充裕之家，一人头面约值二三百金。即贫者亦有一二串焉。平常衣裙多用月蓝色布，如汉人之汗衣，窄袖，长仅及腰，贫富皆同。有用锦缎、小呢、哔叽镶作者，必待跳锅装、燕会日方着之。裙裳近日多用白布或藏绸制成，边幅镶红布，襞襀细致，如百叠裙。头人家妇女，有用碎锦为之者，临风飘飏，颇似古人舞衣。亦有以蛮布制者，背上皆负披单，如释氏之袈裟。或用五色绸四围镶边，间有一色者。并有披毯，用牛羊毛绩线织成，横披于背，昼以蔽风雨，夜以代衾荐，寒暑不改。好徒跣，男女皆然。间穿革靴，制更诡异。短衫长裙无裤。裙带阔尺许，亦用牛毛线织成，下垂五色流苏，取其厚重，足以压风。近日，富者多着袜及薄底平鞋，渐遵汉制矣。贫者则否。

居　处

头人所居曰官寨，夷民所居曰寨子，累石为守望地曰碉楼，设机为礼佛场曰转经楼。《金川琐记》：蛮俗造屋尽用土，盖先砌石作墙，架巨木为梁，以杂木横搭之。盖土于其上，筑之令极坚。虽倾盆雨不能漏。惟霪霖连月，须加土再筑。其碉楼及一切墙垣，俱砌乱石，远望作冰裂纹，整齐如刀削，虽汉人工巧者不能及。其所用阶梯，以独木截成锯形，凹处仅容半足。汉人登之不能动寸步，彼徒负重上下，猱捷如飞。又云：间有木板盖房，上置碎石压之，衙署处处皆然。陡发狂风，走石飞板，从空击下，剧足怖人。木板俗称瓦板，以杪木爆干，用斧劈之，自成片段，无事刀锯。《诗》称："言念君子，在其板屋。"此间犹有汧渭遗风云。年来渐有瓦屋，民间市廛，亦鳞鳞相错矣。又云：寨子正中一间，必挖地炉，置鼎锅，为举家炊爨所。或支铁架，或系铁索，下垂数十鼎锅，一时并举，最为便益。地炉四周，男女杂坐烤火，无间冬夏。汉人居是地久者，虽夏日亦喜煨榾柮。《汉书·南蛮·西南夷传》：众皆依山居止，累石为室，高者至十余丈为邛笼。注：按，今日彼土夷人呼为碉也。《新唐书》：黎邛二州之东又有凌蛮，西有三王蛮。盖筰都夷白马氏之遗种。杨刘三姓世为长，袭封王，谓之三王。部落叠甓而居，号鵰舍。按，即今所称碉楼也。又《金川琐记》云：碉楼如小城，下大巅细。有高至二四十丈者，中有数十层。每层四面，各有方孔，可施枪炮。家各有之，特高低不一耳。顶上四周，遍竖杂色布旗，旗各印刷佛经，以多为贵。又《琐记》云：转经楼中设机轴如车轮，四围刻佛像，罗列经卷印布，手推之即旋转，俗称转经楼。谓推转时，佛像经卷，俱从身过，不啻诵经宣佛号。

嫁　娶

六礼俱无，几同野合。《金川琐记》：夷俗无问名、纳采诸礼，男女率先私合，然后婚配。男家倩喇嘛拣择吉日，通知女家。至期，两家各延喇嘛诵经礼忏，亲戚邻里，咸集女家，餍饫猪膘，吸杂[①]酒。男家倩一人前往，如媒妁礼。女家亦倩一人壶浆以迎，酌之酒，男家人长跪而后饮之，女家者端坐不动也。饮毕，群拥新妇至夫家，笑言谑浪，相率跳锅装。跳毕，各侈饮啖，既醉既饱，忽如鸟兽散，而新妇亦飘然逝矣。自此往来不常，食宿无定所。迨生子女以后，方依栖夫家。又云：商人去家既远，中馈乏人，纳金本地头人或他处土司，可得夷妇，俗谓租妇。其人他徙或回内地，仍须送归原主，任其别配，不能挈之俱行。租之名以此。

生　育

不知襁褓，裸体耐寒。《金川琐记》：儿生不洗浴，以手拭之。寝之地而裸体焉，不知襁褓绷裹，然亦未尝感冒风寒。行旅往来，身携裹粮，托宿长林丰草间，蒙以披毯，虽遇冰雪，坐卧此中，曾不致疾。盖垢腻既多，腠理自密，风雪不得而入也。

燕　会

岁时聚首，饮咂酒，男女连臂跳锅装。《金川琐记》：屯俗特重十月、十一月节令。每年十月十三日及十一月十四日，头人家及土人在官者（通事、译字之属），辄聚亲戚男女及其所部百姓，宴饮赏劳，欢笑竟日。殆亦吹豳息蜡之意。按，咂酒注见前饮食。又《琐记》云：俗喜跳锅装，嘉会日，里党中男女各衣新衣，合包巾帕之属。罄家所有，杂佩其身，以为华赡。男女纷沓，连臂踏歌，俱欣欣有喜色。腔调诘诎，无一可解。然观其手舞足蹈，长吟咏叹，又似有一定节簇，此亦任侏之亚欤。因思《周官》韎师及鞮鞻氏所掌，当亦尔尔。暇日，尝令彼歌跳，赏以酒肉，俱踊跃欢喜。

技　艺

字类虫书，画精佛像，数用牟尼，卦卜扯索，弈有板带屑之戏，猎有放索子之名。《金川琐记》：写字用竹筳削尖蘸墨汁，犹有古人漆书遗意。字形如蛇蚓，变化不一，留心数年，竟不能识一字。细看似有行楷之分，其横写倒读则在清书、回字之间。喜向缯布画佛像，施朱傅粉，仍用汉笔。绥靖画手推土僧（羊中尔吉）第一。然佛像外，翎毛花卉，俱不足观。又云：夷俗于数学一道，不知有乘除诸法，所恃惟牟尼珠一串，曰诵佛所需，亦即用以记数，多一曲折即茫然不知所为。又云：索卦即蓍卜之法。地上先布土石杂物，卖卜者手持牛毛绳八条，每绳两端，各有散毛如流苏，即于散毛上随手挽结，掷地卦成。取土或取石，分行标识，如是者三，以定吉凶。又云：夷俗弈棋有二种：一名板带屑，二人对下，枰内二十四位，人各十二枚，子先尽者为输；一名孔屑，与汉人大马赶将军戏同。无象棋、围棋诸戏。

畜　牧

日用所需，豢养蕃孳。牛羊成群，取乳为酪，宰肉以食。马牧草不施羁靮，不饲刍

① 杂：据前文，当为“咂”字。

豆，凡遥驮骑则驱以归。亦有善走能驰者，要皆瘦瘠不堪。豖与鸡犬之类，详见前“物产”。

徭 役

力役之征，更番出应。《金川琐记》：夷俗多力役之征，一家中更番出应，终岁几无虚日。惟喇嘛及土僧，得从优免。此外虽头人之弟兄，亦与齐民同作苦云。又云：夷人负任，辄用皮条，长数尺，作活套束物系背，以手持其端。劳顿时，背就蹲石，手松其套可小憩。盖金川跬步皆山，顽石豮伏，搘撑良便，夹道崎岖，又复盘旋曲折，若用横担，非特上下触碍，抑且转侧多阻。因地制宜，其法尽善。

教 习

地近西域，信佛多僧。头人百姓，生二子，即以一子被剃为僧；生四子，即以二子为僧。教之学读藏经，不与要妇，或其家在俗嗣绝，仍令其还俗。《金川琐记》：夷人不知有儒教，读书识字，皆奉藏经为授受，如中华读四书五经然。字画又与西藏稍异。其有学业深邃者，辄远赴西藏，从班禅佛处博览群经，十数年后归来，便翘然自异。群以喇嘛目之，抗衡于土司、酋长之列，傜役赋税俱捐免，亲戚朋党，咸趋承恐后，不敢与抗礼。有延之诵经者，赠贻倍优。以故，民间兄弟多者，必有一二人为僧，由俗所尚也。又云：藏佛有铜、泥二种。铜者用模范铸坯，或炼熟铜一块，鑢钖锉成。工匠迟钝，穷年累月不能竟其功，形制亦不甚相称，率多小首大身。中藏蝇头细字佛经，土人珍之，非重价不可得。若庄严铜像，皆内地汉人铸造，赝充藏佛，不足贵也。惟红泥印成之佛像，夷人重之如拱璧，用革囊盛贮，佩身畔不暂离。又云：俗既信佛，家各有经堂，有事必请土僧及喇嘛礼忏。夫所谓土僧喇嘛者，出家而在家，居处并与人同，特无妻室耳。然口诵佛经，手持牛羊肉脯咀啮，无拘忌梵筵。乐器中有声似觱篥者，削人胫骨为之。又有小鼓如鼗者，截两骷髅，以胶漆黏连顖门骨，两面蒙人鞹（用背肋皮）。取阅之，色微黄，薄似羊皮，而腥秽特甚，令人森寒植毛发。又云：夷人不知天下有菜蔬，即土僧及喇嘛事佛惟谨者，非酥油、糌粑及牛羊猪肉不食，盖积习使然（近日稍加啖葱蒜，喜其渐近清虚）。惟受戒喇嘛，忌奉水族。

礼 仪

分严上下之辨。《金川琐记》：各土司部落，俱数千百年来，父子传袭，未尝有变更。其间亦有贪淫虐者，百姓至死不敢贰。夷上下之分极严也，无论土司，即以头人论，百姓莫不敬之如神明。无一言敢稍拂。居家，妻不敢与抗礼。或自远行归，其妻必率家属及百姓男妇，跪迎数里外，观此可见一斑。

条 例

罪失轻重之宜。《金川琐记》：夷人最重窃盗，事发辄捆缚犯人，投大江中。杀人者，罚牛马银物入土司赎罪。至奸淫一事，不足为异，未见有告讦者。即或事败，不过私自罚柴数百斤而已。其有规避徭役，不遵土司饬遣者，例最严酷。籍没其家，将其人并家属，分卖各部落为奴。

品　秩

章服虽荣，执礼甚谨。又土司中有袭宣抚司衔者，秩三品。安抚司、宣尉司，秩四品。长官司秩七品。今就近土司，因勤王功，咸叨升赏。俱戴珊瑚顶，并有戴孔雀翎者，章服已居极品。然见汉官，执礼甚谨，固见恭顺。实出圣天子德威远播，无思不服也。汉官银章、铜章，土官铁章。

疾　病

稍知医药，颇信禳祷。《金川琐记》：夷人终身不出痘，间有一二患此者，辄裹数月糗粮，舁置荒僻若洞中。父母兄弟，曾不一顾，惧缠染也。以故患痘症者，十死七八，幸而获免，跰躃以归，举家欣庆，虽窭贫必延喇嘛诵经数日。又云：俗尤信鬼，人患病，延喇嘛诵经咒，复捻酥油肖病人形为替身，送诸荒野。或舍身为僧，其室家殷实者，辄雇人作替。岁时旁磔，先立土坛，设纸供数事。厚叠薪刍，选两长人，蹑肩矗立，高及丈许，蒙以大衣，伟状殆如赤郭，盖取食鬼之义。人各执弓矢，鸣征鼓，四处寻索，追至土坛，将积薪焚之，俗称“得尔布斯”，犹有《月令》大傩遗意也。《日程琐记》：凡病者忌客，客至必使阻之，或摄草屋上以为识。

葬　祭

丧无衰绖棺椁诸礼，葬有天、水、火三种，祭惟诵经而已。夷死延喇嘛诵经，然酥油灯，无衰绖棺椁，亲友送嘛弥布。三日后，尽褫其衣，曲足如抱膝状，自项至胫以麻布紧缚。扯索卦谓宜烧者曰火葬，负至隙地火化，拾烬余瘗焉。墓形如桃，覆以土，名曰嘛弥堆，即以嘛弥经布作旗遍插。谓宜沉水曰水葬，束缚如前，入木箱内，投于大河深处或浅厝水滨，俟涨冲去。富者讽经四十九日，死者衣物器具，悉赠喇嘛。每忌日必延喇嘛诵经，亦报本追远之意。近亦有如汉人棺殓而瘗者，风俗渐变于夏矣。《金川琐记》：人死有天葬、水葬、火葬三种，独不知土葬，悉于索卦决之。天葬，取死人脔割如泥，和面成丸，投群鸟啄食，或举全尸喂虎狼，盖即顿逊国鸟葬之意。水葬，委尸大江，实鱼鳖腹。火葬，积薪燔之，犹释氏之荼毗，为之严切禁止，咸知土葬云。

人　物

阙。

设屯未久，獉狉甫革，教化方兴，现无翘然杰出之材，是所望于继起者。

选　举

阙。

荒陬僻壤，初附版图，诵诗读书，稍知学问。故进取之士，殊觉寥寥，然涵濡既久，蔚起多材，行将为国家得人庆焉。

隐　逸

阙。

汉番食德饮和，向风慕义，已历数十余载，咸知奋勉图功，并无高尚其志者。

列　女

阙。

汉民间阎，均属淳良闺阃，亦知礼义，节孝妇女颇不乏人，俟年例既符，详请旌表。

方　技

阙。

一切术艺，仅供寻常日用之需，无小道可观者。

流　寓

阙。

屯处夷徼之中，惟东南一隅可通省会。自灌口迤西，路道崎岖，冰雪凝积，行旅维艰，地土贫瘠，商贾而外，罕侨居焉。

卷八　边　防

盖闻兵可百年不用，不可一日不备。矧在边徼，尤宜思患而预防。屯治自乾隆间平定后，设兵守之，又有屯番以佐指麾，屯练以供驱使。数十年来，烽烟不警，击柝无闻，虽汉置校尉，唐置都督，无以过也。于番夷之恭顺，见武备之精严，民生其间，亦何幸欤。志边防。

营　弁

乾隆四十一年金川平定，边防案内原设留防阿尔古总兵一员、游击一员、守备一员、噶尔丹寺游击一员、独松都司一员。四十三年十二月，奉文裁撤总兵，旋派维州协接防。是年六月，裁撤独松都司一员，甲咱都司一员。四十四年二月，裁撤噶尔丹寺游击一员。四十五年改设营屯，裁撤维州协镇留游击一员，定为营制。

绥靖营额设游击一员，归懋功协副将辖。游击辖绥靖、庆宁二营。

中军守备一员。

千总二员，一领哨，一分防噶尔丹寺。

把总四员，嘉庆二十三年裁拨巴州营一员，现在三员：分防独松汛一员，存城二员。

外委五员，分防甲咱汛一员，他角洛汛一员，格尔赞汛一员，存城二员。

庆宁营额设守备一员。

千总一员。

把总二员，嘉庆三十三年裁拨广元营一员外，现存一员，防日旁汛。

外委二员，一存城，一分防新咱汛。

兵　制

绥靖营原设额外马步战守兵丁共六百零六名。嘉庆二十一年，奉文裁汰匠役守兵十名。二十四年奉文撤赴巴绵二营，马步兵丁一百五十名，裁拨额外一员，以上共裁弁兵一百六十一名。除裁撤外，现额设额外马步战守兵丁四百四十五名，内马兵三十六名，战兵一百四十九名，守兵二百六十名。

存城马兵三十六名，战守兵二百零四名。

分防噶尔丹寺汛战守兵五十九名。

分防独松汛战守兵五十七名。

分防甲咱汛战守兵三十名。

分防他角洛汛战守兵三十名。

分防格尔替汛战守兵二十九名。

庆宁营额设守备一员。

千总一员。

把总二员，嘉庆二十三年裁拨广元营一员外，现存一员，分防日旁汛。

外委二员，一存城，一分防新咱汛。

庆宁营原额设额外马步战守兵丁二百五十九名。嘉庆二十一年，奉文裁汰匠役守兵二名。二十四年，撤赴广元营马步兵丁六十八名。以上共裁弁兵七十名。除裁汰外，现额设额外马步战守兵丁一百八十九名。内马兵十七名，战兵六十一名，守兵一百一十一名。

存城马兵十七名，战守兵一百零二名。

分防日旁汛战守兵五十名。

分防新咱汛战守兵二十名。

廉　俸

游击每岁俸薪蔬烛纸红银二百三十一两三钱四分六厘，养廉银五百二十两，例马六匹。

守备每岁俸薪蔬烛纸红银九十两七钱零八厘，养廉银二百六十两，例马四匹。

千总每员每岁俸薪银四十八两，养廉银一百六十两，例马二匹。

把总每员每岁俸薪银三十六两，养廉银一百二十两，例马二匹。

外委每员每岁养廉银二十八两，马饷银二十四两，例马一匹。

粮　饷

马兵每名岁支饷银二十四两。

战兵每名岁支饷银十八两。

守兵每名岁支饷银十二两。

马战守兵每名岁支米折银十两零八钱，外眷兵给地三十亩，单兵给地十五亩。

马　匹

现存官例马二十五匹，马兵骑操马三十六匹，共六十一匹。每匹岁支草干银十两零二钱。

庆宁营现存官例马十匹，马兵骑操马十七匹，共二十七匹。

器　械

绥靖营额设军火器械除裁拨外，现存劈山炮十位，五年六两重铅炮子一千一百二十五颗，鸟枪二百九十一杆，五年五钱重铅子五十八万二千颗，五年火药一万六千八百零二斤十两，旗帜九堂，锣锅帐房四十五顶副。

庆宁营额设军火器械除裁拨外，现实存劈山炮五位，鸟枪一百二十一杆，五年五钱重铅子二十四万四千六百七十五颗，五年火药七千二百四十七斤十两，旗帜五堂，锣锅帐房十九顶副。

塘　汛

绥靖营底[①]塘：丹札木塘、沙尔泥塘、角碉寨塘、卡木耳塘。

噶尔丹寺汛塘：噶郎噶塘、色古塘、格尔替汛塘、得式替塘、喇嘛寺塘。

他角洛汛塘：诺里塘、格歪塘、线碉塘、独松汛塘、卡拉渡塘、正地塘、巴斯科塘、安古塘。

甲咱汛塘：噶谷塘、格尔则塘。

每塘建兵房三间，烟墩房三间，哨楼一座，牌坊二座。照例六年详修一次。

屯　番

绥靖番弁多系促浸安抚司土目，乾隆三十九年投诚，改土为屯，加恩赏以守备、千总、把总、外委等名色，即以原住寨落安置。所有侍卫、副将加衔巴图鲁名号，行营、参、游、都、守、千、把、外委等职，及花翎、蓝翎顶戴，悉由奉遣各处出师有功奉恩赏给，官级以守备为止。成例，弁缺开时，应照杂谷五寨二十三缺例，以本屯行营有功之番弁保举拔补。如本弁子嗣有功，才能强干，准其袭替一次。又按该弁等寨落地亩，均于投诚之日安插，所分管番民，系按投诚所带人数多寡，计名授地，悉附该弁寨落。其间竟有未管一户者，是寨落地亩已有一定，且番弁等有缺无署，即以所居之寨落为公所。其所管番民供上之役，尚有公田遗意。耕获之日，先公后私，颇形恭顺。每遇一寨缺出，既经以他寨行营有功之弁拔补，该弁即应移居于此，以便管束。即使该弁眷属可移，而寨落地亩不能迁就，且以东之民，应西之役，实属烦难，安土重迁，故多不愿。自安屯以来，迄今四十余年，各寨弁民，诚信悦服者颇多。相沿管理，上下相安。近来遇有缺出，虽格于成例，亦准以本弁子侄平日为各番民所倾心者，援情详补，是亦因地制宜之一端也。

原设河东屯守备一员：丹拜西拉布，系逆酋索诺木之寨目。乾隆三十九年，金川案

---

① 底：据上下文，当为“汛”字。

内投诚，引路、打仗，事平补充土职。嗣调征兰州石峰堡、台湾等处，在事有功，擢至行营副将，赏戴花翎，加头等侍卫衔，并加奋勇巴图鲁名号。身带枪伤二次，入觐三次，奉旨赏食都司俸。五十六年病故，奉领祭葬银一百两，准其伊母生克尔章，改食都司半俸。遗缺以其子即尔结顶补。嘉庆十五年，生克尔章病故，住支都司半俸，起支屯备养赡。该备出师宁陕、瞻对、果洛克有功，擢至行营游击，赏戴花翎，并加壮勇巴图鲁名号。道光四年，在寨病故。

遗缺以其子思达拉顶补，现供今职。乾隆五十三年，改土为屯，颁给“管理促浸河东各寨屯守备”图记一颗，归懋功协属绥靖营游击管辖。分管屯千总二员，屯把总二员，屯外委十一员。岁支养赡银二十四两，管屯番六十户。住落西里站寨，在屯正东，距屯六十里。

屯千总一员：色木哩雍忠。乾隆四十年，金川案内投诚，引路、打仗，事平补充土职。嗣调征兰州石峰堡等处，在事有功，赏戴花翎，擢至行营游击，赏给巴图鲁名号。出师廓尔喀，奏赏副将衔。五十八年在军营病故。共计出征三次，带伤二次，入觐一次。遗缺以其子沙拉尔结顶补，该弁出师湖南，打仗带伤，擢至行营游击，赏戴花翎，现供今职。乾隆五十三年，颁给“促浸河东木耳角寨屯千总”图记一颗。岁支养赡银十五两，管屯番八十六户。住落木耳角寨，在屯东南，距屯五十里。

屯千总一员：都鲁思达拉。乾隆三十九年，金川案内投诚，引路、打仗，事平补充土职。嗣调征兰州石峰堡、台湾，在事有功，擢至行营游击，赏戴花翎。五十六年，出征廓尔喀，赏加巴图鲁名号。六十年，出征湖南，奏赏副将衔。嘉庆十三年，在寨病故。共计该弁出师四次，带伤三次，入觐一次。遗缺以其子思丹巴思甲顶补，现供今职。乾隆五十三年，颁给“促浸河东谷耳瓦角寨屯千总”图记一颗。岁支养赡银十五两，管屯番二十二户。住落谷耳瓦角寨，在屯东北，距屯七十里。

屯把总一员：什谓生根尔结。乾隆四十年，金川案内投诚，诱献逆酋家属并该逆酋索诺木续行投首有功，事平补充土职。该弁调征兰州石峰堡一次，事竣回寨病故。遗缺以其子仕丹巴尔结顶补。五十六年，调征廓尔喀，奋勇出力，擢至行营守备，赏戴蓝翎。六十年，出征苗匪，事竣回寨病故。其子松思甲年幼，遗缺不堪接顶，以其兄策旺拔补。该弁病故无子，伊侄松思甲尚幼，缺以行营守备生根思甲拔补。嘉庆二十五年，生根思甲年老辞退，遗缺仍以仕丹巴尔结之子松思甲顶补，现供今职。岁支养赡银九两，管屯番二十五户。住落噶谷锣寨，在屯东北，距屯三十里。

屯把总一员：仓旺。乾隆三十九年，金川案内投诚，引路、打仗，事平补充土职。嗣调征西藏廓尔喀、湖南、达州等处，奋勇出力，在军营病故。遗缺以思达拉顶补。该弁于道光二年，在寨病故。缺以勒歪寨外委迫太拔补，现供今职。岁支养赡银九两，管屯番三十户。住落得式替寨，在屯东北，距屯四十里。

屯外委一员：霍尔朋。乾隆四十年，在金川案内投诚，事平补充土职。嗣调征廓尔喀、台湾、湖南苗疆等处，奋勇出力，赏戴蓝翎，擢至行营游击，现供今职。岁支养赡银八两，管屯番十一户，住落噶谷仑寨。在屯正南，距屯八十里。

屯外委一员：四郎雍忠。乾隆四十年，金川案内投诚，事平补充土职。嗣调征兰州石峰堡、台湾、廓尔喀等处，奋勇出力，赏戴蓝翎，擢至行营守备。事竣回寨，因年老辞退，遗缺以其子迫太顶补。嗣迫太拔补得式替屯把总。遗缺以行营外委郎太拔补，现供今职。岁支养赡银八两，未管番民。住落勒歪寨。在屯正东，距屯六十里。

屯外委一员：生根尔结。乾隆三十九年，金川案内投诚，事平补充土职。六十年出征湖南，在军营病故。遗缺以其子屋勒郎卡尔结顶补，该弁于嘉庆十五年在寨病故。缺以行营都司阿布让拔补，现供今职。岁支养赡银八两，未管番民。住落噶尔广寨，在屯正东，距屯五十里。

屯外委一员：生根日。乾隆四十年，金川案内投诚，事平补充土职。五十三年在寨病故，遗缺以其子山札尔吉顶补。该弁出师达州、宁陕各一次，现供今职。岁支养赡银八两，未管番民。住落丹扎木厥寨，在屯东南，距屯六十里。

屯外委一员：丹扎。乾隆四十年，金川案内投诚，事平补充土职。五十五年在寨病故，遗缺以其子肯蚌顶补。该弁调征廓尔喀，在军营病故。遗缺以其弟仓旺顶补，嗣因出师达州勇往，擢至行营把总，现供今职。岁支养赡银八两，未管番民。住落得式替寨，在屯东北，距屯三十五里。

屯外委一员：阿凯。乾隆四十年，金川案内投诚，事平补充土职。嗣调征石峰堡、台湾、噶尔喀回等处，奋勇出力，擢至行营守备，赏戴蓝翎。六十年出师湖南打仗伤亡。缺以其子甲噶顶补，现供今职。岁支养赡银八两，未管番民。住落丹札布厥寨，在屯东南，距屯六十里。

屯外委一员：合尔甲。乾隆四十年，在金川案内投诚，事平补充土职。四十九年调征兰州石峰堡。五十七年调征廓尔喀，在军营病故。遗缺以其子南木耳甲顶补。该弁出师湖南立功阵亡。缺以其弟阿松顶补，奉部议赏给云骑尉世袭。袭替完时给与恩骑尉罔替。嘉庆十一年颁发敕书转给承领。嘉庆二十年阿松在寨病故，将原领敕书呈缴。缺以其子三木丹顶补，现供今职。岁支养赡银八两，管屯番十三户。住落末末扎寨，分住崇化屯界。

屯外委一员：都日耳甲。乾隆三十九年，金川案内投诚，事平补充土职。嗣调征台湾、廓尔喀、湖南苗疆等处有功，赏戴花翎，擢至行营守备，赏给巴图鲁名号。嘉庆元年在湖南军营病故。遗缺以其子生根耳甲顶补，该弁出征宁陕一次，现供今职。岁支养赡银八两，管屯番二十五户。住落曲曲寨，分住崇化屯界。

屯外委一员：旺尔丹。乾隆四十年，金川案内投诚，事平补充土职。五十四年在寨病故。遗缺以其子恩丹巴尔结顶补。六十年出师湖南，奋勇出力，赏戴蓝翎，擢至行营都司，事竣回寨病故。缺以行营千总仓旺拔补，嘉庆二十五年该弁病故。缺以行营外委三木屈拔补，现供今职。岁支养赡银八两，未管番民。住落磕角寨，分住崇化屯界。

屯外委一员：恩丹巴斯丹增。乾隆三十九年，金川案内投诚，事平补充土职。因年老辞退，遗缺以其子松奈顶补。该弁在寨病故。缺以行营外委南木尔甲拔补，现供今职。岁支养赡银八两，未管番民。住落色耳里寨，分住崇化屯界。

屯外委一员：申赍。乾隆四十年，在金川案内投诚，事平补充土职。嗣调征廓尔喀、湖南苗疆等处，勇往，赏给行营把总。嘉庆五年在寨病故。遗缺以其子甲噶太顶补，现供今职。岁支养赡银八两，未管番民。住落索娄寨，分住崇化屯界。

原设河西屯守备一员：达固拉得尔瓦，系索诺木之寨目。乾隆四十年，金川案内投诚，引路、打仗，事平补充土职。五十三年在寨病故。缺以其子色木拉顶补。五十六年调征廓尔喀，在军营病故。遗缺以其弟雍蚌顶补，该弁出征宁陕一次。二十四年在寨病故。缺以其子阿郎顶补，现供今职。乾隆五十三年，改土为屯，颁给“管理促浸河西各寨屯守备”图记一颗，归懋功协属绥靖营游击管辖。分管屯千总三员、屯把总六员、屯外委十四员。岁支养赡银二十四两，管屯番四十八户。住落乃当寨。在屯西南，距屯四十里。

屯千总一员：绰窝斯甲。乾隆三十九年，金川案内投诚，引路、打仗，事平补充土职。嗣调征石峰堡，奋勇出力，擢至行营守备。五十六年出征廓尔喀，在军营病故。该弁于四七年入觐一次。遗缺以其子阿思甲顶补。该弁出师湖南有功，擢至行营游击，赏戴花翎。嘉庆十四年入觐一次。嘉庆二十四年出师瞻对，赏捷勇巴图鲁名号，加参将衔。道光元年调征果洛克有功，擢至行营副将，现供今职。乾隆五十三年，颁给“促浸河西巴布里寨屯千总”图记一颗。岁支养赡银十五两，管屯番四十二户。住落巴布里寨，在屯西，距屯十五里。

屯千总一员：合耳甲。乾隆三十八年，金川案内投诚，引路，打仗阵亡。事平以其子生根补充土职，赏蓝翎。嗣调征台湾、廓尔喀、湖南苗疆等处打仗立功，赏戴花翎，并赏巴图鲁名号，加副将衔。出师，苗匪进攻九龙墩阵亡。无子，奉文准以其婿日更太承荫顶补。该弁出师达州有功，赏戴花翎，擢至行营都司，现供今职。乾隆五十三年，颁给“促浸河西噶思顶寨屯千总”图记一颗。岁支养赡银十五两，管屯番三十二户。住落噶思顶寨，在屯北，距屯六十里。

屯千总一员：甲噶尔朋。乾隆三十八年，金川案内投诚，事平补充土职。嗣调征苗匪，在军营病故。缺以其子雍忠蚌顶补，在寨病故，无子。遗缺以屯把总肯木擢拔补。先是肯木擢之父板登朋，乾隆三十八年金川案内投诚，进攻甲咱阵亡。事平以其子肯木擢，补充斯当安寨屯把总，赏戴蓝翎。嗣因出师廓尔喀，奋勇出力，擢至行营都司，雍忠蚌病故始拔千总，现供今职。乾隆五十三年，颁给“促浸河西撒撒谷寨屯千总”图记一颗。岁支养赡银十五两，管屯番三十户。住洛撒撒谷寨，在屯北，距屯三十里。

屯把总一员：郎卡尔结。乾隆三十八年，金川案内投诚，事平补充屯外委。嗣调征台湾、西藏廓尔喀、湖南、达州等处，在事有功，赏戴花翎，加副将衔，并赏给拉布当巴图鲁名号。以肯木擢升补千总，遗缺拔补。嘉庆十四年入觐次。道光二年在寨病故。遗缺以其子三木卡尔结顶补，现供今职。岁支养赡银九两，管屯番二十九户，住落斯当安寨，在屯北，距屯三十里。

屯把总一员：达果。乾隆三十八年，金川案内投诚，事平补充土职。嗣调征石峰堡、西藏、湖南苗疆等处，在事有功，擢至行营游击，赏戴花翎，并加巴图鲁名号。在湖南军营病故，缺以其子纳凹顶补。该弁出师宁陕一次，现供今职。岁支养赡银九两，管屯番十九户。住落日古鲁寨，在屯北，距屯四十里。

屯把总一员：生根尔甲。乾隆三十九年，金川案内投诚，事平补充土职。嘉庆三年出师达州，在军营病故。缺以其子撒尔甲顶补，现供今职。岁支养赡银九两，与纳凹同管屯番十九户。住落日古鲁寨，在屯北，距屯四十里。

屯把总一员：阿咱拉。乾隆四十年，金川案内投诚，打仗带伤，事平补充土职。嗣伤发病故，缺以其子阿桑顶补。该弁出师廓尔喀、湖南等处有功，擢至行营游击，赏戴花翎。于道光二年在寨病故。遗缺以行营千总卜里寨屯外委角娄拔补。该弁出师廓尔喀、黔楚等处有功，擢至行营守备，赏戴花翎，现供今职。岁支养赡银九两，管屯番四十二户。住落斯独角寨，分住崇化屯界。

屯把总一员：甲尔瓦。乾隆四十年，金川案内投诚，事平补充土职。嗣调征石峰堡、西藏二次。派防火竹卡夹坝一次。年老辞退，缺以其子阿思达凯顶补。该弁出师宁陕一次，现供今职。岁支养赡银九两，管屯番十四户。住落勾拔寨，分住崇化屯界。

屯把总一员：得日章朋。乾隆三十九年，金川案内投诚，事平补充土职。嗣调征兰州石峰堡、台湾、廓尔喀等处，奋勇出力，擢至行营都司，赏戴蓝翎。在军营病故，缺以其子泽郎顶补。该弁出师湖南阵亡，遗缺以其子阿盖顶补。该弁出师宁陕、瞻对、果洛克各一次，现供今职。岁支养赡银九两，管屯番四十户。住落正地沟寨，分住崇化屯界。

屯外委一员：羊忠。乾隆三十九年，金川案内投诚，事平补充土职。嗣调征台湾，奋勇出力，擢至行营千总，赏戴蓝翎。回寨因伤辞退，缺以其子郎木卡顶补。该弁出师达州、宁陕各一次，现供今职。岁支养赡银八两，管屯番十一户。住落克尔玛寨。在屯西北，距屯三十五里。

屯外委一员：郎卡尔甲。乾隆三十九年，金川案内投诚，事平补充土职。嗣调征廓尔喀，在军营病故。缺以其子沈达耳结顶补。该弁出师达州一次，现供今职。岁支养赡银八两，未管番民。住落新咱沟寨，在屯北，距屯四十五里。

屯外委一员：色郎。乾隆三十九年，金川案内投诚，补充土职。嗣调征台湾、廓尔喀，奋勇出力，擢至行营千总，赏戴蓝翎。继出师湖南，在军营病故。缺以其子南木尔甲思甲顶补。该弁出师达州，擢至行营千总，回寨病故。缺以行营把总阿盖顶补，现供今职。岁支养赡银八两，管屯番十一户，住落格木钮寨，在屯西，距屯二十里。

屯外委一员：阿太。乾隆三十九年，金川案内投诚，事平补充土职。嗣调征廓尔喀，在军营病故。缺以其子噶登蚌顶补。该弁出师达州一次，回寨病故。缺以行营外委迫娄顶补，现供今职。岁支养赡银八两，管屯番二户。住落克尔玛寨，在屯北，距屯三十五里。

屯外委一员：擢窝思甲。乾隆三十九年，金川案内投诚，事平补充土职。嗣调征石峰堡、台湾等处有功，擢至行营守备，赏戴花翎。后出征廓尔喀，在军营病故。缺以其子郎卡甲思甲顶补，现供今职。岁支养赡银八两，管屯番八户。住落斯当安寨，在屯北，距屯三十里。

屯外委一员：噶登蚌。乾隆三十八年，金川案内投诚，事平补充土职。嗣出征廓尔喀、湖南、达州等处，奋勇出力，擢至行营守备，赏戴蓝翎，现供今职。岁支养赡银八两，未管番民。住落噶思顶寨，在屯北，距屯五十里。

屯外委一员：思达拉。乾隆三十九年，金川案内投诚，补充土职。因病辞退，缺以降番撒马六太顶补。该弁出师湖南、达州有功，擢至行营都司，赏戴花翎，回寨病故。缺以行营千总阿咱拉顶补，现供今职。岁支养赡银八两，未管番民。住落茹寨，在屯北，距屯三十里。

屯外委一员：擢思耳甲。由降番安插，补充土职。嘉庆六年在寨病故，缺以行营守备角落拔补。该弁于道光四年拔补斯独脚寨屯把总之缺。遗缺以行营把总阿吉顶补，现供今职。岁支养赡银八两，管屯番十一户。住落卜里寨，在屯西，距屯二十五里。

屯外委一员：雍忠。乾隆三十八年，金川案内投诚，事平补充土职。嗣调征石峰堡、台湾、湖南、达州等处有功，擢至行营守备，赏戴花翎，并加喜布厥巴图鲁名号。年老辞退，遗缺以行营把总特郎郎卡尔甲顶补，现供今职。岁支养赡银八两，管屯番五户。住落车寨，分住崇化屯界。

屯外委一员：特郎舍拉。乾隆四十年，金川案内投诚，事平补充土职。嗣调征台湾、廓尔喀，奋勇出力，擢至行营把总，赏戴蓝翎。事竣回寨病故，缺以其子特郎塔尔甲顶补。该弁出师达州、宁陕各一次，现供今职。岁支养赡银八两，管屯番十七户。住落卡拉顶寨，分住崇化屯界。

屯外委一员：申赍。乾隆四十年，金川案内投诚，补充土职。嗣调征西藏廓尔喀，奋勇出力，擢至行营守备，赏戴蓝翎。继出师湖南，在军营病故。缺以其子南木结顶补。该弁出师达州，擢至行营守备，现供今职。岁支养赡银八两，管屯番十一户。住落古寨，分住崇化屯界。

屯外委一员：任青勿则。乾隆四十年，金川案内投诚，事平补充土职。嗣调征石峰堡、台湾等处，奋勇出力，赏戴蓝翎。事竣回寨病故，缺以其子仓旺思甲顶补。该弁出师宁陕一次，现供今职。岁支养赡银八两，管屯番三十六户。住落只布郎寨，分住崇化屯界。

屯外委一员：仓旺。乾隆四十年，金川案内投诚，事平补充土职。嗣出师台湾、廓尔喀、黔楚等处有功，擢至行营守备，赏给巴图鲁名号。回寨病故，缺以其子噶可顶补。该弁病故，遗缺以行营千总杨忠顶补。该弁病故，缺以行营外委思当蚌顶补，现供今职。岁支养赡银八两，管屯番十四户。住落卡角寨，分住崇化屯界。

屯外委一员：木尔甲。由屯番出师台湾、达州等处勇往，擢至行营千总。以屯外委郎卡尔结拔补思当安寨把总。遗缺拔补，现供今职。岁支养赡银八两，未管番民。住落正地沟寨，分住崇化屯界。

河东额食月饷屯番八十八名；河西额食月饷屯番一百三十二名；共二百二十名。每名岁支月饷银六两。

促浸两河额备接顶未食减半月饷屯番二百二十名，遇有食饷屯番缺出，顶补接支。乾隆五十三年，由成都将军保□会议两河额备屯番，援照杂谷五寨屯备弁练例定为实缺，其未食减半月饷屯番二百二十名，应均照杂谷五寨余丁，岁支减半月饷之例，一体支给。嗣又于五十八年，经总督孙士毅查办金川屯备弁番地亩案内奏明该余丁等，尚有山头地角可以垦耕，抵折半饷，与杂谷五寨余丁，岁支减半月饷三两者有别，应毋庸议。

按，大金促浸地方，东至空卡山梁与儹拉交界；南至马奈汛与巴底交界；西至日旁汛与绰斯甲交界；迤西正南与革布什咱交界；北至作固山顶与党坝交界。路皆纡折，计程三百余里。东西两岸，皆属崇山，中有大河一道，河东、河西因此而名。山径险仄，横行约三四日不等。额设屯守备二员，屯千总五员，屯把总八员内分与崇化屯把总三员，屯外委二十五员内分与崇化屯外委十一员，屯番二百二十名。总计屯备弁番，共二百六十员名。其屯饷，营员赴省请回，会同屯员，按季监散承领、取结、申报。遇有调遣、升拔事件，遵照原奏章程，归专管衙门办理。至该番等户种地亩，岁纳科粮，除拨归崇化屯，应由该屯征收外，余俱由绥靖屯务征收造报。

屯　练

屯练十六户，原系五寨番民。由乾隆三十七年，调赴金川随征。事平留防于此，给予地亩，耕种赡息，仍归五寨头目管束。每岁仅于屯务衙门充当皂役，并无杂派。

得式替峨思达三户垦又加垦一户：一户行营千总沙甲尔甲，一户外设外委任贞尔甲，一户格子郎卡，又加垦一户郎卡。

朗噶格寨七户：一户尔甲多日太，一户思党巴日更八思甲，一户阿陇六大，一户六拜木耳甲，一户乞立思大奈，一户八卜纳补长寿，一户噶里生根。

勒乌围泽五里一户：一户甲噶，崇化拔熟阿杰管。

河西白浪起一户：一户阿盖，崇化索古阿奈管。

乐里寨三户：一户和尔甲合耳朋，一户梗补渴尔甲，一户思鸡板登尔甲。

土　司

大金川土舍莎罗奔，于康熙六十一年归诚，雍正元年始授安抚司，住落促浸勒乌围地。娑[①]罗奔死，其子郎卡承袭。乾隆年间，郎卡及其子索诺木，相继不靖，王师震怒，歼厥渠魁，灭其巢穴，改土为屯。土司之职遂斩。

① 娑：按前文当为“莎”。

卷九 艺 文

盖自涂山兴歌，江沱致咏，文翁倡教，张宽受经，而长卿、扬雄、王褒之徒，作为赋颂，彬蔚西土矣。他若巴歌渝舞，半属夏声；陇曲蜀弦，并传乐府。亦足采輶轩而睹风俗焉。屯治僻在荒服，国朝始隶版图。前代艺文无可征引，兹就平定以来，诸家撰述，略著于篇，皆所以道扬盛美，鼓吹休明也。后来者踵而增之，则是编特其嚆矢尔。志艺文。

序

《金川琐记》序

魏光旗 锦泉 南乐

忆甲午岁，余随任粤西陵城官署时，当金川告捷，辄私心冀倖，以为武功克奏，文事宜修，意必有当世巨人，具良史才，综新疆之风物勒成一书，足以拓闻见而备参考者，抑又难之。两川僻处边徼，迥异中土，询访失实则多诬，载籍无传则鲜据。且簿书为劳则不暇，此有才而用其才之为难也。湘帆六兄先生，宏通淹雅，壮游蜀川，爰莅绥靖，盘错裕如。今幸同官闽省，得以闻所未闻。已而出所著《金川琐记》六卷示余，且属余书其端。余读之，窃见其立言也有体，其叙事也存真，其抒词也有质有文，不漏不支。俾皮航雪岭，开帙不异躬亲宣号，传经展卷，宛同晤对，奇奇怪怪，可惊可愕。读之而惟恐其尽，复之而不厌其烦，洵足骖子长之驾，回孟坚之席矣。抑尝闻之，民无化外，治贵因俗。如集中所载开牛头之径，修刮耳之岩，购药埋骨诸条，有裨于吏治民生者甚巨。岂第夸子云之奇字，矜王朗之异书乎！是编也，不独有以餍嗜奇之胸，又窃叹循良之用心，为不苟也夫。

《金川琐记》题词

郑一崧 雪樵

天开井络，江岷裒雕捞之河；地广析支，严道挟拂庐之部。援晋空华阳之志，幅员倍万里桥西；较汉京剑阁之铭，戎索勒匕盘山外。望金马碧鸡之瑞，荟黄支乌弋之图。偃伯银麟，迥数招徕济火；铙歌朱鹭，环看抃舞都卢。此纪盛事于灵夔，堪发藻思于虎仆者也。若乃狼朧乌浒，向风随舞僰歙巴；僸佅兜离，慕义就白鹽赤甲。原其族类，亦在神霄亭毒之中；析厥土风，未入太史輶轩之内。所以秘书九百，实本《虞初》；弱水三千，传由博望。况夫勒乌绒布，橦花指黄草坪前；雪岭桃关，柳酒浥独松山畔。耳熟天方梵呗，手缮宛委虫书。非久历夫沙度绳行，未易写似云垂海立矣。湘帆六兄先生，学穷《苍》《雅》，才裕商霖，绾绶蓉城，种花锦里。马卿谕蜀，频多閭外之行；元相迁夔，时和壁间之句。水上飞鸢跕跕，过五溪犹惜壶头；岭边玉垒层层，信八阵足吞吴下。而且穿云行部，悬釜冰山，奉简筹边，扶筇鸟道。雪莲冬草，清迎蛮府参军；賨马皮航，题入西征赋客。爰是综两川之疆界，采七姓之风情。嗜好音声，状之毕肖；昆虫草木，触处皆新。未遇《夷坚》，谁识海人木客；竭来壮武，方传华表文狸。绍桂海之《虞衡》，副奇书于《越绝》。一编枕藉，宛随亥步张槎；万里罗纹，尽比西嫠越雉。允符麟笔，应重鸡林。

《金川琐记》自序

李心衡 湘帆 上海

予从弱冠后随任楚南，继又宦游西蜀、苗猺、五溪及邛、僰、獽、蟾、弱头、汉发之区。十余年来，游历不鲜。尝欲出所闻见，珥笔记之，未遑也。甲辰秋，承乏绥靖，至己酉春，始得交替，历徼外者五年。地本西夷部落，新入版图，习俗多异中土。积久，夷情渐稔习而安焉。事日益简，暇时因得兼及笔墨，凡耳闻目睹，得辄志之。渐积成帙，殊琐琐不足道，然而兰珠桐布，编入《华阳》；杏粥桃符，详于《荆楚》。不贤识小，固古人所不废。昔蛮府参军尝有“娵隅跃清池”句，夫娵隅细物，形诸歌咏，聊作诙谐，则是编傥足佐矜奇者一哂乎？

记

新修惜字库碑记

冕宁典史 现任屯务李涵元 固之 普定

尝览《颜氏家训》曰：文字者，坟籍根本。又《文心雕龙》曰：言语之体貌，文章之宅宇。岂可秽亵抛弃而不甚爱惜乎！况斯地自乾隆四十一年改土为屯，边烽永靖，文教遐敷。凡我黎庶，耕凿相安；蠢尔番夷，梯航向化。迩来风俗，愈知礼义，渐识诗书，固大异乎獉狉之习矣。予承乏三年，修举废坠，不敢告劳。兹于灯竿坝隙地，捐置字库，收拾烬余，庶几鸟迹虫书，咸归净域，羊皮虎仆，不染劫灰。他日者，重译通乎万里，乐歌献夫三章；上昭国家声教之隆，下见边徼怀来之盛，岂非守土者之幸哉！工既竣，因书缘起，勒诸石，俾后来者知所考焉。

创兴义学碑记

甲子举人 潘时彤 紫垣 华阳

盖闻屯名戊己筹边，首重劭农；域启庚辛易俗，尤期劝学。况度索寻橦之地，半属妖徒；献琛纳赆之区，类多獠子。苟非化獉狉以礼乐，泽稚鲁以诗书，将梵呗佛言，岂识中华典籍？狼歌鸟译，焉知上国文章？此相如所以受经，文翁所以倡教也。如懋功厅属绥靖屯者，逆酋旧穴，亡虏遗墟。居徼外之一隅，去成都而千里。蛈蛈豺虎，不受羁縻；蠢蠢犬羊，旋遭屠戮。既星流而彗扫，亦雷动而风驱。瓯脱春残，但见兔葵燕麦；邛笼月落，惟闻鹤唳猿啼。盖自勒乌围附入版图，已经数十载。而阿尔古改司屯务，又越十余年矣。今者士卒储胥，櫜弓卧鼓；商民墆鬻，带阛通阓。六万亩边荒，刀以耕而火以种；二千家生聚，肉为食而酪为浆。畜则谷量马牛，布则轸积賨幏。虽师贞无咎，早偃伯于灵台；而蒙养宜端，先习礼于绵蕞。乡塾之设，固其宜矣；义学之兴，乌可已乎？则有李君熙斋，台登少尹，普里雄才，尉学神仙，军参蛮府。谢屐览山川之胜，韩碑依日月之光。飞凫噶谷塘边，音闻空谷；饮马温泉水畔，志在廉泉。半亩园开，吏隐何妨抱甕；独松戍近，公余恰好哦诗。三载栖迟，一官落拓。念瓜期其欲代，思棠荫其长甘。爰捐禄俸之余，用佐弦歌之治。美哉斯举，黉舍于以始基；隆矣上仪，儒宫于焉启化也已。维时佩刀童子，负笈而来；驰马健儿，担簦以至。怀经者云会，问字者风从。十样笺裁，译语不翻贝叶；五言锦织，颂词弗写羊皮。以六籍为笙簧，顿洗嬥歌之陋；以百家为殽馔，浑忘挏酒之膻。信偃武者必修文，知兴养者必立教焉。由是人多翘秀，士乐观摩，小学既勤，大成可望。休息乎典章之囿，翱翔乎著作之林。家有塾而党有庠，乡可举而里可选。异日者，莘莘俎豆，济济缙绅。儒雅以应旁求，咏歌以宣上德。则岂仅张翕遗爱，夷人喜奉郎君；耿恭示威，酋长争来子弟也哉？仆目耕少获，耳食多疏；笔乏三长，书无万卷。纪华阳之士女，有愧道将；编玉垒之边防，殊惭元正。予曾修《华阳县志》并《茂州志》。乃嘱修夫屯志，兼索识夫新猷。勉从事于椠铅，恐难垂于金石。幸睹鸿规之焕，聊同凫藻之欣。韦宏机像绘名儒，伫见边陲劝勉；刘孝绰文模后进，敢希绝域流传。是为记。

道光五年岁次乙酉仲夏月中澣日

跋

《金川琐记》跋

诸生 李学璜 上海

夫挟管窥之见者，不足以测奇；存夏虫之知者，不可以达化。故夫一物不知，儒者之耻；而登高能赋，大雅之才也。虽然簿领之役繁，则丹铅之趣减矣；驰驱之日多，则竹素之业荒矣。乃若寄意虚无，放词诡诞，义无关乎故实，体仅取乎铺张，斯则游戏之文章，难语大方之著述也。维吾叔父湘帆先生之作为《金川琐记》也，荒远在西南万里之外，草昧经开辟亿载以来，奇迹怪事，瑰伟连犿，震荡心魂，摇眩耳目。岂特周王马迹所不到，谢公履齿所未及已哉？爰以钱谷余闲，说研坟籍；锋车所至，搜讨山川。一见一闻，识大识小，分为六部，汇为一书。皆本风土为敷陈，实与边政相表里。俾后之仕者得所据，学者有所稽，岂非艺林之龙虎，家乘之璠玙与？至其命意摅词，尤多卓旷，质而不俚，华而不浮。词文旨远，居然晋人清言；含英咀华，绝胜唐人小说。将张华《博物》，或且逊其精详；干宝《搜神》，未足方斯严谨也。（璜）幼随几席，长隔云山，窃叹政事文学，自昔同源，益信花月风云，总无异乎。受而卒业，常觉浩乎无涯。纪以数言，非敢阿其所好云尔。

嘉庆丁巳四月下浣

赋

半亩园赋（以“园日涉以成趣”为韵）

潘时彤 紫垣

道光壬午夏，桐乡曹扶谷明府，示予前宦绥靖屯诗，有半亩园者，心窃识之。是冬，黔南李生焕，来从予游。时尊甫熙斋少尉亦官斯地，旋往省觐。越二载，归。受业于门，复述其幽静之致，并神往焉。爰摄大略而赋之曰：

羁縻部落（《新唐书》：金川等十三部落为羁縻州），绥靖边屯星野；躔夫井鬼，风俗杂乎汉番。峙二山兮保障（谓索乌、甲索），横三渡兮湍奔（谓茹寨、勒乌围、卡拉）。依勒乌围之野，俯阿尔古之原。葺数椽以为署，辟半亩而名园。其东则照壁山（名崔嵬），其西则业乌山（名嵂崒）；其北则眺沙尔泥（山名），其南则瞻勒尔吉（山名）。泉带玉以潆洄，川涌金而濩漓；独松之岛未湮，古井之波常溢。盖奉正朔者已多年，而列版图者非一日矣。时维春也，塞柳舒颦，边花醉颊；时维夏也，瘴雨溪喧，蛮烟岫叠；时维秋也，瓯脱吟蛩，穹庐落叶；时维冬也，雪窖泥深，冰河路接。亭矗立以如碉，榭回环而似堞；棹泛皮航之轻，笮度溜筩之捷。洵足壮夫游观，又何辞乎跋涉？于是蛮府参军，留司隐士；骥驾盐车，鸾栖棘枳。官闲青草之袍，衔放黄绌之被；堂射鸭兮飞凫，槛观鱼兮跃鲤；拜奇石以点头，漱清泉而砺齿。偕竹友与兰交，伴梅妻与鹤子；挥牦尾以谈诗，写羊皮而当纸。尉称仙也或庶几，丞不负哉良有以。况乎边陲向化，绝域输诚；欃枪戢影，桴鼓无声。昔荒烟而蔓草，今刀种以火耕；昔颓垣而破瓦，今汤池以金城。园官则送菜把，园丁则识花名；田园则慰乡思，林园则无世情；又何羡后园之赋于谢朓，小园之赋于兰成乎？予也卧游有缘，济胜无具；旧雨不来，停云徒慕。怜子建之先徂（谓曹扶谷），怅谪仙之晚遇（谓李熙斋）。梦樽酒以论文，寄邮筒而和句。但槧握兮铅怀，未绳行兮沙渡。安得历荒陬，游古戍，策骅骝，猎狐兔。或临流以渔，或登高而赋，或饮乳酪兮酣眠，或听歌装兮小住。将亲览乎丘壑之奇胜，遥题乎烟霞之趣。

颂

重修御制纪功碑亭颂（恭集《文心雕龙》并序）

国学生 李焕 景明 普定

窃维道沿圣以垂文，圣因文而明道。远稽唐世则焕乎为盛，近褒周代则郁哉可从。昭昭若日月之明，离离如星辰之行。所以运天枢，毓黎献者，何尝不经道纬德，以勒皇绩者哉？昔皇帝御寓，德盛化钧，治戎燮伐，非惟致果为毅，亦已厉辞为赋，禀经以制式，酌雅以富言。吐纳珠玉之声，卷舒风云之色。标序盛德，昭纪鸿懿，衣被词人，垂范后代；恒久之至道，不刊之鸿教也。焕积句成章，辑韵成颂。揄扬以发藻，汪洋以树义。断章之功于斯盛矣，群言之祖不其懿与？颂曰：

作者曰圣，能执厥中。奋其武怒，振此威风。正位北辰，向明南面。吐纳典谟，勒铭岷汉。嵯峨揭业，炳曜垂文。剐《诗》缉《颂》，诵德铭勋。碑碣云起，墙宇重峻。藻耀高翔，墨采腾奋。日新其采，雕琢其章。词成廉锷，笔锐干将。树德建言，约文举要。英声克彪，鸿风远蹈。参古定法，望今制奇。离章合句，飏言赞时。裁云制霞，搦笔和墨。对扬王庭，润色鸿业。

诗

五　古

古　诗[①]

国学生 松茂兵备道 查礼 恂叔 宛平

茹寨后山坳深处，有古木、流泉、怪石、幽境。夏日，陪鄂佩三中丞纳凉其间，因赋古诗一首。

丘壑匿奥室，烟霞随处藏。
茹寨西山根，岩岫未为荒。
古树阴森合，扶疏参天长。
下不见曦影，时闻草木香。
怪石斧斤削，苔藓蚀其旁。
鸣泉滴流细，涓涓入耳凉。
樵径既盘纡，林薄转苍茫。
风蝉作逸响，水鸟呼夕阳。
啜茗足幽赏，清景涤征裳。
此间堪消夏，解带忘蛮乡。

绥靖屯杂咏

戊申举人 华阳县丞 曹三选 扶谷 桐乡

冬虫夏草

物生各有类，动植原殊形。
胡时而蠕蝡，胡时而若亭。
草枯虫则苏，虫伏草又青。
阳生屈者信，短至荣者零。
羌夫善识别，长镵扣岩扃。
采以四五月，风戾如寸莛。
肤理讶混沌，根荄余丁星。
厥性云大热，其气亦小馨。

① 原无题，因序中有“赋古诗一首”，故以为诗题。原作者署名在序后诗前，今提列于诗题之下，以协体例。

蛮人代园蔬，烹肉芼鼎铏。
四方实药笼，什袭偕薐苓。
窃疑造化手，狡狯中调停。
或举转输说，象教破窈冥。
游鱼忽变石，腐草恒为萤。
彼犹两而化，此唯一故灵。
循环泯端倪，幻境亡畦町。
惜哉某未达，难补《本草》经。

咂 酒

蛮家酿法殊，不藉黍与秫。
青稞土所宜，菽麦任牵率。
不知何毒药，趋蘖严且疾。
酝合一器中，酒成不十日。
传家古铜饼，呺然容斗实。
其高尺有咫，其径五之一。
长耳耸其旁，提挈手无失。
腰腹围葩华，觚棱锲蝉蛭。
坐客红氍毹，捧进屈右膝。
高插碧筹材，中通去阏窒。
以口就咀之，少尝亦芬苾。
饮者犹未厌，瓶罄已告毕。
燀汤益以杓，逡巡气四溢。
劝客再三饫，醰醰味愈出。
始知空桑中，别有杜康术。
寄言王无功，《酒经》当附笔。

七 古

滇兵行

国学生 松茂兵备道 查礼 恂叔 宛平

促浸[①]地形若釜底，四围高巘森戟棨。
我兵分道为周阹，共愁险峻狞难抵。
帝曰宜加兵，兵强无过旗军营。
帅曰蒙加兵，滇黔较近成都城。
期严费减赴川捷，用之得力蛮酋慑。
火枪在肩刀在腰，健步无劳修袴褶。

① 作者原注：金川自号。

赳赳气概袍泽同，穿林入箐谙土风。
帝许急征发符传，关河旷渺行匆匆。
上山下山兼程走，晨兴腾踔直到酉。
两月长途一月来，诣营直欲惊群丑。
将军令黔兵指南，远超飞越之重岚。[①]
其他滇卒尽西顾，由百而千数有三。
出桃关，过楸坻，时雨降，兵马洗。
克敌致果退则耻，滇兵尔气何飞扬。
前趋罗博瓦[②]，杀贼如虎之啮羊。
会闻捷书奏阊阖，收戈整旅，歌吹旋滇阳。

乐　府[③]

蛮中新乐府六首

戊申举人 华阳县丞 曹三选 扶谷 桐乡

转经楼

巍巍转经楼，累石成阶基。
上置大法轮，重檐架梁欐。
吹法螺，击法鼓。
喇嘛围绕行接武，齐声高唱嘛咪吽，以手转轮轮若舞。
一转年岁熟，再转人民福，三转四转乃至无量数，草木昆虫咸长育。
呜呼！佛力何恢张，妙以慈忍缚虎狼。
蛮儿蛮女崩厥角，群僧醉酒复饱肉。

跳锅装

广庭如砥中置锅，男女联臂行踏歌。
筠筩砸酒罗巨瓮，煮水益之常盈科。
歌者属何曲，蛮语楼罗听不足。
初如牛鸣窖，后若雉登木。
嗢胡近是梵呗声，但少铃钹相和鸣。
一夫前头冠豹尾，振手展足群随行。
蛮女长裙绣袖袜，交缠璎珞珊瑚佩。
歌喉一串应疾徐，舞节两行齐进退。

① 作者原注：黔兵二千，将军阿檄调由成都赴南路军营。
② 作者原注：促浸，地名，军营现驻此。
③ 乐府：底本无。今据“艺文志”体例补。

歌者乍阕饮以酒，跪向瓮边口相就。
醉后跳踉唱益高，双趺踏地如敲臼。
吁嗟汝辈谁生全，鹑居鷇饮皆由天。
夜郎更莫夸当日，出入重赓《击壤篇》。
（其歌皆旧日土司自夸之词，今犹流传不改）。

皮船渡

飞流倒出群山中，豪波横石相磨砻。
篙橹逢之碎如剉，利济乃仗皮船工。
皮船之始出谁手，浑脱全牛填渗漏。
中间撑拄缚枝干，若五石瓠窍其口。
蹲踞恰受三四人，导以一木行逡巡。
乘风破浪亦奇快，眩转恍运陶家轮。
我闻造舟始落叶，后世纷纷饰樯楫。
此物依然古制存，中流一壶岂值千金论。

止雪弹

阴崖万古积冰雪，老蟆踞之为窟宅。
有时启蛰爬沙行，吐气竟天色黄白。
居人知是雪弹来，飓风西出驱雌雷。
忽然火炮向空击，虚空粉碎天为开。
别有婆罗门，咒以密秘法。
保尔麦黍菽，转移在一霎。
古来御雹原有职，慫阳伏阴无失节。
天何纵此食月妖，又向人间作蟊蠈。
吾闻李左车，司雹神不虚。
愿收大权勿旁落，毋使山陬海澨冒窃而睢盱。

扯索卦

老僧诵咒口开阖，袖中石子红黄杂。
两手挦捥如簸钱，累累排出千花塔。
逢赤者吉黑者凶，上下左右相交通。
不知爻繇属何象，蓍龟退听高谈雄。
蛮人信鬼更信卜，卜中有鬼司祸福。
病无医药死无棺，唯卜之求不敢渎。
呼嗟乎！古来占法纷歧趋，何必三易夸吾儒。
况闻八卦之名始八索，一索再索三索厥义原同途。
为我问舌人，舌人笑摇首。

庖牺行化不到此，我用我法君曰否。

嘛呢旗

磊磊嘛呢堆，乱石涌出莲花台。

縿縿嘛呢旗，尺布写作贝叶词。

蛮家佞佛复畏鬼，凭仗佛力鬼可弭。

番僧黄帽何狰狞，口吹枯骨乌乌鸣。

髑髅钵盂注净水，法馔无逾酥酪美。

澜翻坐诵梵字经，提刀捉鬼趾不停。

出门烧纸仰天笑，故鬼颠扑新鬼跳。

乃书帛幅横作行，先天秘咒鬼莫当。

竹竿臬臬立户后，俾尔年年富且寿。

嘛呢堆前再稽首，及时宰牛献挏酒。

金川小乐府四首

甲子举人 内阁中书 严学淦 丽生 丹徒

转经楼

非龛非塔非道场，楼中设轴车轮张。

佛入转轮佛亦忙，梵夹飞出莲花香。

一卷经推佛一座，万卷经从佛身过。

风轮水轮金轮火轮相荡摩。

虚空摇摇走万魔，佛欲抱经唤奈何。

糠禅耶，瓢禅耶，指头监西天耶。

但见佛转轮，不见佛度人。

登楼撤梯梯化石，石不点头佛无力。

欢喜佛

窣堵波如山，立化人城幻人域，重檐架拱飞翬翩。

欢喜佛塑亿万千，花鬘宝衣缨络缠。

么登咒宣作秘戏，演揲儿法番僧传。

蠕蠕蠢动虫虫天，鬼物青红森变相，护法神如药叉状。

嘻嘻咄咄火不焚，怪事祸水漂情根。

佛公佛母此生活，折叠连环锁子骨。

骷髅作枕是人妖，人捧枯髅唤生佛。

罗刹国尸毗陀无遮会，菩萨魔吃得，针锋方证果，一转轮时野狐堕。

跳锅装

韩常踏地歌尽欢，掸国幻人能跳丸。

龟兹曲合浑脱舞，奇变古有鸡娄弹。

巴歈颠歌益部载，任昧侏傺更荒怪。

侲童月斧颡人箫，响遏行云声出塞。

夷言细译名锅装，销金有锅同拍张。
苍鹘僛僛鸜鹆舞，钩辀格桀音难详。
我闻西域音书六十有四种，驮乘驴唇形臃肿。
安得投泥挥水节奏通，补入泼寒胡戏中。

放索子

能揉坚木曲作弓，巨絙设机埋土中。
踏机机发力最猛，倒掣猛兽如腾空。
陷阱能驱禽兽死，不若平空放索子。
机心突地起戈矛，郁刃室弓毒逊此。
索诺木、僧格桑，狡据三窟何披猖。
番人如兽兽终缚，天网难逃不须缴。
邛笼何高百丈摧，朱组系颈歼渠魁。
渠魁歼后番人乐，率土来归事耕凿。
家家种得朴树阴，屈树为弓仍放索。

题舅氏李湘帆先生《金川琐记》

闺秀 归懋仪 上海

西南地势雄厚坤，亘亿万载离照昏。
圣清式廓扬赤旙，诞归丕冒涵渥恩。
伟哉造物不可论，奇奇怪怪惊心魂。
真宰变幻曾无言，雕镂不著斧凿痕。
丈夫苦如驹伏辕，要当匹马驱塞垣。
千寻铜柱追马援[①]，不尔下笔倾词源。
指顾万里风云奔，传之名山永勿谖。
吾舅风骨矜凤骞，文章声价倾玙璠。
焦桐终爨宁非冤[②]，掉头忽驾征西轩。
大吏器之畀以繁，绝塞冰雪无春暖。
嗢咿呕哑日夕喧，须知性命同一原。
行循吏事志倍敦，驱策虎豹驯鹿猿。
云山万状归朱旙，暇时还将竹素缙。
详载节目及本根，体例严肃文不烦。
运意名隽词精浑，千秋文章肇厥门。
后来著述皆子孙，大关经济绥元元。
细及名物一一存，珊瑚木难射朝暾。
疑泛珠海登昆仑，嗟予阚观守愚芚春。

① 原注：叶。
② 原注：舅甲午省试被荐，几得偬市。刘石庵先生，己亥、庚子科试时，俱拔第一。

忽开眼界警无垠，岂惟八九云梦吞。

官军攻逼促浸二首

壬申进士 四川臬使 顾光旭 晴沙 金匮

近闻三窟破，狐兔自相悲。
欲乞羊公药，看收太傅棋。
易除惟癣疥，难补是疮痍。
共望安边策，王风草木知。

范韩无异议，廉蔺况同仇。
背后频遮扇，登先竞扶辀。
此犹劳顾问，何以副行筹。
万里听笳鼓，奇功合力收。

闻官军克勒乌围

癸未进士 四川学使 吴省钦 冲之 南汇

牛酒作[①]中秋，悬巢命果休。
白云联角戍，红烬断经楼。
上苑传旗去，前庭卷甲收。
遥知天象炯，今夜落旄头。

谷噶五首

诸生 富顺县丞 洪成龙 云岩 祁门

谷噶为促浸要险。前大兵临此，云雾数月不解。徐用大炮击之，始稍开。路径险恶，殆无可拟。克此后，促浸大势已失。兹以凯旋在迩，设站于此，为转输便径也。乙未冬，余自雪山根调领是站。其山峭削，无时不雪，雪暗便雷。山腰有三潭，深不可测。或云：中有怪物。以石投之，霎时雷雪冰雹并兴，采樵莫敢近之者。

谷噶名何起，行踪自昔无。
炮惊云雾散，人讶雪雷俱。
伐木缘通径，开冰便转轮。
凯旋期在耳，日夜急飞刍。

深潭藏怪物，不识几千年。
霹雳山腰震，寒云树杪悬。
斩蛟须砺剑，探子更求筌。
誓与坌茜火，因兹垦石田。

雪花兼雹急，潭水净无波。
永绝渔翁钓，偏愁樵子过。

---

① 原注：去。

我看疑井底，人说是龙窝。
何日方烧劫，晴瞻峰似螺。

地恶山因险，阴阳浑不分。
始知为绝域，前此竟谁闻。
雪垒朝移帐，云梯夜度军。
百蛮应共骇，天外立奇勋。

从军已五载，一篑岂难成。
阅历崎岖遍，烽烟扫荡清。
开山纪异地，负弩数归程。
四海铙歌奏，无嫌句独惊。

独松渡河

戊申举人 华阳县丞 曹三选 扶谷 桐乡

不信金川险，从天入地行。
迅能将日逐，怒欲与山争。
击楫还思济，凌波旧置军。
只今沙石底，犹作鼓鼙声。

绥靖屯杂咏八首

甲子举人 潘时彤 紫垣 华阳

玉带泉

不解金川路，何来玉带泉。
塞云千叠绕，边月一钩悬。
笮马番儿饮，蛮裙戎妇湔。
劫灰今已熄，长此洗腥膻。

小普陀

何必杭南海，当前即普陀。
洞天开似穴，钟乳结成窠。
法雨垂璎珞，慈云[①]拥黛螺。
众生瞻仰处，千载靖干戈。

自然井

此井何时凿，神工妙自然。
四围贞介石，百尺涌灵泉。
晓汲边云动，秋澄塞月圆。
嘉名谁肇锡，记取李屯田。

① 原注：亭名。

溜篙桥

夹岸高擎柱，中流远系绳。
寻橦如马驶，度索似猱升。
昔岭朝飞雪，金川夜合冰。
天威通绝域，云路快攀登。

独松沟

汛已名双柏，沟还号独松。
涛声江水壮，盖影雪山重。
枝老难栖鹤，鳞枯不化龙。
何如霄汉近，梁栋庆遭逢。

半亩园

蕞尔屯田署，园才半亩宽。
塞花常带瘴，边柳不知寒。
么凤鸣幽径，娵隅跃小湍。
此中堪吏隐，抱瓮莫辞难。

神仙包

神仙何处去，剩有此山灵。
番舞灯前拜，夷歌月下听。
鼓钟长隐隐，香火自荧荧。
马革谁遗蜕，传闻恐不经。

喇嘛寺

古寺知谁建，番僧号尚留。
佛灯然乳酪，神鼓击骷髅。
经转千声呗，碉余百尺楼。
当年征战地，曾此虏金酋。

绥靖屯杂咏六首

国学生 陆文杰 敏斋 山阴

金川谁志异，肇自李屯田[①]。
野种天星米，山飞玉带泉。
鸟知阳雀好，花是雪莲妍。
何事佳风景，都归绝塞边。

异域人多苦，荒山草不春。
糌粑堪果腹，毛毯足遮身。
牦尾挥谈麈，猪膘进席珍。
笑他蛮俗陋，那似古风淳。

---

① 原注：谓李湘帆参军所著《金川琐记》。

古刹昼燃灯，经楼转几层。
赤身欢喜佛①，黄帽喇嘛僧。
梵呗声难解，狰狞貌可憎。
谁欤能免俗，方外一枝藤。

湍流江剧怒，怪石路难通。
小艇蒙牛革，飞桥溜竹筩。
瘴霾关月黑，炮击塞烽红。
莫恃碉楼险，将军善火攻。

风起塞云黄，沙飞黑帐房。
番儿朝牧马，蛮女夜烹羊。
长夏围炉火，严冬饮酪浆。
夷歌声不断，知是跳锅装。

往日蛮夷地，今为绥靖屯。
语言通事译，品秩土司尊。
草长独松汛，花开半亩园。
穷边沾雨露，不敢负君恩。

望北路官军攻克宜喜二十六韵

丙戌进士 知宁远府 觉罗祥鼐 仲调 满洲

宜喜真天险，频年此力攻。
峰峦横境北，窟穴限河东。
邻界周搜接，危厓甲索通。
道途从昔峻②，碉寨几时空。
积雪经春白，传烽入夜红。
磨牙腾猰貐，袖手坐罴熊。
牵缀先名将③，危疑赖上公④。
纵能制豕突，何以辟蚕丛。
地势寒空外，神机想像中⑤。
新军驰羽檄⑥，密策寄邮筒。
觅问人谁料，乘瑕计独工。

---

① 原注：见《金川琐记》。

② 原注：西北为碉楼，西南为甲索，皆促浸与绰斯甲布接壤处。乾隆十三年，分日旁、甲索、俄坡三路进兵。俄坡即属宜喜，俱未得利。

③ 原注：三十七年，上命参赞舒公常率兵驻此，以牵缀促浸助儹拉抗拒之力。

④ 原注：三十八年六月，相国温公七师溃于木果木。时已命副将军丰公驻此，抚取绰斯甲布，得以无恙。

⑤ 原注：西路官兵驻密拉噶拉木，隔河望宜喜，形势纤微皆见，阿公以为可取，遂与明公亮书，指示攻取之策。

⑥ 原注：时新调四川兵三千，又调南路兵四千五百，均赴宜喜，以助兵力。

一朝凌嵂崒，再举破鸿濛[①]。
锐卒方酣战，奇兵早建功。
刀銶光掣电，旌旆饱帆风。
举炮浓烟合，焚巢烈焰烘。
连天鸣箭筈，匝地走罦罿。
竞舞凝霜剑，齐弯挂月弓。
凶蟆肠肚剖，猛虎爪牙穷。
乘胜锋芒锐，长驱气概雄。
缘溪摧石屋，循垅刈蕡蘴。
壁垒迎初日，桥梁挂彩虹[②]。
已欣人共奋，何虑事难终。
坐镇资陶侃，摧坚倚祭彤[③]。
尸多陈贰负，俘定获三鬷。
挽粟行程近[④]，飞书奏捷同。
平蛮须大计，方略诵元戎。

宜喜山远眺五首（用杜凝台观察《登雅州城楼》韵）

峻岭秋高接锦雯，连营几点望中分。
千盘路转人初到，万马风生日欲曛。
耀雪弓刀排战垒，掀天金鼓起征云。
一声画角千旗动，列帐横开待点军。

三鼓昆仑指顾中[⑤]，磨崖伫纪鄂褒功。
山当缺处层楼出，路到穷时鸟径通。
簪笔客逢新给事[⑥]，插貂人识旧元戎。
欃枪计日清游骑，饮至千官拜舞同。

转粟飞刍几历冬，秋来喜奏凯音重。
扬鞭会见山归马，跃冶何当器铸农。
万里风沙消鬓短，九天雨露到边浓。
但教职贡修天府，王会何须别汉賨。

萧萧落木振边声，凭吊无端感慨情。

---

① 原注：上年六月，阿公属明公，从南路移师攻宜喜，已克七碉。至是尽克之。

② 原注：于得式梯、茹寨造索桥，以通两军信息。

③ 原注：时今参赞海公率西路锐师，往宜喜助势。

④ 原注：先是军储由楸底经卓克采、从噶克两土司境，始入绰斯甲布境内，然后达宜喜。今西北两路已通。粮贮从西路转输。北路十余站悉撤。

⑤ 原注：副将军近出奇兵，克达尔图山梁。

⑥ 原注：谓敦甫民部。

此地只今余牧马，当年有客结冠缨[①]。
江声东下流偏壮，爽气西来雨乍晴。
更把玉鞭云外指，断壕残垒亚夫营。

小度芳辰抵一年，漫垂人宇炷香烟。
坐忘塞外千峰雪，梦到江南二月天。
旧雨有时来夜话，流莺更不搅春眠。
可能作伴还乡去，照眼浓阴草色芊。

王师

诸生 陆炳 赤南 丹阳

日旁丹噶倚嶙峋，中辟灵关走要津。
七校驱驰分戊己，一妖出没避庚辰。
王师义正终无敌，将略惊奇合有神。
气势如云雷动地，请看小丑且逡巡。

甲午春喜闻官军拔罗博瓦诸峰

贡生 宜宾知县 查淳 厚之 宛平

三年西塞枕干戈，奋怒梯云冒险多。
古戍不须守滴博，连峰今已过蓬婆。
但收雨雪天心顺，累拔寒碉将士和。
从此吾军倍踊跃，丰碑伫看勒巍峨。

皮船诗

缪锡嘏清泉吴县

随波奔荡傍斜阳，万顷江中一苇杭。
太乙莲花应并试，杜陵春水正相当。
圆如月镜浮沧海，稳想禅杯渡法王。
若把浑脱相比拟[②]，未知谁更利中央。

初至绥靖屯作

曹三选

缚袴来登塞外山，愧无经济一官闲。
浮名老作蛮夷长，宦味新知稼穑艰。
收拾壮怀孤磐里，发挥奇境弱毫间。
飞腾年少空回首，贫也如斯合抱关。

---

① 原注：马军门虎，昨岁正月战死于此。

② 原注：甘省邻近黄河西宁一带，多浑脱。盖取羊皮去骨肉制成。轻浮水面，骑入乱流，李大仆开先《塞上曲》有“不周轻帆并短棹，浑脱飞渡只须臾”之句。其巧便已可概见。然浑脱只可渡一人，且下体不免沾濡，不若金川皮船工省用溥，其制尤巧。

半亩园

官斋西畔柳毵毵，柳下涟漪泻碧潭。
蛮府参军新借职，屯田校尉旧停骖①。
几时分得华山半，无客来寻蒋径三。
且续荒陬风土志，酒边归去作雄谈。

绥靖屯杂书所见寄成都故人二首

蛮中风景亦堪怜，大抵山高地复偏。
小摘野蔬须过夏，多收挏乳即逢年。
千秋雪下成顽石，百尺峰头泻湫渊。
才隔成都三十舍，便疑小有洞中天。

最喜官闲不费才，登临随处坐莓苔。
长裙蛮女鬻薪去，偏袒胡僧乞酒来。
但怕风多帘不卷，每逢春至药亲栽。
近来少解钩辀语，欲赋娵隅却自猜。

重修御制纪功碑亭告成恭纪四首

冕宁典史 现管屯务 李涵元 固之 普定

天戈西指勒乌围，蠢尔金酋敢抗威。
甲索山边烽火接，溜筒桥畔羽书飞。
鲸鲵跋浪擒渠返，貔虎生风奏凯归。
从此灵台欣偃伯，长教荒服拱皇畿。

穹碑百尺峙山隈，想像当年圣武恢。
上将丰功诚赫烁，我皇大笔极崔嵬。
聿昭惨淡经营意，群仰淋漓著作才。
此日重修天藻焕，岩疆千载乐怀来。

鳌负螭蟠字蚪蝌，几回瞻仰更摩挲。
雕甍彩接云霞丽，画槛光临日月多。
山解效灵高作镇，川知助顺静无波。
微臣愧乏消埃报，但听边夷慕德歌。

捧檄边屯岁两除，一官几等不材樗。
何曾子贱鸣琴治，聊学仇香矮屋居。
四野从风民乐业，三年报最我储胥。
白云深处慈亲望，好赋归来慰倚闾。

---

① 原注：旧为阿尔古同知署。

绥靖屯杂咏八首

诸生 胡经德 午桥 温江

御碑亭

穹碑永奠勒乌围①，天语纷纶溯帝徽。
为缵武功开巨碣，维勤朴斫见飞翚。
字分四译人争诵②，势矗重霄众共依。
莫羡淮西遗迹美，大金河畔更巍巍。

神仙包

岿然高阜峙沙尼③，宜喜山前夕照低④。
浪说古人曾委蜕，竞传仙迹有灵棲。
上元三日同朝礼，各寨群夷尽洁斋。
转罢黄经趺坐处，酥灯相映草萋萋。

玉带泉

玉带泉飞巴布沟⑤，湾环千古束金酋。
潆洄浪影圆如璧，缭绕溪光曲似钩。
腰瘦偏宜秋月照，心清不碍暮云浮。
何人疏凿成仙境，疑是山灵作镇留。

小普陀

何处分来南海春，青杨紫竹映江滨。
崖悬钟乳菩提露，境现莲花自在身。
灵鹫峰疑联墨尔⑥，慈航波若到边屯。
李侯姓字垂芳史，应是前生有宿因⑦。

跳锅装

珠串珊瑚松珥装，衣裁氇毽獭皮镶。
歌声駇沓嘲兼谑，舞态回环抑复扬。
前饮后升娴揖让，予倡女和凛趋跄。
莫言夷俗无风味，朋酒羔羊举若狂。

扯索卦

十二毛绳按地支，能占休咎与稽疑。
索绚集毳齐长短，绕指分头判偶奇。
似有阴阳成卦象，无须钻灼倩筮龟。

① 原注：亭在勒乌围地。

② 原注：碑文字有清、汉、蒙古、西番四体。

③ 原注：此处地名沙尔尼。

④ 原注：包后地脉连宜喜大山。

⑤ 原注：此泉在巴布沟内。

⑥ 原注：山后毗连墨尔多山。

⑦ 原注：小普陀名创自李湘帆参军。

番人非自能先觉，理数从来总不移。

皮船渡

巧制皮船荡碧津，团围恰受两三人。
舷轻巩用黄牛革，蓬转桡飞绿水滨。
夜棹归来圆似月，春江放去稳如舵。
何年杯渡留遗迹，普济群夷乐化淳。

转经楼

佛教原从天竺来，荒屯到处法门开。
楼环四壁团驴磨，案列千灯杂麝煤。
宏敞画檐皆洞达，庄严宝像尽倭傀。
经分黄白时缮诵，但向枢机宛转推。

谢绥靖屯李熙斋涵元少尉寄摩菰麝香

潘时彤

一缄来自古金川，吏隐风流到眼前。
鹅掌滑同羹雉尾[1]，麝脐香胜爇龙涎。
润分笔底花应灿，盥诵行间露尚鲜。
好共娵隅成故实，远从徼外寄新篇。

次胡午桥夫子九日登马厂山韵二首

国学生 李焕 景明 普定

高峰突兀入青冥，策马登临向远坰。
千里云山乡信渺，三秋风雨客怀惺。
穹碑映日瞻新色[2]，古道盘空忆旧经。
指点当年亡虏地，鲸鲵犹自有余腥。
丰兵自昔虏金酋，屈指于今四十秋。
彝鼎勋隆铭绝域，欃枪影扫剩荒丘。
萧萧古戍群驰马，漠漠平沙尽放牛。
远略克勤思帝德，岩疆长此荷怀柔。

绥靖屯八景

前住屯务 李心衡 湘帆 上海

索乌胜迹

破天异事说鸿荒，燕卵龙漦总渺茫。
惟有夷人肯琛献，厥初追念不能忘。

① 原注：杨诚斋《蕈子》诗：“色如鹅掌味如蜜，滑似莼丝无点涩。”
② 原注：山下即御制碑亭。

玉带飞流

一道飞泉出树头，神龙百尺下灵湫。
惜无竹笕分清濑，接篆连筒灌绿畴。

普陀乳泉

南海悠然路可通，慈云亭槛欲凌空。
曾携茶具烹灵液，不羡卢仝两腋风①。

温池春禊

三日临流解祓除，夷官蛮女共游娱。
风光未必如骊岭，香水年年泻碧渠。

山井醴原

伊谁凿井万山巅，旱涝曾无增减年。
自是源头通活水，迴殊疏勒出飞泉。

仙坪跳月

神仙包石势嵯峨，阜上芳坪地不颇。
连臂踏歌纷斓锦，一年胜会上元多。

残松屼雪

松根屼立劫灰余，往事兴亡付叹嘘。
无复虬枝挺琼树，一天飞雪满荒墟。

卡塘晓渡

春水桃花激箭流，截江一叶晓风遒。
皮船曾触惊涛险，炊黍时中百里游②。

醉后狂吟戏柬绥靖屯田李湘帆二首

许文雄 镇江

弓夜斜压赫连刀，叠雪山城虎啸高。
将略诗情堪自许，一时意气为君豪。

塞云高卷五营连，壮士齐歌敕勒川。
绣额蛮笺索辞翰，定知人羡李屯田。

半亩园红梅二首

曹三选

老干森萧落镜中，花开原不藉东风。
冰天雪窖无人见，一抹斜阳树杪红。

美人独立破穷荒，从此春生倍有光。

---

① 原注：忆昔辟地起亭，落成日，地炉活火，取君山贡茶，就泉烹饮，洒然清绝，偶记张药斋宗伯集中“烹茶泉比中泠水”句，真觉异地同揆。但泉穿山肋，从石乳滴沥而来，幽谷阴森，性或微寒。

② 原注：忆往年有事，上府曾从绥靖屯署坐皮船而下，晨发，饭时抵崇化。电掣飙驰，历危滩百道。崇化屯务蒋榕园别驾相留，围棋竟日。行李由旱路，薄暮始到。

仿佛江南旧时梦，卷帘重试醉来妆。

绥靖屯四时词

李　焕

独松戍畔草初生，半亩园中鸟自鸣。
边地只今多雨露，家家火种又刀耕。

泛泛皮航逐怒潮，轻轻竹笮度危桥。
谁知六月荒山里，尚有千年雪未消。

甲索山空木叶稀，金川水冷雪花飞。
短衣匹马追狐兔，徼外秋深正打围。

酿来咂酒不须觞，炙得猪膘分外香。
蛮俗也知欢度岁，芦笙铜鼓跳锅装。

诗（续辑）

克康萨尔（旧作克空萨尔）

甲戌进士 鸿胪寺卿 王昶 述庵 青浦

荣噶博尔山，厥麓别四支。
中曰冷角寺，南曰勒乌围。
北木思工噶，蜿蜒底江麋。
又北康萨尔，攫杀连尻脽。
蛮方类习坎，跬步靡平夷。
一重苟设守，坐却千熊罴。
奄吉达甲布，乘间空尔为。
敌顽众转怒，地险谋偏奇。
封羊歃血毕，志攻艰危碉。
外既有树栅，栅外沟环之。
沟外复鹿角，株橛争参差。
嗟我刀斧手，捷足穿蒺藜。
再前度重壕，枪石已不訾。
横身掷火弹，挥霍星芒弛。
猿臂亦仰射，一一皆丽[①]龟。
前者啸而登，回手扬旗麾。
后者接踵上，作势疑拼飞。
骤如江河涌，烈若雷霆威。

① 原注：平。

十荡更十决，小丑奚能楮。
五硐连属处，有隧成路蹊。
黝然缭而曲，架木排枅栭。
奔腾忽以塌，投苇供焚爔。
神焦鬼并烂，燔灼成菹虀。
其余坠岩壑，膏血悬荆茨。
五日更三夜，斩刈穷鲸鲵。
斯举实雄快，席卷风帆驰。
危巢一撮土，岂俟天戈挥。
老夫衰久病，消渴枯心脾。
今宵正上元，雪兔分毫厘。
烧灯墨磨盾，逸气横须眉。
坐听万众欢，侑我倾玻瓈。

攻克罗博瓦四峰

十里横山硐九座，喇穆巉岩不可过。
偏师忽指此山偏，出奇绝险须臾破。
偏峰崱屴登古名，前罗博瓦尤峥嵘。
四峰相次贼门户，峰峰刀槊攒青冥。
将军愁寂计忽发，先令虎臣海兰察。
第二三峰汝往攻，佐汝以攻额与达[①]。
是日天冻风如刀，缘崖积雪一丈高。
军未及登已早觉，举枪投奔何嗃哮。
自上下下众不动，持满而迎射辄洞。
豕突狼顾躅且奔，乘势飞追蹑其踵。
别队纡道穿林跻，所据与贼地势齐。
两军合击呼动地，两峰连克无留稽。
其第四峰亦席卷，余第一峰尚未翦。
领队普尔普围之，火器腾空尽焚燹。
悬其首级陈其俘，取其器械充平需。
封羊酾酒犒将士，更扫喇穆清前途。

克喇穆

二十二日月季夏，进取喇穆分官兵。
兹山东面犹可上，均有石卡连木城。
护以垣墉及堆坑，丑徒戢戢潜而侦。

① 原注：谓护军统领额森特，侍卫达兰泰。

屡劘其垒弗克胜，惟中尔峰耸然起。
南北两面同削成，戡之必从罗博瓦。
下溪再上缘峥嵘，猿猱及此尚蹢躅。
岂料人力工飞腾，攻其不备首尾断。
妖獠何地容搪撑，声东击西各部署。
中权六百抽其英，其时四更月乃明。
乘黑先已穿栟桱，千寻滑壁径本绝。
树槎石角纷纵横，以手援手手捧足。
鳞集碉下严无声，月高别队前后起。
火枪金炮声铿訇，贼人吽呀各拒迎。
捣虚谁觉奇兵升，拔刀突上超跃入。
鲸鲵尽戮无留刑，束苇不投两本栅。
赤焰势掩朝霞赪，诸蕃望见心胆裂。
欲溃而出围层层，黑云忽浮澍雨降。
对面不见峰峻嶒，诸军冒雨攻益急。
贼乘以窜如鼯鼪，邀而歼之血于硎。
数获器物难方程，风吹剑槊血气腥。
番君蛮长贺且惊，此犹神鬼犹雷霆。
从兹下取色淜普，压卵形势无留停。
移营回首望喇穆，双尖天半挽青冥。①
仰攻既不易，俯攻亦良难。
不见逊克尔，三月稽平蛮。
俯攻既良难，仰攻或转易。
不见墨格尔，寒空列旗帜。
此岭回合倚高穹，荣噶尔博一气通。
万层栝柏人径绝，千古雪霰山灵封。
呜呼我兵信勇决，飞腾不管苍崖裂。
月黑风严虎豹藏，蚁盘猿挂登山缺。
道逢三碉附其巅，熠其寨落光烛天。
下扫罗博瓦鄂博，奔建所至无余坚。
贼知此险去，巢亦不可据。
啸呼数千指爪角，争迎距神枪如星。
毒矢讧蜂石，挥刀死无惧。

① 原注：喇穆及登古之北，为达尔札克。循山梁而下，为日尔巴当噶。直逊克尔宗之北，又下为墨格尔，又下为罗博瓦鄂博，总名凯立叶。至是则横截作固顶、灭金岭及勒乌围，中间下贼巢道路最捷。故本年正月，分兵万余，于此进取，而贼据达尔扎克，久不得进。及西路兵至逊克尔宗两月余，贼亦虑乘隙上此山，因于日尔巴修筑碉卡，不期我兵从墨格尔上也。十月十七日，由墨格尔据密拉噶拉木。二十一日，克达尔沙朗日尔巴当噶，遂与达尔札克兵会合云。

我兵不动犹坚城，黄昏拗门迨五更。
贼散复聚聚复散，歼其头目连鲵鲸。
遂驻密拉噶拉木，拟金伐鼓朝移营。
此间地势殊开朗，高低丘陇多膏壤。
天晴云日发光晶，回眺诸峰一神王。
喇穆横嶂真雄哉，登古以北纷崔巍。
达尔札克莫尔敏[①]，两峰积玉青冥开。
下为凯立亘百里，神龙掉尾临江隈。
贼亦料我必越此，修日尔巴谓可恃。
何图出险更出奇，阨塞一重今已矣。
是路径捷无与同，去腊议用偏师攻。
岂知一驻阅十月，寸步弗克乘其墉。
只今番众已恇怯，更令熊罴往会合。
中宵烽火忽连山，小校如风来报捷。

克色测普

从罗博瓦下逶迤，山势尽将分两支。
一为该布达什诺，一色溯普咸崄巇。
番壁于上势甚巩，我军击之浩呼汹。
或以喷筒或火弹，迸落其中伤者众。
乃复绕栅开深壕，栅上置板厚且牢。
石碉石卡互联络，三面枪炮如风飙。
七月廿一秋雪霁，孰计凶顽坚且锐。
力摧肉薄徒尔为，必绝其后斯能济。
先令[②]都统[③]越左攻，厥丑坌集纷来冲，殛其头目摧其锋。
其麓本属耕稼地，投以炎火乘融风。
穷歼苦斗矢欲尽，拔出始与前军通。
风雨收兵日色尽，事机一失奚由振。
护军参领[④]从右行，穿林绕涧偏奋迅。
且行且战上危梁，亦焚聚落成灰烬。
遂挥别队继而驰，昨所未铲重截之。
鲸奔豕突半僵毙，分师侵掠无留遗。
兹山自从谷噶上，下至此间始一放。
逊克尔宗在眼前，俛视廛居悬指掌。

---

① 原注：两地名。
② 原注：平。
③ 原注：海兰察。
④ 原注：额森特。

歇愁番地千巑岏，尺峰寸地皆艰难。
荣噶尔博作负扆，界以湍水流琮潺。
诸军乘胜信雄武，尚勿轻此一篑山。

绳度曲

戊申举人 华阳县丞 曹三选 扶谷 桐乡

古有绳度国，今者亲见之。
请为赋其状，以代劳役词。
两厓橡杙高以仞，中缚巨絙坚且韧。
下临水面不盈丈，惊涛飙击兼雷震。
兹地既不通徒杠，腰舟浑脱愁柲撞。
蛮人意匠出非想，欲走索上先寻樘。
济险有具行无迹，凭仗肩头木三尺。
空如竹节刳其中，判两为璋合成璧。
先将两木韬絙端，束之为一周而环。
竦身相就并自缚，但出手臂为控抟。
以手挽絙足不举，奋身前往乃攸利。
乘势一发无留行，刹那彼岸飞腾去。
猿猱休自夸腰脚，置身平地真安乐。
中流回首几由旬，渡我渡人须脱缚。
呼嗟乎！津梁如此何其愚，空中撒手成坦途。
以身试险君毋笑，眼底风波无处无。

碉　楼

蛮中无地乃有山，下者壑谷高孱颜。
每当隘口必置守，碉楼百尺居中间。
削成四方方以丈，漆城荡荡不可攀。
中如佛塔略阶级，盘旋下上往复还。
数人狙伺伏其上，睥睨肆嚆攻者环。
火炮一发敌无隐，以主待客安且闲。
古来设险宁有此，何为今日丛榛菅。
信哉在德不在险，穴中蠢动嗤豺狼。
断垣残砾示深戒，时见燐火中宵殷。
长城万里力何巨，一朝内讧亡秦关。
区区茧室苦自缚，公输墨翟安能班。
行人驻足再三叹，守尔乐国安群蛮。

雪　山

国学生 松茂兵备道 查礼 恂叔 宛平

金川绝域地，秋尽雪漫漫。
木落悲风冷，山深战骨残。
寒光侵幕府，夜月照征鞍。
万仞青天上，崎岖去路难。

金川二十首（录二，用杜少陵秦州杂诗韵）

胜乘茹寨地，暖占好风光①。
堪藉茅为屋，应栽柳拂墙。
贼巢余乱石，佛寺构深堂。
钟鼓残更后，偏愁清夜长。

开荒随径转，回马夕阳天。
滴博踪难觅，蓬婆地失传②。
桃关月照塞，楸砥雪喷泉③。
但得成功易，何知到极边。

西徼十首（录一）

贡生 宜宾知县 查淳 厚之 宛平

怪名到处共惊奇，滴博蓬婆岂异辞。
梭洛柏沟形据险，碉楼蛮障势难支。
连营直达新巢穴④，入夜空闻旧鬼悲。
天外至今销杀气，从知无敌是王师。

和张核亭金川（八首录一）

碉楼夹路间绳桥，影动龙蛇度折腰。
今去蓬婆知在迩，古来滴博讵称遥。
旌旗作队晴迷眼，部伍分行暮见招。
壮志自堪撄甲胄，闲情肯此逐渔樵。

以上三首因诗中及“滴博”“蓬婆”故登之。谨按，御制《滴博蓬婆考》谓“朋博”即“蓬婆”之讹。详见卷首。

秋日过茹寨访查恂叔观察

湖北荆州参领 白衣保 蒙古

为访伊人陟翠微，溪桥山市近岩扉。

---

① 原注：茹寨为金酋巢穴，其地独暖。
② 原注：杜诗所称“滴博蓬婆”今皆不知所在。
③ 原注：予先两驻美诺，后由桃关赴西路，开楸砥等站。
④ 原注：索诺木旧营挈寨，因势迫移入刮耳崖。

不教尘土侵毡帐，惟许烟霞映绣衣。
住句盈囊诗入画，清言竟日客忘机。
潺湲涧水萧疏甚，指点秋光未忍归。

寄还潘紫垣夫子诗集敬题一律

李焕 景明 普定

龙门回首隔云泥，樗栎频经人品题。
负笈敢辞千里远，执经犹借一枝栖[①]。
清霏玉屑尘堪涤，巧度金针路不迷。
珍重诗筒凭驿寄，天涯极目锦城西[②]。

次答李生焕自绥靖屯见寄原韵兼柬熙斋少尉

甲子举人 潘时彤 紫垣 华阳

尺素书来带印泥，数行年月细标题。
怜生请益惟新句，叹我闲居尚故栖。
玉垒云深思更远，金川雪满梦多迷。
何时载酒扬雄宅，笑醉春风锦水西。

人生到处似鸿泥，塞草边花足咏题。
未必盐车骐骥困，何妨枳棘凤鸾栖。
名场碌碌谁争选，宦海茫茫孰指迷。
独有使君兼吏隐，一官远在雪山西。

寄李湘帆心衡参军

寄声蛮府老参军，倚马才高信不群。
已见《夷坚》多志怪[③]，又看《杂俎》广新闻[④]。
只今徼外思仙吏[⑤]，何日轩前对此君[⑥]。
访戴有时来御李[⑦]，一樽应许共论文。

茹寨咏秋虫四首

建南兵备道 徐德元 达三

蝉

日落万山紫，鸣蜩远在林。

---

① 原注：来岁拟仍受业于门。
② 原注：时侍家君在屯。
③ 原注：谓所著《金川琐记》。
④ 原注：并著有《谐苑》。
⑤ 原注：前任绥靖屯务凡六载。
⑥ 原注：又著有《此君轩漫录》。
⑦ 原注：时主彭门讲席，戴生雪门从游焉。

此间太寥寂，赖尔送清音。

蝶

伶冯怜小蝶，无力倚轻风。
梦人故园里，寒花第几重。

虫

明月照空帷，秋虫吟四壁。
谁家流黄机，夜夜不得息。

萤

河畔栖难定，依人乍入帏。
幽情何所托，莫近月明飞。

校《绥靖屯志》题后

李　焕

常璩蜀志有清徽，大笔如椽继发挥[①]。
又撰荒陬风土志，岂徒佳句绣弓衣。

皮　船

仁寿典史 崇化屯务 李栋 六桥 宛平

牛革装成月镜同，随波荡漾任西东。
稳如宝筏浮沧海，疾似灵槎泛碧空。
两岸夕阳随短棹，一江秋水送轻风。
试看杯渡何曾异，顷刻飞腾百里中。

诗　余

戚氏（边秋旅思）

诸生 陆炳 赤南 丹阳

泬寥天，阴云浓淡锁关山。蜀道荒凉，楚宫虚寂，望愁穿。当年，致萧然，悲秋宋玉意堪怜。风光是否依旧，古人无自共题笺。日月过客，乾坤逆旅，宴游频惜离筵。况蹉跎岁序，戎马当塞，孤剑投边。　　惊看壁峭崖悬。迢递绝域，栈阁不相连。驰驱险，汴流石磴，雪压庐毡。坠飞鸢。更甚毒瘴蛮烟，那似破浪乘船。黑头到此，白发争先，往往喘息停鞭。　　忽奏军城乐，震诸葛鼓，落木市康。多少辕门列戟，待封侯白骨蔽金川。何时壮士一开颜，凯歌献阙，佳气盈河汉。此曲长天际鸿声断。引归心，万里缠绵。首漫回，浩渺尘寰。有谁能缩地借良缘。返江南路，芦洲柳岸，夕照寒蝉。

① 原注：紫垣夫子曾修《华阳县志》。

忆旧游（次查俭堂廉访自塞上见寄原韵）

正干戈布塞，幕府留宾，肯递闲情。倚马才雄，笔底风尘扫荡，秋气澄清。剑门有客驴背，何自共前程。怅望断天涯，空怜胜会，邂逅相盟。　　魂惊，雁书达，历大雪纷茫，甲帐重营。仿佛歌残处，听鼓喧笳奏，寒曙催兵。趁晴追虏无数，霜戟映参横。更落木啼猿，弓刀并杂溪水声。

卷十　杂　识

尝观说部有杂记、杂编、杂俎、杂录、杂志诸名，而唐刘子玄言，史家流别亦有杂记之称。近世志地理者，分载之余，复有外纪、所以摭遗轶、备参稽也。屯志已列十门，各系子目，其事有存疑，类无可附者，咸缀卷末。碎金寸锦，藉广异闻，要无悖于体例焉尔。志杂识。

明范守巳《九夷考》：

一曰西番，其人长大勇猛，好居山顶。男子纽发成条，不栉沐，面腻不涤。兵刃不离身。妇女辫发，悬珊瑚翠石为饰。衣短衣，覆以羊皮，赤足。种青稞、圆根为食，以酥煎菜为羹。燕会杀牛、沃咂酒，烧猪羊肉，半生熟食之。疾病不服药，延番僧诵经。死葬用生前偏毡装敛，以大桶为棺。山岭为一小室，停放其中，竹笆塞门，再不开视。

四曰么些，其人长大黑色。男子组须成索，白手巾缠头，着短衣，穿皮鞋，遍身脂腻不沐。内披衣甲，外覆大黑偏毡，出入常带刀。居荒村，种荞麦及青稞食之。畜犏牛、山羊为生，有事以艾炙羊膊，卜其吉凶。妇女组发细辫，短衣赤脚。内披毡毯，外披羊皮。饮食以青稞、荞面，牛羊酥乳煎茶食之。疾病杀牛羊祭鬼求安，不服药。婚姻以牛马聘娶。燕会以牛、羊、猪肉，或剁碎，或烧煮半熟为食。青稞、荞麦为酒。死葬不用棺椁，富者以绫绢，贫者以布缠裹，用竹笆舁去。杀猪带毛压扁，名曰猪膘，同尸烧之，取其头颅及手足骨挂于悬崖之上。三年复杀马延僧作佛事，将骨抛弃，再不复视。按此二种番民，与金川各屯夷俗大同小异。故附录之。（详见《四川通志·武备·土司》类。）

其俗种青稞、荞麦，孳畜牛羊，砌屋建碉，不加藩栅。食则半糌粑，饮则乳酪、山茶。富者衣氆氇绫绮，余皆毛毯、羊皮。供养番僧，不知医药。慎重誓盟，刻木为信。灼羊膊，扯索卦，以卜吉凶。葬则或水或火，惟喇嘛之言是听。婚姻论财，以牛羊马匹为聘，男女相悦则携手共唱番歌，饮酒为乐，名曰跳锅桩。其性嗜利，好斗，轻生易死。女子耳带大环，男亦垂饵。自十二岁以上，皆腰插短刀，习枪矛弩箭，不善弓矢。（《金川图记》）

革布什咱邻近金川，金川遂包藏祸心，阴以重金密赂革布什咱土司左右，以故，事机得知。值土司率妻子赴热水塘澡浴，勒尔日尔习（逆酋索诺木之祖）率轻骑袭之。杀土司及其头人，俘其妇归，遂踞有革布什咱部落。附近巴拉克底，巴旺之属，俱土司地名。望风怀惧，咸纳女以自固。迨平定金川，始复革布底、巴旺之属（俱土司地名）望风怀惧，咸纳女以自固。迨平定金川，始复革布什咱土司职，归其土地。今隶绥靖之独松沟、百越沟诸处，犹是革布什咱旧地。(《金川琐记》)

勒尔日尔习既杀革布什咱土司，察其国中小头人及百姓多有未服，因遣人布告曰："尔土司不道，是以杀之，会须立其子孙为后。""国中"稍安。且曰："择日于交界地方会议，彼此不得携凶器。"革布什咱信之，惟恐中悔食言，皆欣欣然拱手俟命，并不虞有他变。勒尔日尔习先密令瘗藏凶具，至日，率其头人百姓赴会。遍令去衣服以示无迋，使不我备，革布什咱益信之。议时乘间发利刃攻之，枭梗令者数百人，余皆慑伏乞命，莫敢动。其地遂平。阴险强悍类如此。(同上)

勒乌围旧有喇嘛寺，女喇嘛住持，能先知未来事，为夷人推信。每因事进见土司，必苦劝，使投顺。索诺木不听。兵围时，不知所终。寺被枪炮击隳，今遗址尚存。(同上)

绥靖属之屯千总、行营都司甲噶明善索卦。临阵时，卜胜负，十不爽一，以故用兵必檄调，名籍甚。予初不之信，因其谒见，姑留试占之，俱近而可验者，殊不谬妄。见予患齿痛，因荐其所管百姓羊中尔江参能医。召之来，亦知切脉，但双手把握如捉拿象，已知其非娴习者。复于佩囊中取红色末药少许，有麝香气，令糁患处。竟不敢妄试。赏以荷包、刺刀、烟、茶诸物，欣然而去。(同上)

绥靖与绰斯甲部落交界，再进十数程，有一种生番，名黑帐房。其地不生五谷，性好剽杀，日以搏取禽兽为业，盖亦打牲夷类。家各畜牛羊千百头，膻肉酪浆，所居无屋宇，以牛皮作穹庐，荫庇风雨，迁徙无常，月尝数易，率在深山穷谷中。其俗无头目，兼并凭陵，自立部落，推剽悍者为雄长。虽巉崖深堑，层冰积雪，辄纵马未曾颠蹶。其地无盐、茶、布、帛、鼎、碗之属，就近番民结数十人贩贸，可博十倍利。其相失在后及一二人独行，每被抢劫，俗称"放夹霸"。所产马，性极骁腾，生番亦常挟以易货，是以金川时有黑帐房马，骤试之，虽勇士不能驭。(同上)

夷俗尚武，咸工击刺之术，虽妇女亦解谈兵。闻有征调，殊踊跃向往，临阵奋不顾身。迩年两次出兵甘肃，两金川屯练俱录有战功。我绥巴图鲁头等侍卫丹比西拉布，实为金川屯弁之冠。近因会剿台匪，檄令率领屯练赴剿。濒行，属以杯酒，并赋七律送之，落句云："翁叔勋名原崛起，会看延赏秺侯家。"未几，台匪荡平，将军上其功，给二品衔，得荫伊子屯守备衔。此外，河西屯都司勒尔瓦、照壁山屯千总都司衔阿忠、巴布里屯千总都司衔绰窝斯甲，小金之巴图鲁散秩大臣衔穆塔尔，俱屡立战功。为两金川屯练翘楚。(同上)

乾隆戊申五月初八日，有一喇嘛路经绥靖，巡查兵役以其形异，盘获送署。见其深目猳鼻，两颧耸峙，腮以上髭髯倒指拂眉，颔下须拳曲作螺旋，竟似寺中装塑罗汉像。询其语言，重译不能喻。开一小囊，取出路票十数纸，率藏以西班禅及达赖喇嘛所给，皆夷字难识。惟广法寺堪布喇嘛所给者可以译释，备陈喇嘛系西天人，因慕中华峨眉、墨尔多诸名山，出外十三年。今朝山事始毕，回途不必阻挡云云。问答既不通，惟作手势示意。稍暇，即闭目危坐，口中喃喃诗诵而已。与之食，必礼天地四方，身西向持咒然后食。又喜拾烟草口内咀龁，不用烟管，时时手搓少许纳鼻中，盖夷俗素尚鼻饮也。形虽怪异，持律甚严，非寻常游方僧可比。会值家大人初度期近，为延致书室中，令诵释典，以祈佛力福佑。三昼夜未尝辍声，腔调高下疾徐，殊诙怪可哂。问以占卜之事，笑而颔之。时长随周南自丁未十月遣回江南代觐，屈指往返程期，五月中可以抵绥。图形幅纸间，复作手势扣之，须臾，课成。植七指示人，谓为七日内可到？竟摇首不然。出手珠抚捏久之，按两端令数得七十颗，意谓七十日也。人皆掩口揶揄之。馈之银钱衣物，欣喜接受。答予藏佛二尊，予受其一。藏佛以红泥范成，其形如规，长仅寸余，中具千手佛像。濒行，以大指示予曰“好，好”者，不一而足，盖亦谀颂之意。于汉语中，仅解一“好”字耳。越数日，予过广法寺谈及此事，堪布喇嘛云：“渠所携咒语，寺中有之，至其经典乃佛国真经，中土所无。仅能知其名，不能遍识也。”后周南果于七月二十日抵绥，距喇嘛占卜日，适符其数。先知有足多矣，所纳藏佛，至今珍藏之。（同上）

又署后山上，有枯树一株，骨干离奇，盖数百年物也。自开屯田招垦数年来，居民日盛。樵苏所及，近山童童。惟此木相传有神凭附，犯者辄死，是以巍然独存。（同上）

署庆宁守备杜公得成，尝言其数年前为叠溪营外委，檄调剿金川。派随都司某守勒乌围小路隘口，黑夜辄领兵数十人沿江巡哨。军中忌持炬燎，恐被敌人窥也。耳闻枪子声飕飕不绝，习为常矣。一夜，忽然毛髮森寒，恍如沃以冷水，几不能自持，疑疾作，急寻归路。须臾觉寒液彻股胫，以手扪搽，湿而且黏，嗅之觉腥秽甚。方自念未尝痛楚，安得血流？比至营帐中，急烛之，血已淋漓透袍裤。大惊，遂痛晕。救苏视之，已贯革洞胸矣。昏愦间，若有人为其敷治者。未及数月，遂行坐如常。杜公袒衣示予，见其胸前疤痕如豆，背后则大如盆碗，盖枪子从胸次入，斜出于背肋间也。使非鬼神佑其义勇，万不一生。如杜公者，足以风世矣。（同上）

夷人红教喇嘛有妖术，往往能兴云致雾。闻茹寨昔年有一喇嘛，居高山荒寺中，足迹不出户，人未尝见其饮食，疑其得道者。忽一日奋身碉颠，轻若飞鸟。见者谓为神仙冲举，莫不合掌膜拜。正惊羡间，巨雷一声，喇嘛颠越，视之已被殛死。时青天无片云也。（同上）

崇化屯志略

（民国）刘光永 编

民国元年抄本

提　要

崇化屯，治所在今金川县安宁乡。乾隆四十四年裁阿尔古厅，设崇化屯，属懋功厅。民国二十五年（1936）并绥靖、崇化屯置靖化县（今金川县），改崇化镇，1951年更名安宁镇，1984年为安宁乡。

（民国）《崇化屯志略》，刘光永编。光永，云南会泽县人，举人，清末署崇化屯务。

是志编成于民国元年，不分卷，正文分“天文”“天时”“疆域”“山川”“乡市”“各寨”“桥津”“地亩”“钱粮”（“度支”附），“仓储”“盐茶”“学校”“职官”“衙署”“塘汛”“祠庙”“艺文”“碑文”“风俗”“婚礼”“丧葬”“物产”二十二门附一门，约六千余字，纪事止于民国元年。有民国元年抄本和1955年传抄本。

（民国）《崇化屯志略》是崇化屯唯一一部地方志。

目　录

天　文

纬度，出地八十度零九分，京师偏北三十四度六分。

天　时

屯属冬令严寒，盛夏亦热；四时多风，三冬多晴。春夏及秋，一雨即霁。交白露节，雨渐稀少，霜降节后所雨皆雪，则无雨矣。每年清明节后积雪渐消，农事方兴；秋后场工未毕，一遇浓霜，杂粮随萎。山之阳者，尚有暖气；阴岩穷谷，积雪经年不化。夏秋冰雹，岁以为常，每伤麦豆，故丰年难得云。

疆 域

屯地即大金川，汉武帝通西南夷所谓筰也。屯务所驻地名噶喇依。清乾隆三十七年夷酋僧克桑窜入境内，索诺木拒命不献，大军进剿，历五年全境肃清。四十一年平定后改土为屯，始置文武员弁，并更名崇化屯。距成都省会一千一百七十八里，在懋功厅治西一百八十里。东抵懋功界屯一百二十里，东北抵抚边屯界一百六十里，东南抵章谷、懋功二屯界一百一十五里，南抵章谷屯界一百五十里，西抵绥靖屯界三十里，北抵绥靖屯界六十里，此六十里内未设塘汛。

山川

屯属多山，东有布达山、纳顶山、马厂山、色尔岭山，南有安尔乐山、四卡山、魁公山，西有独角山，西南有格艾山，东南有玛瑙山、沙砾山，最著者东之空卡山，东北之刀壁山，东南之丹噶山，北之木马山。深危峰峻，岭经年积雪难消，极其寒冷险要。屯西有大金河一道，自绥靖流入，由东而南下注章谷屯境，其末木札沟、八卦碉沟、炭厂沟、卡撒沟、曾达沟、舍思胆沟、独角沟、板厂沟、沈角沟、卡卡角沟、骆驼沟、柳林沟，各支河均汇入大河，不通舟楫。

乡　市

崇化并无乡镇村落，一市五屯，街分三条：曰崇宁、安顺、太平，二百六十八家，营署商贾在焉。

卡撒屯，屯治之东，交懋功屯界。

曾达屯，屯治东南，交懋功、章谷二屯界。

广法屯，屯治之西，交绥靖屯界。

马邦屯，屯治之南。

马奈屯，屯治之西南，交巴底土司界。

各 寨

卡撒寨，距屯营七十五里。

格尔党寨，距屯营六十五里。

科角寨，距屯营四十里。

正底寨，距屯营三十五里。

拉底寨，距屯营五十里。

色尔岭寨，距屯营一百二十里。

末木札寨，距屯营九十里。

直布朗寨，距屯营三十里。

沙砾寨，距屯营四十里。

绰思科寨，距屯营三十里。

日砾寨，距屯营七十里。

噶乌岭寨，距屯营二十五里。

别硐寨，距屯营九十里。

赤寨，距屯营二十里。

独角寨，距屯营十里。

谷寨，距屯营十五里。

按：屯番、屯练皆于山岩筑寨而居。

桥 津

屯地山险水深，多资偏桥渡船。偏桥制如栈道，计：鸠谷偏桥一段，长六十二丈；沈角偏桥一段，长五十三丈；羊圈门偏桥一段，长五十六丈；卡卡角偏桥一段，长四十二丈；马奈偏桥一段，长四十八丈；骆驼沟偏桥一段，长三十七丈；柳林偏桥一段，长六十七丈；巴旺偏桥一段，长一百二十丈；尔克偏桥一段，长六十一丈，又一段，长九十二丈。

河津渡船，计：噶喇依渡船二只，广法寺渡船三只，马尔邦渡船二只，独角沟渡船一只，均由崇化营汛拨兵撑驾，按照年限由屯务分别详请验动折修，领项造销。

地　亩

崇化屯共丈量地三万八千四百八十二亩。

崇化营兵丁三百零五名，种地八千三百八十五亩。此营地已于宣统三年奉文一并移屯，每年民佃应纳小麦租八百余石，由屯征收，详报在案。

屯民五百四十六户，种地一万六千三百八十亩。

屯番三百三十四户，内有加垦，多寡不等，种地一万二百六十亩。

屯练四十二户，种地一千二百六十亩。

前清乾隆四十八年奉文奏明，拨赏番练永不征科荒地二千一百九十七亩。

钱 粮（度支附）

一、崇化营兵地八千三百八十五亩，每三十亩岁征科粮二斗一升八勺五抄。

一、安插屯民五百四十六户，每名种地三十亩，岁征科粮每名二斗一升八勺五抄。

一、安插屯番三百三十四户，每名种地三十亩，岁征科粮每名二斗一升八勺五抄。

一、安插屯练四十二户，每名种地三十亩，岁征科粮每名二斗一升八勺五抄。

前项兵民番练，每年共纳京斗粮二百五十五石二升三合七抄五撮。

一、广法寺堪布喇嘛一名，日支半麦一升二合五勺。

格隆四名，每名日支半麦一升二合五勺。

班弟五名，每名日支半麦一升二合五勺。

得木奇格思桂三名，每名日支半麦一升二合五勺。

得木奇跟役四名，每名日支全麦二升五勺。

各部落土司派赴广法寺学经僧徒八十五名，每名每日支全麦一升。

堪布养马二匹、乳牛二头，月支料豆一石八斗。

前项喇嘛一百二名，月支京斗仓麦三十三石三斗七升五合，豌豆一石八斗。小建照减一日。

按：各喇嘛应领款项向由懋功厅支发，于清光绪十二年奉文由该喇嘛自行赴司请领。

屯务书役、通事、斗级、仵作、家丁口粮二十一，分月支京斗仓麦六石三斗。现在书吏裁撤减去四分口粮一石二斗，月支京斗仓麦五石一斗。

仓　储

截至中华民国元年九月底止，存贮四色仓粮一万三千二百九十一石九斗四升二合七勺五抄五撮七圭九粟七粒。

盐 茶

向无引盐，外来贫民背负数十斤入屯售卖。其官茶，由懋功商贩运入。

学　校

崇屯地处极边，向无学校。惟自清道光年间起，历次捐集义学本银八百余金，由屯员发借民间生息，按年由屯收，支各学堂教员束脩。现经改设半日学校，崇市街设小学堂二所，半日学堂一所，卡撒屯设半日学堂二所，曾达屯设半日学堂一所，广法屯设半日学堂一所，马邦屯设半日学堂一所。五处共设小学堂二所，半日学堂六所。无论贫民子弟，以期开学，送堂肄业。附设学董一人，按年征收学款，分送各学堂教员薪水，并出入各项文件。

职　官

屯务一员，向由布政司拣委佐二、杂职人员管理屯务，三年更代。嗣于清光绪七年奉前四川总督丁奏准，改委同通州县管理，仍以三年更换。额设攒典二名、书识二名、译字二名、通事一名、仓夫斗级一名、衙役十名、仵作一名、家丁三名，屯务月支公费银六十两，口粮二十一分。又于光绪十三年奉文，每年加添经费银三百两。又于宣统二年奉文，加添公费银一千两。今因大汉光复，将前清时代所设攒典、书识等奉文一律裁撤，改设案牍、庶务、统计。各课员长添设护兵十二名，已于阴历四月将各课并护兵通报在案。屯务月支俸给银圆一百二十元，公费银圆一百元。

崇化营都司一员。

按：崇化营原设游击一、守备一、千总二、把总二、外委三，马步兵五百数十名。嘉庆二十三年奉文裁拨巴州新营游击、守备各一员，改设都司。又裁千总、额外各一员。四次裁拨兵一百八十四名。又于光绪十年奉文裁汰兵，历次裁汰一百六十四名。已于宣统三年奉文将所设都司、千、把、外委、额外、马步兵丁一律裁撤，改设巡防、一正哨、一副哨、防军八十名，归并绥靖营管带。兹值大汉光复，更名汉军，照前驻扎，以资保卫而靖地方。

较场一所，计地八亩。此地前经由营佃给民间耕种，每年认纳包谷租十石。

火药局一院三间。

衙　署

屯务衙署，驻噶喇依，枕山滨河。南向建头门一座，仪门一座，大堂三间，二堂三间，三堂内外小屋二十一间。课员、差役、通事、译字房共八间，新旧仓厫十四间，衙神祠三间，自新所三间。地极偏狭，未建城堡。监狱左右无民房，距市五里。

崇化营都司衙门，驻崇市衙前，经奉文裁撤。今改设议事会，附设团练局在内。

领哨千总衙门，驻崇市街。

塘 汛

崇化营东底塘至角木塘，十里至木苏塘，十里至巴朗塘，十五里至班卡塘，十里至斯底塘，十五里至（由斯底塘进木果木沟至刀壁山登春沟，计程一百里，交抚边屯界，无塘汛）卡撒汛塘（右司把总驻防于此），十五里至黄草坪塘，十五里至四座碉塘，十五里至空卡塘，交懋功屯界。以上东路。

营东底塘，十里至执角塘，十里至右门塘，十里至绒卡塘，十里至曾达汛塘（右司外委驻防于此），十五里至格尔党塘，二十五里至木尔租塘，三十里至热布塘，交懋功、章谷二屯界。以上东南路。

自角木守渡塘起，十里至纳角塘，十里至鸡达噶谷塘，十里至八角塘，十里至马尔邦汛塘（左司把总驻防于此），二十里至沈角塘，三十里至马奈汛塘（右司外委驻防于此），二十里至（以下五塘系在巴底土司界内借地安设）白送塘，十里至林卡塘，十里至尔克塘，十里至柳林塘，十里至巴旺塘，交章谷屯界。以上南路。

崇化营西底塘，十里至末木扎塘，十里至得尔塘，交绥靖屯界。

以上西路统共三十三塘，每塘拨兵一名接递公文，惟北路未设塘汛。至所设汛弁塘兵，均经奉文一律裁撤。

祠 庙

广法寺一院，前清御制“正教恒宣”匾额一道。佛殿一座，僧房八十三间，乾隆四十一年重修。堪布喇嘛一名主持广法寺，由西藏达赖喇嘛拣派来屯，三年更换，随带得木奇等。

文昌宫，嘉庆十年建。

关帝庙，乾隆四十五年建。

禹王宫，乾隆四十八年建。

万寿宫，乾隆四十七年建。

丰姥宫，道光二十三年建。

观音阁，乾隆五十一年建。

三圣宫，乾隆五十八年建。

龙神庙，道光六年建。

城隍庙，乾隆五十七年建。

药王庙，乾隆五十八年建。

灵官庙，嘉庆二十四年建。

黔南宫，道光四年建。

南华宫，乾隆五十七年建。

崇宁庙，乾隆五十四年建。

土主庙，嘉庆十九年建。

艺　文

前清高宗纯皇帝御制纪功碑一道。

按：碑文刻于乾隆丙申年，至四十七年屯务吕圣宗始请建亭。

碑　文

向不云乎，弗加征而自臣属，谓之归顺；始逆命而终徕服，谓之归降。若今索诺木之穷蹙，率弟兄出碉献印，不但不可谓之归顺，即归降亦不可得。而方彼其抗命相拒，历五年之长，兹已密围巢穴，火器团攻，腹心溃内，羽翼失傍（官军初围贼巢，蚁众犹负嵎抗拒，我兵用大炮四面环击，贼自揣力不能支，日形窘迫。先是逆酋之母、姑、姊妹情急来投，自请遣人回巢招谕，索诺木乃遣其兄罔达克、彭楚克，以次诣营恳求，皆就拘系，其党恶之。布笼、普阿、纳木等先后求降，山塔尔、萨木坦等并经擒获。于是进围益急，贼势日蹙。官军复摧其近碉，断其水道，番众恇惧，纷纷溃出，索诺木遂率其兄弟莎罗奔甲尔瓦、沃杂尔斯丹巴及两土妇，并助恶之大头人丹巴沃杂尔、阿木鲁、绰窝斯甲、尼玛、噶喇克巴，偕两喇嘛，挈属二千余人出寨，逆酋跪捧印信，群泥首乞命。由是罪人斯得，献俘奏凯）。方将劚岩搜穴，利斧其吭，生擒亦易，旦夕灭亡，乃始匍匐请命，又安得比之肉袒牵羊。噶喇依者，盖其世守官寨，故多深堑高墙，我师万层险历，千战威扬，譬之大木已尽去其枝叶，则根本亦可待其立僵，然而逆贼有言：“官军若至，当毁其重器，聚族焚而自戕。”使果如所云，则虽献馘葳事，终不如生获，尽美尽善之庆。是盖凶渠罪大恶极，而且贪生苟延，以致献俘阙下，明正典刑。于是疆界厥地，屯戍我兵。镇群番而永靖，树丰碑以告成功。岁在丙申仲春日吉时良。

风 俗

屯属民番，禀皆朴陋，所居土室平房，上晒粮食。流寓汉民，作小负贩以营生，颇知节俭。夷民之富贵者，多畜牛羊骡马；贫者止知耕种，不诣贸易。有夷字，字如蚯蚓形，纵横读无文理。夷俗冬戴皮冠，荷旃被毳，以毛织带，皮履皮靴。妇女以五色绸裹发辫，盘头垂肩，窄袖短衣，腰系长裙，裙类古时之裳。足下五色皮靴，项挂珊瑚、玛瑙、松耳石、密蜡成串，并护身佛、佛经等物。贫者不同。男女事佛维谨，时至广法寺礼佛，并谒堪布喇嘛。正月，各处番夷沿山而行，随行随拜，名曰转经。得酒则跳歌妆为乐，一唱百和，音节颇古。礼数甚严，凡卑幼对尊长语，或奉饮食必长跪，有问则跪答。无姓氏，止称名。自入版图，慕汉法始有姓，然父子不相袭，迩来渐有一姓相承者。所食包谷、小麦、青稞、荞籽，以酥酪为上品。麦荞酿酒，味极薄劣。婚丧无取奢费，尚有古风焉。

婚　礼

婚姻亦有媒妁。女家允亲后，各赴喇嘛寺扯索卦以卜吉凶。则[①]吉，牛酒纳采亲迎。女家邀亲邻二女，服饰如一，障面乘骑而往，不辨孰为新妇，匿于男家。置酒相庆，二三日后，三女偕回。此后数月半年，男家迎新妇回，始居室焉。

① 则：或当为“择”。

丧 葬

夷人物故，延喇嘛诵经，燃酥油灯，无棺椁、衰绖、祭奠。尽去衣服，曲两足如抱膝然，自项及股以麻布系缚，扯索卦问卜，谓宜火葬者，即负至空地火化，拾骨与灰瘗之，墓形如桃，以番经书布作旗遍插墓旁；谓宜水葬者，束缚入木匣内，挟于大河深处，或置河岸，待水冲去。

物　产

屯地土燥石坚，多系瘠壤，其可耕之地甚少，故有三土七石之谣，不宜加粪，与内地迥别。霜雪靡常，难得丰岁。小麦为正粮，有冬春之别。冬麦八九月播种，春麦清明节间播种。沿河低处，六月可收，高山至九十月方收割，全赖雨泽调匀。至青稞、荞、豆、杂粮播种之迟早，视雨为期，有时低处宜晴，高山宜雨，阴处宜晴，阳山宜雨，天心难如人意也。所产种类，开列于后：

贝母、大黄、羌活、秦艽、沙参、冬虫夏草、丹皮、知母、牛膝、荆芥、柴胡、五加皮、小麦、青稞、菜子、荞麦、包谷、羊芋、黄豆、豌豆、蚕豆、菘菜、莱菔、莴苣、秦椒、菠菜、冬瓜、白瓜、西瓜、南瓜、黄瓜、丝瓜、葱、韭、蒜、瓠、茄、胡桃、石榴、林禽、桃、梨、柏、杉、青㭎、白杨、柳，以上植物。

雉、鸡、鸭、鸽、雀、黄牛、犏牛、毛牛、马、骡驴、獐、狼、熊、羊、犬、豕、鱼，以上动物。

中华民国元年十月初七日阴历八月二十七　知事刘光永

（清）王兴元 编

懋功厅乡土志

光绪三十二年抄本

提　要

（光绪）《懋功厅乡土志》，王兴元编。兴元，直隶文安县（今河北文安县）人。据（民国）《文安县志·选举志》载："王兴元，字晓春，号健堂，晚年别号徽山，赵家村人。三岁识字数千，五岁能象棋，七岁能诗，九岁能文，十四岁入学，十六岁补廪，二十四岁举于乡，三十一岁成进士。历任四川懋功、崇化等厅县，政声颇著。"

是志不分卷，无"序"及"目录"（今补），分"历史""政绩录""兵事录""耆旧录""人类""户口""氏族""宗教""实业""地理""古迹""山""水""物产""矿物""商务"等二十门，约四千字，纪事简略。成书于清光绪三十二年（1906），有光绪抄本、民国抄本、1960年传抄本。

民国间有《懋功县乡土志》抄本，除将"本朝"改为"前清"和清代皇帝年号前冠以"前清"外，其余则完全誊录是志。

（光绪）《懋功厅乡土志》是懋功厅现存唯一一部乡土志。

目　录

历　史

本境乾隆四十一年置。未置本境以前，唐、虞、夏、商、周无考。春秋战国未内属。秦初通蜀，亦未及此。汉武帝时始通西南夷，自嶲以东北，君长以十数，徙筰都最大，自筰以东北，君长以十数，冉駹最大。按，懋功厅境，即冉駹国。《后汉书》云“冉駹，其山有六夷、七羌、九蛮部落”，即今各土司也，或谓本境即筰都。考《华阳国志》，雅州山本名邛筰山，本境适在雅州东北，当是冉駹国。兹特更正。

唐称冉州，《括地志》云：“蜀西徼外羌，冉州，本冉駹国地也。”（后与维州同陷吐蕃。）

五代蜀，冉、维二州并而为一，改曰“保宁”。

宋景德初，改为威知州。

元至元间，以州治保宁县并入。（疆宇割裂，亦非复冉、维二州之旧。）

明洪武初，于州境析治保县。

清顺治、康熙年间，鄂克什土司与两金土司、杂谷土司相继投诚，各给印信、号纸，使各管其故地。雍正年间省去威州，将极东一区并属茂州。乾隆十七年，杂谷安抚司土司不法，剿灭之后，改土归流，另立为一厅，设直隶同知一员，辖七土司，两金、鄂克什并隶焉。四十一年，两金剿灭，改土归流。五十一年，复将鄂克什土司改归懋功同知管辖。虽于杂谷厅稍有划分，而适还冉州（与维州分设）之旧。

既至本境以后，乾隆四十一年，派委总理同知一员。四十九年颁发关防，定名懋功厅（原名儹拉，一名美诺），至今未改。

政绩录

道光十一年强丞望泰由陕西进士出身，捐廉创建绿竹书院，创设水塘，创设养济院。创建龙王庙、火神庙，祈祷晴雨辄应。

同治十三年，黄丞加焜自行捐廉，并劝谕绅商，共捐麦粮，创设济仓。

光绪六年，熊丞晖吉禀请创立学额，岁考，取进文生二名，武生二名。蒙前总督丁文诚公准奏。

光绪二十七年，赵丞权劝捐创设三费局。

兵事录

乾隆十三年，岁次戊辰，本境土司泽旺为促浸所拘，经略大学士傅恒与提督岳钟琪率劲旅进剿，攻克碉卡，所向无前。郎卡穷蹙乞命，遂允受降，是为官兵入境之始。三十六年，泽旺之子僧格桑反，与郎卡之子索诺木同恶相济，攻围鄂克什，占其境地，羁其土司。经前总督阿尔泰等往谕罢兵，逆酋阳奉阴违，大学士温福由滇入蜀，统兵进剿，即攻克巴郎拉达围一带，以至资哩，官兵前抵路顶宗，仍不能进。三十七年，大学士阿桂（即文成公）以参赞赴南路统兵，于是年冬攻克僧格宗。甫半月，即乘胜攻克美诺，其余寨落悉传檄抚定，本境初平。三十八年夏六月，温福孤军深入，误坠术中，有木果木之变，美诺亦寻失，海兰察等退至日隆关。高宗纯皇帝特派阿桂为定西将军，明亮、丰昇额（额宜都之孙，后晋果毅继勇公）为副将军，并派健锐火器营二千，吉林兵二千，西安、荆州驻防满兵四千，以为之倡。阿文成公遂统八旗劲旅进剿，于十月二十九日自资哩至美诺，五昼夜悉行恢复，收功神速，本境遂定。

耆旧录

缺[①]

① 原无，按下文体例，补入。

事　业

缺[1]

① 原无，按下文体例，补入。

孝友睦婣

缺

任恤类

仅有道光十九年陕西客民贾逢源，捐银一千二百五十两，分交五屯发商生息，各设义学，读书子弟，至今赖之。

学　问

读书人少，鲜有著述，亦无名宦、乡贤、忠义、节烈等祠。

人 类

回种四户，共二十一丁口，住日隆关，陆续迁回懋功屯之营盘街者居多。

番种三百六十户，共一千三百八十丁口，分住官寨、达围等处，俗尚敦朴。夏以火麻织布为衣，冬以牛羊柔毛织毡为服。饮食多用乳、酥、糌粑、咂酒、烧酒。好诵经，屋前多插经布旗杆；婚嫁、疾病、丧葬，悉决于喇嘛之索卦。喇嘛不生异说，番民尽皆恭顺，俨有不识不知之概。

户　口

所属沃日土司（原名鄂克什）境内汉民四百七十户，男共一千零一十丁，女共六百九十六口，编联三保。

夷民三百六十户，男共七百三十丁，女共五百五十口，分十四寨。

遥辖绰斯甲土司（一名绰斯甲布，在厅治西北四百余里，词讼向就近归绥靖屯审理），境内夷民不分家户，住居帐房，日有迁移，难以枚数。

氏　族

所属素无大姓。

惟陶姓、俞姓、廖姓、两陈姓族人较繁，均于嘉庆、道光年间，由遂宁、安岳、德阳、乐至等县迁居厅属，承佃土司地土耕种，至今人传五六代。其余贾姓、王姓等族，均由陕西、甘肃迁来，开店为生，一有倒闭，即行转徙，难以枚数。

宗　教

由陕、甘迁来者，多奉回教，近来陆续迁至懋功厅屯之新营两街，仅留数家，仍奉其教。

夷人尽奉喇嘛黄教，未闻红教。

天主、耶稣等教，前四五年有由灌县境内奉教之民邀某国教士来者，或至牛头山，望见雪岭，中途而返；或一到厅，履勘屯地，实系荒凉，不堪栖止，遽行言旋者；故向未设有教堂，亦无教民。

实　业

士：自光绪十四年奏设学额后，历次科岁试，厅学取进文生谢永芳等二十四名。但名为厅学，其实散处五屯者十之四五，客籍冒入者十之二三，已入学后散之四方者十之一二。厅属不特无文生，即监生、童生亦罕见焉。现在学堂所延教员、校长，多系由外请来，或借屯属绅士兼充。

农：各户除有肩挑背负无恒产者外，耕种汉民三百五十户，夷民三百六十户。

工商：均无专家，夷人不识手艺、贸易，概系内地汉人来厅作工、贩卖，或春来冬归，或迁徙靡常。

地　理

厅属在省城之西一千零四十里。东至斑斓山与汶川县瓦寺土司交界，南至甲金达山与天全州穆坪土司交界，西至明郭宗与懋功屯交界，北至高店子与抚边屯交界。

《原志》谓“至汗牛、日旁山、梦笔山”者，皆兼辖境而言，兹特更正。

厅属分为三保、六团，均在本境之东。大水沟团距厅三十里；四坪碉团距厅三十五里；官寨团距厅四十五里；火草沟团距厅七十里；达围团距厅九十五里，团侧有木城沟、大营盘、日耳寨等处；日隆关团距厅一百四十五里，团西有沙坝、滴水岩等处，团东高店子、松林口，直至斑斓山与瓦寺土司交界。

古迹

距厅四十五里有官寨（即鄂克什土司寨落，逆酋僧格桑曾占据之以为巢穴），寨西有龙登碉（土人相传，未平定金川时顿兵在此，历时甚久），寨东有将军碑（系阵亡营官袁国琏之弟国璜吊其兄文，俗传为将军碑），碑侧有鱼鳅沟（其水常浊），碑东有木椏桥（一名木了桥）。距厅九十五里达围团有喇嘛寺一座（每上元节，演跳布札，聚观者尚多），距厅一百六十五里松鳞口有石岩（似鱼鳞，口内有水，喷出如雾，狂风即起），距厅一百七十里内外有新草坡、树星影等处。（土人相传同治初年，有匪人张紫阳聚众万余人，在此等处挖金，所出甚旺，后被夷人率众击毙，并将原挖金賨填塞，费数十人数十日之力。封闭严密，不易复开。现开办者，或寻得其小賨旁硐，或按引寻去，里面一空，或此硐与彼硐挖穿抵遇。经年不化积冰，徒耗工本。间有所得，不偿所失。但其旧住金夫窝棚，尚有砌墙堆石遗址。）距厅一百八十里斑斓山中向阳坪有讷公祠，一称讷公，一称勒公，未知孰是。祠中有讷公像，门前廊下匾对甚多。并吊万人坟者，附悬于此。（其最警切者有：八千里慷慨从军，可怜血洒金川，竟向牛头挥手去；一万人激昂报国，但得光争铜柱，何须马革裹尸还。一联又：雪窖陷英雄，拼着捐躯酬圣主；金川终底定，追摹遗像慰忠魂。又：八千里卷甲而来，悲歌士多出燕赵；一万人英魂不昧，叱咤间犹作风霆。土人相传，过此山不敢作声，即肩舆过，搬杵皆须指弹，不敢直喊，一有喊声，即风雹大起，想见英魂毅魄，犹有余怒。）山岩侧有万人坟，枯骨堆成，阴云惨淡，罕见晴霁。

山

巴郎山，一名斑斓山，古称冉駹山，盘亘八九十里。西即厅属，东界汶川。（《史记·西南夷列传》："冉駹山土气多寒，盛夏冰犹不释。居人冬则避寒入蜀为佣，夏则返其邑累石为室，高者至十余丈。"今土司所筑寨落碉楼，其遗制也。）山内有水发源，由东而西独流至明郭宗，与抚边梦笔山下之水合流，直趋章谷大河。

水

本境鄂克什水（一名冉水）源出冉駹山，西流至明郭宗与小金川水（俗称眼明水，发源杂谷盖州，与维州壤地相接，水亦合流，眼明水想即冉水之转音）合流，至章谷，汇大金川水，并入泸定河，趋雅河，归嘉陵江，委直注三峡入湖。

道　路

自厅治东行十五里老营场（此场系懋功屯东界），外（过界牌，归厅属有明郭宗汎）五里为高店子，又十里为小水沟，又十五里为官寨，又十里为木南卡，又十里为仰天湾，又十里为将军碑，又十里为日耳寨，又十里为达围，又十里为广金坝，又十里为滴水岩，又十里为沙坝，又十里为破寨子，又十里为日隆关，又十里为高店子，又十里为松林口，又十五里为万人坟，即斑斓山，西界过山之东与瓦寺土司境接，惟达围有通天全州小径，地方向背，非通衢大路。

物　产

动物：黄牛、犏牛、旄牛、马、驴、雪猪、狼、豹、熊、猴、鹿。

植物：麦、稞、荞、豌豆、胡豆、黄豆、黍子、膏粱、芋麦、牟麦、菜子、葱、蒜、芥、姜、菘、韭、芹、荽、萝葡、菠菜、莔苕、罂粟。

矿物：金、铜。

以上均系天然产，制造之法素未讲求。动物惟牛羊毛能织毪毡，植物惟膏粱、芋麦能制烧酒，菜子、罂粟能制清油，矿物惟金砂能熔炼成金易银，余法尚待推广。

商　务

本境所产之物

贝母、知母、虫草、麝香、鹿茸、大黄、羌活、棉芪、五贝子、丹皮、木香、赤芍、白芍各药材。

本境所制之品

惟有夷人能织牛羊毛毪子、毡子等物，又能织桦木皮为草帽顶下胎子，但不甚多。

在本境销行之物

惟茶叶为大宗，每年销引一千张。

自本境运出之货物

多在灌县等处，行销贝母、虫草、羌活、棉芪等项药材为大宗，麝香次之，偶有皮货运出者甚少数目，均以本年所出衰旺为定。

自邛州、灌县运入本境之货物

以布匹、铁器、草鞋为大宗，盐、米、钱、纸次之，书籍笔墨亦间搭入，随时用竣，又出贩运，不拘数目。

光绪三十二年□月□日，同知兴元

懋功屯志略

（清）王兴元 编

光绪三十二年抄本

提　要

（光绪）《懋功屯志略》，王兴元编。兴元，参见《懋功厅乡土志》提要。

懋功屯，今阿坝州小金县美兴镇。清乾隆四十一年（1776）大小金川战事平息，小金川置美诺厅，金川置阿尔古厅。四十四年裁阿尔古厅，归并美诺厅，四十八年改为懋功屯务厅，领屯五：懋功屯（今小金县美兴）、抚边屯（今小金县抚边）、崇化屯（今金川县安宁）、绥靖屯（今金川县）、章谷屯（今丹巴县）。民国二年（1913）废厅改为懋功县，中华人民共和国成立后改为小金县。

是志不分卷，分十五门，约五千字，成书于光绪三十二年（1906），抄本。

（光绪）《懋功屯志略》是懋功屯现存唯一一部屯志。

目 录

天　时

屯地气候多寒，虽当炎夏，亦无酷暑。每岁立秋后渐寒冷，冬日凛冽异常。每日午后，辄风烈飕飘飏，其势甚雄，俗呼“浪子”。如遇黑云迷漫而来，其威烈尤非寻常可比。营汛常派兵瞭望，见其云起时即点放大炮，轰震山谷，风可立止，否则冰雹大至，损伤禾稼。夏秋时平地为雨，高山则雪。白露后雨渐少，霜降后落则皆雪，近阳处随消化，山阴积雪成冰，经年不化。其尤异者，交秋以后渐有霜，杂粮甫莠，遇之则槁，农家深为畏忌，此无他，总由阴凝之气过重故也。至分野星度，考证未明，敢以阙疑，未便臆造。

疆　域

屯地即系小金，原名美诺。乾隆四十一年平定后改土为屯，安设营汛，颁给文武关防，更名懋功。其四至交界，东自底塘起，至明郭宗汛十五里；明郭宗汛至大水沟十里，与鄂克什（原名沃日土司）交界，共计程二十五里；南自底塘起，至汉牛屯止，共计程一百八十里，与打箭炉明正土司交界；西自底塘起，至胜因寺五里，胜因寺至三关桥五里，三关塘至新桥塘十里，新桥塘至科多塘十五里，科多塘至村多塘十五里，村多塘至僧格宗汛十五里，僧格宗汛至郎车尔宗汛十里，其半中为五里牌，与章谷屯交界，共计程七十里；北自底塘起，至大坝口塘十五里，大坝口塘至擦耳角塘（又名干海子）十五里，擦耳角塘至崇德汛三十里，崇德汛至小牛塘二十里，小牛塘至大牛塘三十里，大牛塘至空卡山岭三十里，与崇化屯交界，共计程一百五十里；又北至破碉塘三十里，与抚边屯交界。其塘汛、地名、程站、里数，另绘小图弁诸简首，展阅了然[①]。

① 本书据四川大学藏本整理，其胶片阙所弁小图，亦无他本可资补充，请读者谅解。

山 川

屯地跬步皆山，层峦叠嶂，难于纪数。内惟西北之空卡雪山岭，南之蛇皮雪山梁，东之木壳壳山，皆其最大者也。与懋功厅所辖之巴朗山（即斑斓山）相等。至金川之水，来自松潘徼外，源远流长，自昔经图未载。今可稽者，小金川之水发源杂谷、金川交界之梦笔山，南流至明郭宗汛，而鄂克什（即大水沟）水自斑斓山发源，西流亦汇于明郭宗，又西流至章谷与金川水合流。然皆山溪、小河，消涨至速，不通舟楫。

泉 水

屯署五里许，地名石门卡关，关外悬岩峻壁，不可登跻，岩下建观音寺、老君庙、三婆殿，殿角石壁矗立，察无缝隙，而清水涌出，终年涓滴不息，至路旁岩边，始流成溜。冬则凝为冰条，其水性过寒，官民鲜汲饮者，惟洗目光明，祈祷时则赴该处取水以供神焉。

桥 梁

屯地概属山海，横支一木即成徒杠，多而难纪。内惟距屯署三里许有三关桥一座，河面较宽，架木三根，横宽八尺余，木径三四尺，长十余丈。两岸各支挑木九层，长亦八九丈，平埋于土，每层横间枕木浮梁于上，上盖平板，人马通焉。此外猛固场（即老营）复有头二道桥，宽与三关桥等，惟长稍杀耳。之三桥者，每届三年详请动项折修一次，所需工料报部核销。

衙署、关隘

屯署昔为逆酋僧格桑寨落，平定后始行改创。倚山为衙，坐西南面东北，与懋功厅署挨连。计头门一座，新建仪门一座，大堂三间，二堂三间，旁修住房大小七间，新旧仓廒五座共十五间。并无城垣、监狱。距署五里许，名石门卡，内外设关门两重，其额，外曰“美镇雄关”，内曰“边陲锁钥”。

碑亭祠宇

乾隆四十一年平定小金川后，御制纪功碑一道，敕建碑亭一座。每届三十年请项修理一次，外有文昌宫、关帝庙、龙神祠，阿文成公祠（平定金川，公力居多，其功绩亟应纂入，惟历年稍远，屯署案卷残缺，末由传述），慰聊忠祠，每岁俱春秋祭祀。又新街后有城隍庙，系居民奉祀香火。邻近旧有喇嘛寺一院，于乾隆四十一年重修，规制宏敞，赐名“胜因寺”。住持喇嘛一名，由崇化广法寺堪布喇嘛拣派，三年更替；小喇嘛十五名，学习经典，振兴黄教。大喇嘛日支口粮麦二升五合，小喇嘛每名日支口粮麦一升，均由屯仓支给。又屯属载诸祀典者尚在。

墨尔多山每年春秋祭祀以太牢，部颁礼神香帛二分，届期敬谨致祭。惟山在约咱汛，地归章谷屯管辖，每岁春秋均望空遥祭焉。

恭录御制平定金川勒铭美诺之碑

首祸者必有奇祸之遭，背德者必有凶德之报。盖僣拉之首祸，实由促浸之教。而促浸之背德，亦因僣拉之肇。故戊辰之役以救僣拉，而有促浸之征（前因金川侵扰小金川，拘其土司泽旺，地方官谕之，不从，辄敢于抗。戊辰冬，遣经略大学士傅恒统禁旅往剿，我武力扬而莎罗奔、郎卡穷蹙乞命，因矜其顽蠢，遂允受降。泽旺乃得复归故地。郎卡始尚畏惧敛迹。未十年辄思吞噬邻封，时相仇杀，彼时以蛮触争衡乃其常事，亦遂听之。郎卡既死，其子索诺木转与小金川僧格桑狼狈为奸，负恩梗化，遂致复劳师旅，深悔前此之姑息矣）。兹辛卯之师以伐僣拉，乃并促浸而扫（僧格桑恃有索诺木党恶，欺蔑邻疆。攻围鄂克什官寨，占其境地，羁其土司，经前督臣阿尔泰等往谕罢兵退地，逆酋阳奉阴违。浸至辛卯夏，僧格桑乘索诺木侵害革布什咱土司之衅，益复滋横，并且修筑碉卡，谋抗天朝，势不得不加以兵革。而阿尔泰因循贻误，遂命温福由滇入蜀，授以大学士，统兵征剿，即攻克巴朗拉，继又克复达围一带，以至资哩。官兵前抵路顶宗，仍不能进。壬辰夏，阿桂以参赞赴南路统兵，于是年冬攻克僧格宗，甫半月，即乘胜攻得美诺，其余寨落，悉传檄抚定，小金川平。而僧格桑逃往金川，索诺木匿而不献，于是移兵并讨促浸矣）。彼其缓则颉利突利之相猜，急则侨如荣如之相保。然而地险人强，机谋深造，则僣拉远不如促浸，故美诺再入而再克（美诺未尝不险，而一克僧格宗，其势遂如破竹，逆酋僧格桑，初窜布朗郭宗，温福由明郭宗统兵往捕，僧格桑已从美卧沟入金川，擒其父泽旺以归。温福为将军，始犹勇往，继乃昧于筹画，又不得人心。癸巳夏，贼众从后路潜出，遂有木果木之变，美诺亦寻失去。乃命阿桂为定西将军，发八旗劲旅往剿，阿桂部署稍定，于十月廿九日进兵，自资哩至美诺，五昼夜悉行恢复，实为神速。而僧格桑既至金川，索诺木即羁留不遣，即其谋扰木果木，但令小金川贼目七图安堵尔同往美诺号召，而不使僧格桑复还故巢，则索诺木之密图吞并僣拉，以次蚕食旁近土司，并且欲侵及内地，固已渐露端倪，罪恶贯盈，实难轻逭耳）。虽南有僧格宗，北有明郭宗，而我师奋力攻取，无不立摧坚碉，遂据官寨之穴窖（美诺为小金川官寨，即其巢穴也）。此固皇天助顺，将卒尽力，而亦其首祸背德之招。是用勒铭酋巢，永镇筰徼。

御制定边将军奏报攻克小金川全平诗

美诺贼巢失，布朗挈眷迁。
穷追期即获，复逃本相连。
任尔狼狈顾，那容脱喙延。
小金之事蒇，党恶问金川。

街市、乡村

屯署环山面水，素鲜民居。署仍旧称曰粮台，署前一带曰粮台街，往东曰府堂街，仅住书役、居民三十余家，甚形荒陋。山下小河向有上下两桥，上曰美济桥，下曰平政桥。近年复添修中桥，过桥则系营汛，称为营盘街，修建协镇都司专城。各署弁兵居多，民房甚少，然鸡犬相闻，颇觉辐辏。距屯署里许，则曰新街。街分前后，前系店铺，后系住家，统计未及百户。此外，乡村尤甚苦寒，民番杂处，半多碉寨，并无场市。所属十二沟，曰老营（即猛固场）、曰破寨子、曰美济沟、曰石灰窑、曰河东屯、曰河西屯、曰科多沟、曰僧格宗、曰四足寨、曰沙中沟、曰沙龙沟、曰汗牛沟。

官吏、丁役

懋功屯设屯务一员、家丁三名、差役十名，月支公费银六十两。又设攒典二名、仵作一名、通事一名、译字一名、仓夫一名、斗级一名，月领役食银七两。每月官吏共领口粮二十一分，每分日支麦一升，由屯仓支给报销，其银则赴懋功厅按季支领。所辖土官，汗牛屯守备一员、千总一员、把总二员、外委二员。八角碉屯把总一员。宅垄屯把总、外委三员。所需俸薪均由营库支给。

学校、人材

屯本夷疆人，系番蛮。平定后，安插汉民赴屯耕垦，始有内地州县民人前来住牧。历年久远，虽皆自以为籍，实无真正土著。故未兴设学校，亦无举贡生员。道光十八年间，前任懋功厅强望泰、曾灿奎劝谕陕民贾逢源捐银一千二百五十两，详明各宪立案，将银分发五屯，发商生息，各设义学一处，延师训课，民夷贫寒子弟咸就学焉。年来馆师认真训迪，官复勤为督察，蚩氓备受甄陶，遂亦粗知礼让，其余名宦、乡贤、孝子、烈女、节妇，阒未之闻。至武职显官，从前荡平小金川凯旋将，即有定西将军一等诚谋英勇公阿桂、定边左副将军果毅继勇公丰昇额、定边右副将军一等襄勇伯明亮、参赞大臣固伦额驸色布腾、海兰察、哈额舒富，又前定边右副将军温福、投诚番将散秩大臣木塔尔等开于前，近有周氏昆季继其后。（一名天受，由懋功营行伍洊擢湖南提督帮办、江南钦差事务、总统浙江诸军，嗣因督办宁国军务，粮援两绝，于咸丰十年八月十二日，城陷殉难，奉旨予谥“忠壮”，追赠太子少保，赐恤骑都尉兼一云骑尉；其次弟天孚，由懋功营行伍历升参将，从征江南。咸丰十年七月十六日，扼剿金坛县贼匪，城陷阵亡，奉旨追赠总兵衔，照总兵例赐恤骑都尉；三弟天培，由懋功营行伍历擢湖北提督，咸丰九年十月二十八日扼剿江北浦口贼匪，打仗阵亡，奉旨予谥“武壮”，追赠太子少保，赐恤骑都尉兼一云骑尉。并奉旨在于宁国府及原籍地方建立弟兄三人专祠，各予祭葬，以慰忠魂等因，钦此，钦遵在案。四弟天柱，由懋功营行伍升补川北镇标中营把总，五品蓝翎，现署懋功营领哨千总。五弟天禄，承袭其三兄骑都尉世职，随军效力于山东、直隶，肃清案内保奏侭先都司，发川补用。弟兄五人，一时迭兴，兵民荣之。其父文喜现年八十有四，尚能登山履险，行步如飞，富贵寿考萃于一门，一时称极盛焉。）

兵民、屯番、户口、科粮

懋功营原安插眷兵七十名，每名给地三十亩，共给地二千一百亩。单兵五百零七名，每名给地十五亩，共给地七千六百零五亩。嗣于乾隆五十九年，奉文丈出余荒一千八百六十二亩，以一千五十二亩拨给出征勇往屯番等竭力耕垦，永不起科，尚有余荒地七百二十亩作为公产。嘉庆二十四年，奉文裁发巴州新营单兵七十八名，所遗地亩详明加给有眷单兵接顶，应存眷兵一百四十八名、单兵三百五十一名。又于道光十一、十六、十九、二十三等年，奉文裁发西口外峨边、越嶲、屏山、直隶、天津各营马步战守眷、单兵丁七十七名，所遗地亩由营详准加给有眷单兵接顶，实存眷兵二百二十五名，单兵一百九十七名。按照原地征纳科粮，岁共征收四色科粮六十八石二斗零九合九勺七抄五撮。又十二沟原安插屯民四百三十三户，每户给地三十亩，完纳科粮二斗一升零八勺五抄，岁共征四色科粮九十一石二斗九升八合零五抄。又汗牛全屯十四寨，原安插屯番二百九十五户，内分立屯番三户，因其首先投诚，即以原地立户耕垦，所有地亩并未丈量，只按每地三十亩纳粮二斗一升零八勺五抄，共地八千八百五十亩，岁征四色科粮六十二石二斗零七勺五抄。又八角碉屯十六寨，懋功营辖四寨，余归抚边。原安插屯番一百零六户，每户给地三十亩，加垦屯番三户，每户给地六十亩，按每地三十亩纳粮二斗一升零八勺五抄，共地三千二百七十亩，岁征四色科粮二十二石九斗八升二合六勺五抄。又宅垄屯十四寨，懋功营辖三寨，余归章谷。安插屯番六十九户，每户给地三十亩，纳粮二斗一升零八勺五抄，共地二千零七十亩，岁征四色科粮一十四石五斗四升八合六勺五抄。统计兵民屯番九百零三户，岁共征粮二百五十九石二斗四升零七抄五撮。

风俗、饮食

屯署民番敦厚朴实，不尚奢华。居民衣布茹草，饮则烧糟，食则麦稞杂粮，素鲜旨甘。番众饮食则以酥油、糌粑为粮，均不以米为贵。冠婚丧祭无取奢侈，尤有古昔之意焉。

土宜、物产

屯属山多地少，气复寒冷。土之所宜惟冬麦（即小麦）、粦麦（即春麦）、青稞、葫豆、豌豆、荞籽、苞谷数种。黍、稻不生，故人无种植之者。如冬麦本年八月播种，至次年八月始收。其粦、稞、豆、荞、苞谷，种自春夏之交，收于秋深之际。平时灌溉并无塘堰，潴蓄全赖天时，难施人力。其高下之间，即已异宜，在山雪融土润，多晴雨愈见滋荣，平原水远土干，无雨则立成枯藁。故屯地之天心，甚难尽如人意也。蔬菜种类尚多，质美味厚，胜于内地。惟须蓄，自秋冬霜雪后，则靡有孑遗矣。树木松、柏、杉、柳甚繁，采樵最便。且多药材，有贝母、知母、羌活、大黄、虫草、沙参等类。贫民挖药，藉以资生。

鸟兽、鳞介

屯属山大林深，羽蹄较广。禽有马鸡、松鸡、火炭鸡；兽有虎、豹、熊、狼、雪猪、山羊等类，然亦仅见。其用以充口腹者，则有家鸡、家凫；用以供耕垦者则有犏牛、黄牛；用以代跋履者则有肥马、骏骡，民番多所畜牧。鱼惟细鳞一种，皮厚甲坚，鳖虾则无之矣。

新修懋功屯乡土志

（清）李增秾 编修

清光绪年间抄本

提　要

（光绪）《新修懋功屯乡土志》，李增秾编修。增秾，字华如，甘肃狄道县（今临洮）人，光绪二十年（1894）甲午科举人，民国后曾任中华民国第一届、第二届国会参议员。

是志不分卷，无“序”，有“目录”，分“历史”“政绩录”“兵事录”“耆旧录”“人类”“户口”“氏族”“宗教”“实业”“天时”“地理道路类”“泉水”“桥梁”“衙署关隘”“碑亭祠庙”“山”“水”“物产类”“植物”“矿物”“商务”“节孝”等二十二门，纪事简略。成书于光绪三十二年（1906），有光绪抄本、民国抄本、1960 年传抄本。

（光绪）《新修懋功屯乡土志》编列目录与（光绪）《懋功厅乡土志》大致相同，二志可互为订补，是懋功屯现存最早的一部乡土志。

目　录

历　史

屯地为小金川，原名美诺，即古氐羌地。国朝雍正元年，设安抚司，乾隆四十一年，平定金川，始改土为屯，置文武员弁，更名懋功。

政绩录

钟　坦：字云衢，广东嘉应州长乐县人。以县丞于同治五年到屯接管。为人温柔敦厚，不务虚名，惟求实济。首先捐廉，为绅耆倡，以故人民乐于趋公，建修本屯火神庙。百姓赠其额曰“功贯强公”，莅任三载，以年满去，至今民犹称之。

方从矩：字子英，安徽徽州府歙县人。以资州直隶州吏目，于同治八年摄篆懋功。性慈祥，洞悉民间疾苦。乃劝谕富室捐资一百余金，发商生息，置恤嫠所，俾老病孤独之民得以资生。凡抚绥、遗黎衣之食之者，靡不尽其心力。莅任三载，政通人和，野无饿殍，后年满去。

刘兰馨：字映青，陕西同州府朝邑县人，丙戌进士，以即用知县于光绪十四年接管屯政。端方正直，爱士恤民。惜到任未久而调迁以去。

刘定清：字绶青，湖北黄州府黄冈县举人。以知县于光绪二十三年莅任。为人性沉默，政尚忠实，能下士礼贤，御民以静，莅事以简，凡有与作，秋毫无扰，以故四境安之。后值年满卸事时，民不忍去，共送路资银一百余金，否受，悉捐诸三赀，其清操可概想矣。

朱荣先：字西坪，贵州安顺府清镇县人，戊戌进士，以即用知县，于光绪二十六年视屯政事。性慈惠宽和，首先奖拔士类。公暇时辄亲至书院，与诸生讲授，一时人民子弟群知慕学。民有兴讼，竭力开导，往往了息以去。虽才智过人，实盛德有以盛人者矣。在任三载，甚得民心，合邑置万民衣伞。离任时，攀辕卧辙而送者千余人，至今犹口碑载道云。

兵事录

国朝乾隆十三年戊辰，金川侵扰小金川，拘其土司泽旺。命经略大学士傅恒统率劲旅往剿促浸，大兵压境，而莎罗奔、郎卡穷蹙乞命，冀其诚心湔革，遂允所请，赦弗加诛，泽旺乃得复归故地。郎卡始尚畏惧，敛踪甫十年，即与邻封土司构衅攘夺相寻，屡经督抚抚谕而止，并且以蛮触蛮乃其常事，亦遂听之。

郎卡既死，其子索诺木转与小金川僧格桑狼狈为奸，负恩梗化，且有吞食诸番，侵及维州红桥之意，而小金川逆竖僧格桑恃有索诺木党恶，遂与鄂克什土司修怨称兵，占其境地，羁其土司。经前督臣阿尔泰等亲往诫谕，奏言逆酋已遵诫退回。

比时，朝廷以番蛮互相仇杀，既知悔罪，息事姑且释而不问孰意。阿尔泰等竟以鄂克什之地断归僧格桑，希图迁就完事，匿不上闻，益为逆酋所轻视。不数月，索诺木遂侵杀革布什咱，僧格桑复围攻鄂克什，并敢修筑碉卡，抗拒天兵，逆迹益彰，势难终止。

辛卯冬，始兴问罪之师，遂命温福由滇入蜀，授以大学士统兵征剿，即攻克巴郎拉，继又克复达围一带，以至资哩，前抵路顶宗，仍不能进。谁知温福为将军，始犹勇往，继乃昧于筹划，又不得人心。

癸巳夏，贼众从后潜出，遂有木果木之变，美诺亦寻失去。乃命阿桂为定西将军，发八旗劲旅，并简健锐、火器两营兵两千，吉林、黑龙江兵各两千，于是年十月二十七日起程，并与明亮相订，均于二十九日同时分路并进。阿桂统兵为西路，又派海兰察富与成德、积福、成果等同侍卫章京共为五路，于二十九日子时诸军进剿。是日，即攻克资哩、木拉、思底、普尔码、阿容、木雅、东沟及各碉卡，三十日攻克木雅山上大碉，直取木兰坝，乘胜攻得鄂克什官寨。贼人遁入路顶宗，官兵乘锐迅攻，贼众悉力拒守，见官兵猛勇难御，群众奔溃，我兵进剿，歼贼甚多。

初一、二等日，连克路顶宗、明郭宗诸险隘，并攻得别思满、叨乌、八角碉。至此，美诺全行克复，驻守其地。其南路统兵之明亮，亦分两路，以富德、奎林领之，明亮督兵策应，仍分三枝，为前后声援。又令三保带兵设伏，牵缀贼势，亦于二十九日夜半进兵。明亮即攻克得里、富德，攻克河北喇嘛寺、日耳寨，绕出得里之前会兵，奋勇直取赤尔丹思。奎林亦攻克河南之得布甲，其余各寨落系传檄抚定。计至二十九日进兵以来，自资哩至美诺，仅五昼夜收复小金川全境，实为神速。小金川平，而僧格桑逃往金川，索诺木匿而不献，于是移兵并讨促浸矣。

恭录御制平定金川勒铭美诺之碑[①]

首祸者必有奇祸之遭，背德者必有凶德之报。盖儹拉之首祸，实由促浸之教。而促浸之背德，亦有儹拉之肇。故戊辰之役以救儹拉，而有促浸之征[②]，兹辛卯之师以伐儹拉，乃并促浸而扫[③]。彼其缓则颉利突利之相猜，急则侨如荣如之相保。然而地险人强，机谋深造，则儹拉远不如促浸，故美诺再入而再克[④]。虽南有僧格宗，北有明郭宗，而我师奋力攻取，无不立摧坚碉，遂据官寨之穴窖[⑤]。此固皇天助顺，将卒尽力，而亦其首祸背德之招。是用勒铭酋巢，永镇筰徼。

御制定边将军奏报攻克小金川全平诗

美诺贼巢失[⑥]，布朗[⑦]挈眷迁。
穷追期即获[⑧]，复逃本相连。
任尔狼狈顾，那容脱喙延。
小金之事蒇，党恶问金川。

缓征川省过兵州县钱粮诗

小金事蒇讨金川，不发难容矢在弦。

---

① 《新修懋功乡土志略》之各碑、诗、考及叶音、反切等，原均以正文与阐释并录，为了阅读方便，厘清正文与阐释之文句，故将阐释句段脚注于文下。

② 前因金川侵扰小金川，拘其土司泽旺，地方官谕之，不从，辄敢于抗。戊辰冬，遣经略大学士傅恒统率劲旅往剿，我戎方扬而莎罗奔、郎卡穷蹙乞命，因矜其顽蠢，遂允受降。泽旺乃得复归故地。郎卡始尚畏惧敛迹，未十年，辄思吞噬邻封，时相仇杀，彼时以蛮触争衡乃其常事，亦遂听之。郎卡既死，其子索诺木转与小金川僧格桑狼狈为奸，负恩梗化，遂致复劳师旅，深悔前此之姑息矣。

③ 僧格桑恃有索诺木党恶，欺蔑邻疆。攻围鄂克什官寨，占其境地，羁其土司，经前督臣阿尔泰等往谕罢兵退地，逆酋阳奉阴违。浸至辛卯夏，僧格桑乘索诺木侵害革布什咱土司之衅，益复滋横，并且修筑碉卡，谋抗天朝，势不得不加以兵革。而阿尔泰因循贻误，遂命温福由滇入蜀，授以大学士，统兵征剿，即攻克巴朗拉，继又克复达围一带，以至资哩。官兵前抵路顶宗，仍不能进。壬辰夏，阿桂以参赞赴南路统兵，于是年冬攻克僧格宗，甫半月，即乘胜攻得美诺，其余寨落，悉传檄抚定，小金川平。而僧格桑逃往金川，索诺木匿而不献，于是移兵并讨促浸矣。

④ 美诺未尝不险，而一克僧格宗，其势遂如破竹。逆酋僧格桑，初窜布朗郭宗，温福由明郭宗统兵往捕，僧格桑已从美诺沟遁入金川，擒其父泽旺以归。温福为将军，始犹勇往，继乃昧于筹画，又不得人心。癸巳夏，贼众从后路潜出，遂有木果木之变，美诺亦寻失去。乃命阿桂为定西将军，发八旗劲旅往剿，阿桂部署稍定，于十月二十九日进兵，自资哩至美诺，五昼夜悉行恢复，实为神速。而僧格桑既至金川，索诺木即羁留不遣，即其谋扰木果木，但令小金川贼目七图安堵尔同往美诺号召，而不使僧格桑复还故巢，则索诺木之密图吞并儹拉，以次蚕食旁近土司，并且欲侵及内地，固已渐露端倪，罪恶贯盈，实难轻逭耳。

⑤ 美诺为小金川官寨，即其巢穴也。

⑥ 先是阿桂于月之初六日，由南路督兵乘胜直捣美诺寨，贼巢立破。逆酋僧格桑先于初三日见势危急，挟妾潜窜伊妻所居之布朗郭宗，为死守计。

⑦ 读如朗。

⑧ 温福与丰昇额既由西路统兵与阿桂会于美诺，初九日，即由八角碉分兵进剿，直抵布朗郭宗，四面截剿，贼寨惊溃。而僧格桑知势不支，先将妻妾遣送金川，自赴底木达，欲见伊父。土司泽旺闭门力拒，僧格桑竟杀伊父，所遣传语之人自美卧沟小路翻山窜入金川。温福等抚定各寨人户，擒泽旺解京，一面尾追逆酋僧格桑，勿令兔脱。

彼有深谋宁可置[①]，我当功倍未宜捐[②]。
虽云挽输都无累[③]，亦念勤劳觉可怜。
一岁正供均缓纳，为民计久爱民先。

过南岭阅武闲游实胜、宝谛诸寺即事成什

健锐建是营，乃自己巳始。
其时定金川，名实胜绿此。
畏而赦尽剿，将谓革心矣。
十年即渐猖，吞食邻封址。
然犹俾安抚，屡抚屡背诡[④]。
尾大不可掉，问罪师无已。
儹拉虽荡平[⑤]，促浸境今抵[⑥]。
徒以春雪多，兼之险可恃。
武虽阅于斯，功顾成以迩。
实胜岂徒然，宝谛力并企。
正法如日照，么魔技徒尔[⑦]。
趁暇纵游兹，驰念惟厪彼。

将军阿桂、明亮奏报攻克贼碉诗以志事

讨罪复仇重整师，羽林黑水简熊罴。

---

① 金川逆首索诺木与小金川僧格桑狼狈为奸，吞食革布什咱、鄂克什附近土司，经官兵以次克复。而军营所获降人讯，有商谋官兵，回去再打穆坪、瓦寺，直到维州红桥不难之供。今小金川虽悉平定，而主谋未殄，日后渐肆并吞，是中朝费如许兵力，转以藉寇兵而赍盗粮，边境何由绥靖？揆之理势，则并剿万难中止也。

② 当官兵将破贼巢时，特授将军、副将军、参赞大臣等机宜，乘小金川既定，统胜直捣金川，分道并进。令明檄索诺木阴□罪，大军代谋不灭不休，先破其胆，且以作六师之气。坚随征众土司之心，事定熟筹善后规制，俾边民共享一劳永逸之福。

③ 去声。

④ 前此征剿金川，大兵压境，莎罗奔、郎卡穷蹙乞降，冀其诚心湔革，遂允所请，赦弗加诛。甫十年，即与邻封土司构衅攘夺相寻，屡经督抚抚谕而止。郎卡死，其子索诺木弟兄竟敢背恩肆逆，且有吞食诸番，侵及维州红桥之意。而小金川逆竖僧格桑与鄂克什修怨称兵，阿尔泰、董天弼亲往诫谕，奏言逆酋已遵戒退回。朕以番蛮互相仇杀，既知悔罪息事，姑且释而不问。孰意阿尔泰等竟以鄂克什之地断归僧格桑，希图迁就完事，匿不上闻，益为逆酋所轻视。不数月，索诺木遂侵杀革布什咱。僧格桑复攻围鄂克什，并敢筑碉抗拒，逆迹益彰，势难终止。辛卯冬，始兴问罪之师，二逆如此党恶跳梁，非并力剪灭必贻患。因悔前之曲原，赦罪继之，不欲加兵，皆未免失之姑息，今不得不为除恶务尽之举者矣。

⑤ 小金川，番语谓之儹拉。去年攻破美诺，平定其地，僧格桑窜入金川，擒其父泽旺解京。

⑥ 促浸，番语谓金川。今温福由功噶尔拉移兵昔岭，阿桂抵当噶尔拉，丰昇额至日旁山梁，并扼金川之险要，连次破碉杀贼，即日可望深入。

⑦ 番地春雪本多，盖因山高气寒所致。即今已交夏令，日色暄暖，自渐雪霁冰消，易于得计，贼人虽有险要，亦不足恃。借曰贼人能为礼达祈雪，彼邪不能胜正，其计又将安施耶？

到齐甫报发征纛，自蜀欣看至捷旗[①]。
西路两朝据鄂什[②]，南军连日克丹思[③]。
那忘昨岁坚如彼，孰谓今番迅若兹[④]。
儹拉易为原逆料，促浸如故尚迟疑[⑤]。
众兵鼓勇斯宜耳，诸将戒盈仍训之[⑥]。
赐恤奖功施次第，莫遗无滥慎参差。
伫当二竖成擒日，始得吾心略慰怡。

将军阿桂奏美诺全复诗以志事

收复小金原意料，似兹迅速不期中[⑦]。
讵因事顺或满志，尚以贼逃未惬衷[⑧]。
奖绩并教予优叙，乘机还励奏肤功。
先声讨逆军威振，谅彼游魂计亦穷。

---

① 征剿两金川以来，仅派各省绿旗兵，而满洲劲旅，于选定之后，因温福、阿桂奏止，遂未发往，以致事不足恃。兹整兵再进，宜筹万全。因简健锐、火器两营兵二千，吉林、黑龙江兵各二千，按队遄进。于十月中，俱已入蜀。昨据阿桂奏，派兵分路并进，于十月二十七日起程，并与明亮相订，均于二十九日同时进兵收复小金川。两将军随驰函报捷，皆十一月朔日所奏也。

② 阿桂在西路统兵，又派海兰察富与成德、积福、成果等同侍卫章京共为五路，领兵进剿。今奏二十九日子时，诸军迅发，阿桂、色布腾、巴尔珠尔、福康安、福珠里分路策应。是日，即攻克资里、木拉、斯底、普尔玛、阿容、木雅、东沟及斯达拉、阿喀尔、布里、硕藏、噶山、梁色、布色、克美、美卡、东码、色渠、卡一处碉卡。三十日攻克木雅山上大碉，直取木兰坝，乘胜攻得鄂克什官寨。贼人遁入路顶宗，官兵乘锐迅攻，以期即克攻碉。时贼众悉力拒守，见官兵勇猛难御，所至奔窜，我兵追剿，歼贼甚多，并俘获生口二人。

③ 南路官兵以明亮统之，亦分两路，以富德、奎林领之，明亮督兵策应。仍分三枝，为前声援，又令三保带兵设伏，牵缀贼势。今奏于二十九日夜半进兵，明亮即攻克得里。富德攻克河北喇嘛寺、日尔寨，绕出得里之前会兵，奋勇直取赤尔丹思。奎林亦攻克河南之得布甲。所至，贼皆始拒终溃，剿歼二百余级，获枪仗火药无算。

④ 西路之阿喀、木雅、美美、卡木、兰坝皆地险碉坚，昨岁攻，至半年之久始得。南路之得里等寨亦然，今于两月间攻克之，实为迅速。

⑤ 小金川，番语称儹拉，而促浸乃金川番名也。予向以小金川降番，虽为僧格桑胁诱叛后，今见逆酋为索诺木携去，久且为促浸所并，其众必怀怨望。而促浸群贼代儹拉守拒，主客之势不同，断难持久。败复小金川之尚易，为力早筹度及之。曾屡谕将军等，今果如所料，至金川，险隘如前，于乘胜之道尚无把握，闻其贼酋色达尔、贼目丹巴沃杂尔在美诺歇贼占据，二贼皆索诺木所恃，为主谋助恶。若能将该二贼设法擒获，则贼党剿除，剿平金川之机，可得十之六七。果尔，予心方为稍慰，惟仰赖上苍嘉佑并将军之用力耳。

⑥ 此次得胜之速，因由添派八旗精锐勇往且前，绿营兵有所倚仗，亦皆效法知剿，是以所向克捷。但究觉得之太易，恐贼人狡计，诱我深入，贼或在后抄截，不可不防。官兵乘胜深入，自不宜使知此意，惟当鼓其锐气，奋勇成功。若领兵之将军、参赞等，则不可因连胜稍存矜满，须体“满招损，谦受益”之训，慎之又慎，方能有济。随传谕切诫之。并命两路将军、参赞查明在事出力之将领，并交兵部议叙，其攻战时伤亡兵卒，虽属无多，亦令查明，咨部议恤。

⑦ 收复小金川之易，予早逆料及之。兹据阿桂奏，官兵于十一月初一、二等日，连克路顶宗、明郭宗诸险隘，并攻得别思满、叨乌、八角碉，现已克复美诺，驻守其地。计自二十九日进兵以来，不过五昼夜，即已集事，实不意其如此之速。

⑧ 官兵攻剿碉卡时，有跃入碉墙斩殪贼众者，有贼正奔溃追击歼毙者，其坠扑岩堑之贼更无算。并获炮位十余尊，米百余石，器仗、干粮亦多。惟小金川贼目七图安堵尔，闻官兵已上山梁，即弃美诺而去。自必仍窜入金川，渠魁未即就擒，实为可恨。是以虽闻捷音，不以为喜，并谕将军等，弗以事顺志满，即宜乘胜遄行，分路返剿促浸，以期制胜。此次出力将士，仍行饬部一并议叙。

又奏报收复小金川全境诗

事之将难上峻山，事之将易下顺水。
旬日全定小金川，幅员五百有余里①。
回思六月偾事时，猖獗贼亦迅若此。
一朝失亦一朝得，天道好还原定理。
整兵直进讨促浸，雪岭险滑仍如彼。
拟欲持久以困之，复虑师老致委靡。
贾勇及锋而用壮②，一月三捷心焉企。
我非续武愿观兵，挞伐由来不得已。

---

① 自十一月十四日接阿桂美诺捷报，十九日复据奏，海兰察由别思满一路，于初三日直压伯噶尔角，克取岱都喇嘛寺，随攻得布朗、郭宗底、木达，获粮四千余斛。其明亮等所剿之河北、河南各寨落，以次攻获。二十三日，又据奏小金川授三等侍卫衔木塔尔报，称大板昭、马当尔、曾头沟各寨，番人俱恳请投降，其汗牛各寨番民亦各投顺，并声叙从前不敢附贼之语。自初一、二日攻取明郭宗各寨，至此收复小金川全境，仅及旬日，实为迅速。其美诺经底木达大板昭，计程二百四五十里，而自美诺至南路汗牛一带，地方程途亦约略相同。

② 收复小金之易，朕早意料及之。至近剿恐未能迅速集事，因谕阿桂等访觅妥捷之径，分兵夹攻，或可易于得手。其功噶拉、当噶拉只可用为牵缀贼势，若仍作为正路，恐贼人抵御如故。即或待以月日持久困守，又恐师老志懈，自当趁此新胜锐气，令其贾勇直前，及锋而用，自事半功倍。

耆旧录

乾隆四十一年，平定金川凯旋将帅则有：定西将军一等诚谋英勇公阿桂，定边左副将军果毅继勇公丰昇额，定边左副将军一等襄勇伯明亮，参赞大臣固伦额驸色布腾，又有海兰察、前定边左副将军温福、投诚番将散秩大臣木塔倠尔。

周天受：字无考，由懋功营行伍洊擢湖南提督帮办、江南钦差事务、总统浙江诸军。嗣因督办宁国军务，粮援两绝，于咸丰十年八月十二日，城陷殉难，奉旨予谥“忠壮”，追赠太子少保，赐恤骑都尉兼一云骑尉世职。其次弟天孚，字无考，由懋功营行伍历升参将，从征江南。咸丰十年七月十六日，扼剿金坛县贼匪，城陷阵亡，奉旨追赠总兵衔，照总兵例赐恤骑都尉。三弟天培，字无考，由懋功营行伍历擢湖北提督，咸丰九年十月二十八日扼剿江北浦口贼匪，打仗阵亡，奉旨予谥“武壮”，追赠太子少保，赐恤骑都尉兼一云骑尉。在于宁国府及原籍地方建立弟兄三人专祠，各予祭葬，以慰忠魂等因，钦此，钦遵在案。四弟天柱，由懋功营行伍升补川北镇标中营把总，五品蓝翎，前署懋功营领哨千总。五弟天禄，承袭其三兄骑都尉世职，随军效力于山东、直隶，肃清案内，保奏侭先都司，发川补用。弟兄五人，一时迭兴，兵民荣之。其父文喜，年八十有四，尚能登山履险，行步如飞，富贵寿考萃于一门，一时称极盛焉。

陈天柱：字立堂，由懋功营行伍出师瞻对，随征广东、江南、湖北等省，以战功累擢至侭先补用副将，刚勇巴图鲁，总统汉南诸军，署理汉中镇挂印总兵。同治元年，陕西回叛，围困府城，粮援两绝，竟于是年八月城陷，柱督兵巷战，力竭阵亡，骂贼不屈。精神贯日，志节凌霜，至今凛凛，犹有生气。奉上谕照总兵例从优议恤，赐骑都尉世职，三代恩骑尉，世袭罔替。

江长贵：字良臣，由懋功营行伍拔补重庆中营千总。咸丰二年，出师广西，保升都司，嗣征安徽等处，卓著战功，遂补授安徽皖南[①]镇挂印总兵，旋即升补直隶提督，后又调补福建、湖北提督，钦赐花翎，直勇巴图鲁。会因年老辞职，回籍病卒。蒙恩赏给头品封典，每年赏食提督俸饷。

江恩山：字固之，由懋功营行伍出师瞻对，补授懋功营额外。咸丰十一年，出师四川征剿蓝逆，得授新繁县外委。嗣征江南、安徽、广西等省，战功卓著，升授四川提左守备，调补抚边营守备，于光绪元年到营任事。光绪二十八年，调署懋功营都司。二十九年，护理懋功协镇，旋因年老辞职。现年七十八岁，富贵寿考，子孙繁衍，兵民荣之，咸称盛焉。

---

① 皖南：原作“碗南”，径改。

马旭林：字东升，由懋功营行伍，出师本省征剿蓝逆立功，拔补。嗣又升补游府。辞职回籍，病卒。

贾逢源：字无考，原籍陕西人，寄籍懋功，为人好义。道光十八年，捐银一千二百五十两，分发五屯，发商生息，各设义学一处，延师课训子弟，文教之兴源之功也。

戴仲芳：字甫田，原籍湖北麻城县人，寄籍懋功，系从九品职衔。性忠厚，好济贫。倡捐巨款，建修本屯龙王庙、火神庙、禹王宫等工。凡有善举，无不勇为，充当局绅、学堂学董及济仓、三费首事。办事认真，勤劳懋著，有功地方。以故闻望隆于梓里，特采录之，以为后人劝。

张云鹤：字寿之，原籍湖南沅陵县人，寄籍懋功，系从九品职衔。性聪敏，端方正直，好义急公。凡有益于地方之事，无不竭力襄办。曾捐资建修龙王庙、火神庙、水道等工。兴办女学，充当局绅暨三费、济仓首事，无不认真经理。乙巳夏，饥，平粜，尤费苦心，有功地方，特采录之，以为后起者劝。

本境附生共二十四名，内本籍十名，冒籍十四名。

谢永芳、董敏达、龙锦章、徐泽沛、徐秉璋、徐肇先、谢延福、马桂馨、米应魁、马作霖，以上均系本籍。

王赞襄、何有武、王治成、唐应麟、杨树森、殷绍祥、张四维、张炳南、陈鳞元、杨茂清、何宗瀚、马瑞生、何宗泽、尹鸿钧，以上均系冒籍。

人　类

屯本夷疆，尽属番蛮。自平定金川后，安插兵民屯番人等赴屯耕垦，始有内地州县民人前来住牧。历年久远，各自为籍，实无真正土著。

当日，原安插眷兵七十名，每名给地三十亩，共给地二千一百亩。单兵五百零七名，每名给地十五亩，共给地七千六百零七亩。按照原地征纳科粮，岁共征收四色科粮六十八石二斗零。又十二沟，原安插屯民四百三十三户，每户给地三十亩，完纳科粮二斗一升零八勺五抄，岁共征四色科粮九十一石二斗九升八合零五抄。又汗牛全屯十四寨，原安插屯番二百九十五户，内分立屯番三户，因其首先投诚，即准以原地立户耕垦，所有地亩并未丈量，只按每地三十亩纳粮二斗一升零八勺五抄，共地八千八百五十亩，岁征四色科粮六十二石二斗零七勺五抄。又八角碉屯十六寨，懋功管辖四寨，余归抚边。余安插屯番一百零六户，每户给地三十亩，加垦屯番三户，每户给地六十亩，按每地三十亩纳粮二斗一升零八勺五抄，共地三千二百七十亩，岁征四色科粮二十二石九斗八升二合六勺五抄。又宅垄屯十四寨，懋功管辖三寨，余归章谷。安插屯番六十九户，每户给地三十亩，纳粮二斗一升零八勺五抄，共地二千零七十亩，岁征四色科粮一十四石五斗四升八合六勺五抄。统计当日原安插兵民、屯番一千四百八十户，岁共征粮二百五十九石二斗四升零七抄五撮。

以上原安插兵民屯番共一千四百八十户，散处于新街、营街、猛固场、老营屯、破寨子、美济沟、石灰窑、河东屯、河西屯、科多屯、僧格宗、四足寨、沙龙沟、沙中沟以及汗牛屯、八角碉屯、宅垄屯。

至风俗，屯属民番敦厚朴实，不尚奢华，所食率皆稞、豆、荞、芋、麦杂粮。所衣率皆毪衣，衣布者实鲜。番众尤最嗜酒，以酥油、糌粑为粮。冠婚丧祭，无取奢侈，犹有古昔之意焉。

所可怜者，番众杂处，自来不识读书，以故文教缺然，人材寂寂，实无举贡生员。自道光十八年间，前任懋功厅[illegible]望本，曾灿车劝谕陕民贾逢源捐银一千二百五十两，详明各大宪立案，将银分发五屯，发商生息，各设义学一处，延师训课，邑民子弟咸就学焉。嗣后又经官绅筹款，集资广设蒙学。年来教员认真训迪，官复勤为督察，无知蚩氓备甄陶，遂亦粗知礼让，学校从此兴，功名亦从此出矣。

户　口

本境户口丁数详细查明，现在汉民七百八十一户，男三千七百九十八丁，女二千八百八十一口。现在兵丁二百二十五名，男八百九十六丁，女七百六十六口。现在屯番四百七十户，男一千八百八十一丁，女一千六百六十二口。以上兵、民、屯番统计，现在共一千四百七十六户，男六千五百七十五丁，女五千三百零九口，共男女一万一千八百八十四丁口。

氏 族

本境周氏为大姓，即周天受、周天孚一门，原籍本省潼川府盐亭县人，乾隆四十一年平定金川始迁居本境，至今流传四代。

宗　教

本境向无外教，亦无天主、耶稣等教。只有回教与喇嘛黄教两门，回教约计五百余人，喇嘛黄教约计一百余人。

实 业

屯地瘠苦，士人无多。自开考以至停考，本籍入学附生仅十名，冒籍附生十四名。现入小蒙学堂肄业学生约计一百余名，其余汉番屯民业农者十之八九，为工者十之一二，并无奇技异能，仅如木匠、铁匠、裁缝手艺等类。为商者十之一二，更无大商富户。数千金之产者即为大商，然亦不多见。余皆些须小生意度日糊口。

天　时

屯地气候多寒，虽当炎夏，亦无酷暑。每岁立秋后渐寒冷，冬日凛冽异常。四季常风，春夏尤甚。每日午后，则风烈飚飘飑，其势甚雄，俗呼浪子。如遇黑云迷漫而来，其威烈尤非寻常可比。兵民时常瞭望，见黑云起即点放大炮轰震山谷，风可立止，否则冰雹大至，损伤禾稼。夏秋之交，平地为雨，高山则雪。白露后雨渐少，霜降后悉成雪。近阳处随落随消，山阴积雪成冰，经年不化。其尤异者，交秋以后渐有霜，杂粮甫秀，遇之则槁，农家深为畏忌。此无他，总由阴凝之气过重故也，故丰收难得云。至分野星度，考证未明，敢以阙疑，未便臆造。

地理道路类

屯地在成都府之西，距省会七百余里。其四至交界，东自本境治地起，至明郭宗汛十五里，明郭宗汛至大水沟十里，与鄂克什（原名沃日）土司交界，共计程二十五里；南自本境治地起，至汉牛屯止，共计程一百八十里，与打箭炉明正土司交界；西自本境治地起，至胜因寺五里，胜因寺至三关桥五里，三关桥至新桥塘十里，新桥塘至科多塘十五里，科多塘至村多塘十五里，村多塘至僧格宗汛十五里，僧格宗汛至郎车尔宗汛十里，其半，中为五里牌，与章谷屯交界，共计程七十里；北自本境治地起，至大坝口塘十五里，大坝口塘至擦耳角塘（又名干海子）十五里，擦耳角塘至崇德汛三十里，崇德汛至小牛塘三十里，小牛塘至大牛塘三十里，大牛塘至空卡山岭三十里，与崇化屯交界，共计程一百五十里；又北至破碉塘三十里，与抚边屯交界。

其本屯地名分为三街、十二沟、三屯。三街：曰新街、曰营街、曰猛固场。十二沟：曰老营、曰破寨子、曰美济沟、曰石灰窑、曰河东屯、曰河西屯、曰科多屯、曰僧格宗、曰四足寨、曰沙中沟、曰沙龙沟、曰汗牛沟。三屯：一曰汗牛屯，分为十四寨，曰中纳寨、曰热溪寨、曰角木寨、曰潘安寨、曰大挖寨、曰阿斯隆寨、曰格里寨、曰虫虫寨、曰中寨、曰纳东寨、曰扒耳卡寨、曰鹅阻寨、曰佳儿寨、曰窝底寨；一曰八角碉屯，分为十八寨，懋功管辖四寨，曰红寨子、曰纳约寨、曰擦耳角寨、曰大坝口寨；一曰宅垄屯，分为十四寨，懋功管辖三寨，曰绒寨、曰马耳岭寨、曰四足寨。

泉　水

屯署东三里许，名石门卡关，关外悬岩峻壁，不可登跻。岩下建观音寺、老君殿、三婆殿，殿角石壁矗立，而清水涌出，涓滴不息，至路旁岩边，流水成溜，冬则凝为冰条。其水性过寒，官民鲜汲饮者。惟俗传其水洗目光明，并能医病，故汉番民多往该处祈祷，取水以供神焉。

桥　梁

屯地概属山河，横支一木即成徒杠，多而难纪。惟西距屯署三里许，有三关桥一座，河面洪宽，波涛汹涌，架大木三根为桥梁。横宽一丈，木径三尺，长十余丈。两岸各支挑木九层，长亦四五丈，一半平埋于土，每层横夹枕木架梁于上，上盖平板，人马往来，为总隘焉。此外猛固场复有头二道桥，宽与三关桥等，惟长稍不及耳。之三桥者，每届三年详请动项折修一次，所需工料报部核销。

衙署关隘

屯署昔为逆酋僧格桑寨落，平定后始行改创。倚山为衙，坐西南面东北，与懋功厅署挨连。计头门一座，仪门一座，大堂三间，二堂三间，旁修住房大小七间，新旧仓厫五座，共十五间，并无城垣。又东距署三里许，名石门关，内外设关门两重，其额外曰石门关，内曰边陲锁钥。

碑亭祠庙

乾隆四十一年平定小金川后，御制纪功碑一道，敕建碑亭一座，每届三十年请项修理一次，在营街。

文昌宫一所，在营街。

关帝庙一所，在营街。

龙神祠一所，在营街。

阿文成公祠一所，在懋功厅署侧。平定金川，公力居多，其功绩大约纂入《懋功厅志略》。惟历年稍远，屯署案卷残缺，未由详述。

慰昭忠祠一所，在懋功厅署侧，每年春秋祭祀。

城隍庙一所，在新街后，居民奉祀，香火最盛。

墨尔多山神庙一所，每年春秋祀以太牢，部颁香帛，届期致祭。惟山在约咱汛地，归章谷屯管辖，每岁春秋望空遥祭焉。

火神庙一所，在新街，内设民立女学堂一所。

药王庙一所，在新街。

禹王宫一所，在新街，内设民立小蒙学堂一所。

万寿宫一所，在新街。

陕西馆一所，在新街，内设民立小蒙学堂一所。

贵州馆一所，在新街。

旧有喇嘛寺一院，在新街后山上。平定金川后，赐名胜音寺，乾隆四十一年重修，规模宏大。内住持大喇嘛一名，由崇化广法寺堪布喇嘛拣派，三年更替；小喇嘛十五名，学习经典，振兴黄教。大喇嘛日支口粮麦两升五合，小喇嘛每名日支口粮麦一升，均由屯仓支给，报部核销。

懋功厅设立初级小蒙学堂一所，在新街。

懋功屯设立初级小蒙学堂一所，在营街山地。

山

屯地跬步皆山，层峦叠嶂，难于细数。惟西北之空卡雪山岭，南之蛇皮雪山梁，东之木壳壳山，皆其最著名者也。与懋功厅所辖之巴朗山即斑斓山。

水

水以大金川为正流，来自松潘徼外，源远流长，自昔经图未载。今可稽者，小金川之水发源杂谷与金川交界之梦笔山，南流至明郭宗。又鄂克什即大水沟之水自斑斓山发源，西流至明郭宗，与杂谷流来之水汇，又西流至章谷，与大金川之水合流。然皆山溪小河，春夏则涨，秋冬则消，其流至急，不通舟楫。

物产类

屯属山大林深，羽蹄较广。禽有马鸡、松鸡、野鸡、锦鸡、火炭鸡等类；兽有虎、豹、熊、狼、雪猪、山羊、豺狗、野猪等类，然亦出不甚广；其用以充口腹者，则有家鸡、家凫、家豕；用以供耕垦者，则有犏牛、黄牛、绵羊；用以代跋履者，则有肥马、骏骡。林深草长，民番多所畜牧。鳞介只有甲鱼（俗称）、猫鱼两种，猫鱼味最美，甲鱼皮厚骨多，味亦不美，鳖虾则无之矣。以上动物所出骨革齿毛，均由本境发往灌县售销制造，内惟牛皮供农家零用。牛毛、羊毛，则汉番民借以织毪衣、毪毯、毪带等物，本境销售。

植　物

屯地山高土薄，半属沙石，气候尤甚寒冷。故土之所宜惟冬麦（即小麦）、䴵麦（即春麦）、青稞、胡豆、豌豆、荞籽、包谷数种。黍、稻不生，亦无人种。如冬麦本年八月播种，至次年八月始收；其䴵、麦、豆、荞、包谷种自春夏之交，收于秋深之际。高山喜晴，多晴则雪融土润而得长；河坝喜雨，少雨则土干石燥而即枯。高下之间，即已异宜。又无塘堰储蓄可资灌溉，故丰年难得云。蔬果种类尚多，质厚味美，胜于内地。树木则有松、柏、榆、柳、杉木、青㭎、樗木等木，并有桃树、杏树、核桃、羊枣、花椒、石榴等树，以及各种梨树，惟梨皮薄味甘，尤最著名，为通省所不及。药材则出贝母、知母、虫草、大黄、羌活、沙参、泡参、棉芪、麻黄、当归、木香、赤芍、丹皮、紫胡、前胡、鹿茸、麝香等类。药材为本境出产大宗，汉番贫民半系挖药为生，但本境不善炮制，出卖无多，全行发往灌县销售。

矿　物

屯地汗牛等处素产矿物，如金、银、铜、铁、锡之类。以前贫民多以挖金、挖铜为生，现今洞老山空，无人开办，即间有二三贫民零星采挖，借以糊口。然矿苗不旺，入不敷出，故矿物不能大兴开办云。

商　务

本境常产以药材为最，鹿茸、麝香、牛羊等皮所出无多，除本境零销外，尽数由陆运至灌县、邛州两处行销。衰旺不同，每大约出销三万一千七百余斤，获价银一万四千七百余两。至所造毪衣、毪毯、毪带，一切毛货，并所造烧酒、咂酒、甜酒、豆粉、条粉、豆腐、清油、酱醋等类，全在本境行销。至他境货物运入本境者，如绸缎、布匹、帽子、靴鞋、草履、纸张、火炮各色杂货，均由灌县陆运至本境行销。盐、米由邛州陆运至本境行销，以资民用。

节 孝

马傅氏，马登富妻，年三十五岁，夫故，俸事翁姑，以孝闻。姑疾危，氏割股救姑，其疾果愈。抚育孤子，教训有方。苦守四十年，到底不懈。

刘陈氏，刘庆福妻，年二十岁，夫故。俸事翁姑，以孝闻。抚育孤子，苦守四十一年，到底不懈。

龙张氏，龙济昌妻，年三十三岁，夫故。上事翁姑，下抚孤儿，苦守三十五年。

唐陈氏，唐应富妻，年二十五岁，夫故。上俸翁姑，下抚孤儿，苦守二十三年。

荣刘氏，荣正兴妻，年二十四岁，夫故。抚育孤儿，苦守三十六年。

龙杨氏，龙启田妻，年二十八岁，夫阵亡。上俸翁姑，下抚孤儿，苦守三十六年。

何李氏，何文福妻，年三十九岁，夫故。抚养孤儿，苦守四十三年。

杨胡氏，杨天福妻，年二十八岁，夫故。无子，苦守五十一年。

龙宋氏，龙启云妻，年三十二岁，夫故。抚育孤儿，苦守三十年。

郑雷氏，郑占春妻，年三十五岁，夫故。抚育孤儿，苦守二十八年。

陈蒋氏，陈时怡妻，年三十岁，夫故。抚育孤儿，苦守五十九年。

杨唐氏，杨广盛妻，年三十一岁，夫故。抚育孤儿，苦守五十年。

许张氏，许光玉妻，年二十五岁，夫故，抚养孤儿，苦守五十五年。

抚边屯志略草案

（清）刘文增 编

光绪三十二年抄本

提　要

（光绪）《抚边屯志略草案》，（清）刘文增编。文增，光绪间以知县衔署理抚边屯务。

《抚边屯乡土志》成书于光绪三十二年（1906），亦为刘文增编纂，故本志当成书于同时或前后。有清末抄本、民国抄本、1955 年抄本。

是志不分卷，有“目录”，分“天时”“分野”“疆域”“山川”“泉石”“桥梁”“衙署、城署”“祀典、庙宇”“祠宇碑亭”“街市乡村”“屯务官役”“额设土官”“学校人才”“兵民、番练、户口、科粮”“风俗饮食”“土宜物产”“冠婚”“丧祭”“仓廒”“鸟兽鳞介”等二十门，约五千字。

（光绪）《抚边屯志略草案》是抚边屯（小金县抚边）现存唯一一部屯志。

目　录

天　时

屯署地势颇高，冬极严寒，盛夏犹冷，较之各屯气候迥殊，四时犹风，无稍间息。春夏雨时，易于晴雾，至白露后，雨渐少，霜降后下皆雪，则无雨矣。冬腊春初，辄常复雪，天明即止，从无昼日雪霰者。清明后积雪渐消，农事方兴。秋初，场工未毕而严霜，杂粮遇之则槁，近阳处日光能及，尚有暖气。其阴壑危峰，积雪经年不化。夏多冰雹，岁以为常，大伤苗稼。故每到夏初，营汛派兵陟彼高岗，时为瞭望，见黑云顿生，即指放大炮，轰震山谷，风可立止。倘防守稍疏，冰雹即至，损伤禾稼，颗粒难存，皆因阴气过重之故耳。

分　野

屯属界内为二十八宿奎壁之分躔于降娄之次，度数未敢分晰。立夏后，望北斗，屯署适当斗柄之西北，八角碉、别思满两屯寨落均属斗柄之东南。

疆 域

屯地即小金川，原名底木达，为僨拉土司地界。前因逆酋僧格桑不法，乾隆四十一年平定后，改为屯，安设营汛，颁给文武关防，更名抚边。距省西一千一百四十里，在懋功厅治北一百三十五里。其四至交界，东至底塘起，至克孤山与鄂克什（原名沃日）土司交界，计程百六十里。南至底塘起，至木坡塘二十里，木坡塘至喇嘛寺塘十里，喇嘛寺塘至八角汛（右司把总驻防）二十里，八角汛至破碉塘四十里，破碉塘至明郭宗汛三十里，与懋功屯交界，共计程一百二十里。西自底塘起，至美卧沟、万里城之雪山（即咱玛山），与绥靖屯交界，计程百二十里。北自底塘起，至双碉塘、至叨鸟塘、至马尔当塘、至撒拉汛（右司外委驻防）二十里，撒拉汛、大板昭汛（领哨千总驻防）二十里，大板昭汛至卡尔撒塘二十里，卡尔撒塘至梭洛泊古塘二十里，梭洛泊古塘至梦笔山梁，与理番厅属之卓克采土司交界，共计程二百二十里。其塘汛地名程站绘于图。

山 川

屯属跬步皆山，非草木丛蒙即岩石巉削，难于纪数，多亦无名。其众共称著者，屯西之万里城雪山，东北之红桥山，西南之木果木山，西北之九把锁山，乃其最大者也。

至于水源，发自梦笔山，合撒耳池海子。经木城迤西南至两河口，收三岔沟水，又进而收彭家沟水，曲直而下，至双碉桥，收美卧沟水至营侧，顺经屯前，至木坡塘收登春沟水，至猛固桥汇斑斓山（水），合而为一，直趋懋功而西入章谷屯境。然皆山溪小河，乱石杂沓，难施舟楫。

泉 石

屯署山左，下出泉，清而甘，天旱不竭，积雨不浊。询之屯住老民，云泉之源即山下之阴海子水也。署东北三里许，大溪边有龙头滩，山势雄峻，层叠奔驰，两旁山夹，势如游龙出峡，山脚上层小坪之阳为营守备衙署。山阴，近水怪石，攒重而长，巨石浸水，相错若龙口者，因其形似，故名龙头。

对山甚崔嵬，刺草杈枒，怪石突出，为屯署主山之主，山腰有石如踞虎，人呼“踞虎石”，与龙头滩相对，故俗呼龙虎相斗。由是而前十余里有天生石桥，跨临大溪，下涌急流。两岸巨石突出，各长丈余，飘然横空。横木利行人，天然景出，故名天生桥。

桥　梁

屯属山高，溪涧多资桥梁以利行人，其请款报修者有三：

一曰达登，距屯三里，河面较宽，架木四根，横宽八尺余，木径长三四尺，长七八丈。两岸挑木九层，长亦三四丈，平埋于土，每层横间枕木浮梁，于上盖以板，而人马通焉。

一曰双硐，距屯十里。

一曰叨鸟，距屯五十里，横宽与登达等，惟长稍杀，每届请款捐修一次，由屯员估工绘图，申藩司报部。

衙署、城署

屯署傍山临水，地极褊狭。西向东，修建头门一座、二门一座、大堂三间、二堂三间、三堂三间，现已朽败不能住，旁修住房大小十二间，科房、差房、通译房共六间，新旧仓廒十二间，并无监狱。旧有卡二间，现添一间。绕署土城，一道倒塌，仅有形。边署前修栅栏二座，当两头街口，以稽出入而警昏晓焉。

祀典、庙宇

屯署无费，文昌庙、武圣庙、龙神祠皆官绅捐资致祭，城隍庙、观音阁、三官庙，川主宫为屯商民报赛神地，向来请领祀费。

祠宇碑亭

屯署左侧有慰忠祠三楹，署右有王太仆殉节碑亭一座，修有行宫一所（送迎之所）。乾隆三十八年，金酋不法，贵州西道王公如玉奉令征剿，两路进兵，失机殉节，赠太仆寺卿。道光八年，公之孙椿源管理屯务，捐俸修建碑亭，并买田收租，永作春秋祀事。

街市乡村

屯署环山面水，素鲜居民。署仍旧称，曰粮台。右建占固汛外委衙署一所，署前一带曰粮台街，仅住书役兵民五十余家。出右栅门曰水沟街，居民二十余家。逶迤而东曰炮台街，住兵民三十余家（距屯二里许）。直下登达桥，过桥则为营汛，曰营盘街，守备专城各一所，住兵丁二十余家。此外，村市甚少，地尤苦寒，民番杂处，半多碉寨，无市场，无工艺。

所署六甲，麻角寨、区家湾、凉水井、八角碉、喇嘛寺、木坡塘、登春沟、魏家山，曰一甲；周家山、城隍庙沟、海子山、马鞍山、牟家沟、阴山，曰二甲；美卧沟、大院子、段家山、邱家山、两河口、万里城，曰三甲；牛厂梁、双碉、墨龙沟、双界牌、小高卡、天生桥、郎朗沟、蛇卡沟，曰四甲；大高卡、彭家沟、叨鸟山、马尔当、熊家沟、得龙、唐家山，曰五甲；大寨子、西河口、沙坝沟、中梁子、长沟、先农坛、大板昭，曰六甲。

屯务官役

抚边屯设主屯务一员，原委坐二。光绪初，改委州县，月支公费银六十两。家丁三名、差役十名、额设攒典二名、仵作一名、通事一名、译字一名、仓夫一名、斗级一名，月领役食银七两。每月官役共领口粮二十一分，每名月支麦一升，由屯仓支给报销，其银则赴司按季请领。

额设土官

管辖土官：八角碉屯，守备一员，住压脚寨；千总一员，住乃盖寨；把总二员，一员住色拉寨，一员住猛固寨。外委四员，住日耳功寨、阿扣寨、纳日寨、柯牛寨四处。额设屯番兵七十八名，余丁七十八名。

别思满屯，守备一员，住巴拉寨；千总一员，住博衣寨。把总二员，一员住章家寨，一员住抵拉寨。外委四员，住大札寨、角木寨、索木寨、巴拉寨四处。额设屯番兵五十八名，余丁五十八名。其各应领饷银由懋功场赴司请领，按夏冬二季调赴，懋功会同文武当堂监散。

又大板昭、大寨屯千总一员，小寨屯防把总一员，额驻屯练兵丁五十二名，向系维州营奉派应领饷银，赴维州营请领。

学校人材

屯本夷人，系番蛮平定后，安插汉民赴屯耕垦，始有内地人民往来住牧。历年久，自以为籍，实无土著，故未设学校。

道光十八年，懋功厅强望泰、曾灿奎劝谕陕商贾逢源捐银一千二百五十两，发五屯生息，各设义学一处，延师训课，贫寒子弟始就学焉。

光绪初，五屯共设训导一员、学额二名，停科举，一并裁撤。查抚边无名宦、乡贤、孝子、孝妇。惟武职中则有番将穆塔尔者，小金川人也。初，金酋梗化，首先投诚，竭志效忠。两金平后，剿办兰州，调往台湾，论功赏一品散秩大臣，素诺巴阿名号。旋又出师后藏及廓尔喀，加副都统职衔，世袭八角碉屯守备。厥后出师黔楚，攻于途次，忠功屡著，诚两金川之人杰也。

兵民、番练、户口、科粮

抚边营原安插眷兵七十二名，每名给地三十亩，共给地二千一百六十亩。单兵四百六十八名，每名给地十五亩，共给地七千零二十亩，总共给地九千一百八十亩。嘉庆二十四年，奉文裁撤发巴州新营，外委、额外马战守兵一百五十二员名。又于道光、咸丰年间，五次奉文裁发峨边、越嶲、西口外、直隶、天津、屏山各营马步战守眷、单兵丁六十六名，所遗地亩加给眷、单兵接顶，实存眷兵二百九十名，单兵三十二名。按照原地征纳科粮二斗一升零八勺五抄，岁共征纳科粮五十三石五斗五升五合九勺。又八角碉屯十九寨，懋功管理四寨，余属抚边。原安插屯番二百三十三户，每户给地三十亩，加垦屯番二户，每户给地一百零五亩。按每地三十亩纳粮二斗一升零八勺五抄，共地七千二百亩，岁征科粮五十石零六斗零四合。又别思满全屯十一寨，原安插屯番二百二十二户，每户给地三十亩，加垦屯番二户，每户给地七十五亩。按每地三十亩纳粮二斗一升零八勺五抄，共地六千八百一十亩，岁征科粮四十七石八斗六升二合九勺五抄。又大板昭，屯防安插大寨屯练三十二户，小寨屯练二十户，每户给地三十亩，纳粮二斗一升零八勺五抄，共地一千五百六十亩，岁征科粮十石零九斗六升四合二勺。嗣于乾隆五十九年，奉文丈出余荒二千一百三十八亩，发补两屯尚未食饷余丁。给八角碉屯番地一千二百四十八亩，给别思满屯番地八百九十亩，竭力耕垦，永不起科。统计兵民番练，岁共征科粮二百二十七石五斗零七合一勺五抄。

风俗饮食

屯属民番浑厚朴实，不尚奢华。居民衣布茹草，饮则烧糟，食则麦稞杂粮，素鲜甘旨。番众饮食则以酥油、糌粑为粮，均不以米为贵。冠婚丧祭，无取奢侈，有古风焉。

土宜物产

屯属山高气冷，土瘠石重，可耕之地甚广，故夷人有三土七石之语。近阳处尚可种植，甚阴山溪谷，日光不及者种植亦鲜成。

实土之所宜惟冬麦（即小麦）、𪎊麦（即春麦）、青稞、蚕豆、豌豆、荞籽数种。黍、稻不生，故无种者。冬季则今年八月下种，明年八月始收。杂粮则种自春夏之交，收于秋深之际。平时灌溉并无塘堰，潴蓄全赖天时，难施人力。且高下异宜，在山则雪融土润，多晴而愈见滋荣。平原则水远土燥，无雨即成枯槁。故屯地之天心，亦难尽如人意也。

蔬菜种类所产，惟有莱菔、蔓青、菘、韭、芹、葱、蒜、菠菜、莴苣、白瓜、羊芋、圆根（似莱菔而形扁）而已。然质美味厚，胜于内地。能蓄至秋末，经霜则靡有孑遗矣。

树木则松、柏、杉、柳、青㭎等树甚繁，采樵最便。果品则野桃、酸杏、核桃数种。药材则有贝母、知母、羌活、大黄、秦艽、虫草、麻黄、沙参、柴胡、独活、前胡、木通、龙胆草、木贼、赤芍、丹皮、黄芪、紫苏、藿香、鹿茸、麝香、熊胆等类。贫民挖药，借以资生。

冠 婚

夷俗男女无别，非同母姊妹，皆为匹偶。其议婚也，无年庚纳采之礼，婿家倩逢查谷巴（即媒妁之谓），往女家致殷勤，携咂酒一瓶，往诣焉。女父母允婚，受其酒而饮之，否则反酒。媒氏反告婿家，延喇嘛择吉日。视家之贫富，馈酒之多寡，随媒氏备言情好，女父母受酒则婚谐矣。女家乃备咂酒、猪膘款媒氏及从人。女母以糌粑数斤，馅以猪膘作得米鸟一圆给媒氏，至婿家答礼。婿母将得米鸟截小方，遍馈亲党，于是咸知与某某结婚云。娶之日，仍延喇嘛择吉日，具烧酒一篓、咂酒一坛，随媒氏至女家，喇嘛、和尚及婿之姊妹偕往迎焉。并择亲属中之识夷字者，举夷画神相一轴为前导。新妇衣短襦花裙，缀小珊瑚珠百余颗作抹额，二足着犛皮或汉制花鞋。富者坐轿，贫者乘马，挥泪辞亲。近寨妇女各持哈答为女绾项间，送女以往。喇嘛、和尚沿途诵经咒，祓除不祥。导至婿家，持铜瓶贮水，以水淋夫妇项缬间，以祛灾病，而后入室。此夷然耳，汉俗则与内地仿佛云。

丧 祭

夷俗，凡有丧，葬死之日，其家延喇嘛诵经咒，为死者开路。子弟不衰麻，无躄踊，遍讣亲友。舁尸板上，易新衣一袭，不着裤袴，以藏布一方裹覆之。其葬有三，一地葬，一火葬，一水葬，悉决于喇嘛之索卦。地葬则置木龛，择吉日舁坐龛中，以木板鞘合，上开一孔，长三寸如窗牖，奉置经楼，朝夕点酥灯于侧，无时或息。亲朋来吊，各致酥油数两，以代香烛。喇嘛连日诵经，选吉日，令家人舁龛于野，视地之爽垲者，从旁穴之，穴深数十尺。亲朋仪，用布印番经悬竿上，令风吹飏，代口诵以资冥福。水葬则舁尸置江浒，砌石周，待江水泛滥，即参身洪流矣。

火葬则无木龛，葬之日，家人预甃石圈如灶，横铺柴薪于上。喇嘛捏糌粑、供物祭山神，口中喃喃念真言，以铜勺沃酥油烧火中，烈焰烘腾，顷成灰烬，拾余骨掷江滨。其子遇七日，延喇嘛诵经，四十九日乃止。

仓 廒

屯仓十二间，额贮四色粮六千余石，除每月应支官役口食外，每十年、五年拨崇化喇嘛寺或二千石，或一千石不等。前例借放采买，仓粮已空。每遇新旧交代，照例折价抵交麦，每石折银一两五钱，即市银。豆稷每石折市银一两三钱，荞每石折市银一两一钱。照此转交，乃历年之定章也。

鸟兽鳞介

屯属山深林密，鸟兽极广。禽有雉鸡、松鸡、火炭鸡、皂鸡、仓鹰、白鹞、红嘴鸦、岩鸽。兽有虎、豹、熊、狼、獐、麋鹿、猿猴、野牛、雪猪、毛牛、山羊等类。充口腹者则有家鸡、家凫，供耕垦者则有犏牛、黄牛。代跋者则有肥马、骏骡，民番多所畜牧。鱼惟土鱼一种，其他鳖虾则无之矣。

（清）刘文增　周汝梅　编

抚边屯乡土志

光绪三十二年抄本　传抄本

提　要

（光绪）《抚边屯乡土志》，刘文增、周汝梅编。文增，见《抚边屯志略》；汝梅，字子舫，贵阳人，生员，光绪末任抚边屯训导。

是志不分卷，有“目序”和“目录”，分“历史”“政绩”“街署城垣”“祀典庙宇”“兵事”“耆旧附名宦、忠义、节烈”“人类、户口、风俗、宗教”“气候”“夷俗”“实业”“地理”“山水”“物产”“商务”。成书于光绪三十二年（1906），有清末抄本、1955年抄本。

该志是抚边屯现存唯一一部乡土志。

目 录

《抚边屯乡土志》目序

粤稽抚边屯地，原名底木达，旧为小金夷巢。自夷酋僧格桑逆乱而亦乘负固不逞，致劳天戈申讨。于乾隆四十一年，始行奠定，归入版图。当时设官置民隶于内道，而实仿古赵充国屯田遗意焉。初而为善后计，设粮台，置营伍，驻扎大板昭，扼要防戍。而又设屯员于底木达，以便弹压，因名曰抚边屯务，盖以绥怀镇静也。旧本额设屯员一、粮台一、都司一、千总一、把总二、外委二、土守备二，其一驻防别思满，一驻防八角碉屯，各统辖土千总一、土把总二、土外委二，屯员则三年差竣报请接管，土职则世袭罔替。

额设单春制，兵五百四十名，番兵共六百八十一名。安插流寓客民三百七十户，六甲屯民二百五十四户。

又杂谷屯分防大板昭、大寨屯千总一，屯练三十户。乾堡屯分防大板昭屯把总一，屯练二十户。统计三街六甲汉番民、番练，开垦山地三万二千一百三十亩，每年应征杂色科粮二百二十七石零。所遗山头、地角、余荒地面，劝谕汉番共垦，以资生计。乾隆四十四年，归并粮台于屯，裁都司，改设守备，以固边圉而资统率也。

屯地居成都之西，高处万山中，气候温平而多寒凉。以四时考之，秋冬则雨雪冰凝，春夏稍暖。虽值三伏，绝少炎蒸。地半砂碛，喜温恶燥。不雨则低洼苦旱，久雨则高阜冰凝。甚且雨雪不时，冰雹为害。以故农务多艰，岁仅收一季。半皆歉薄者，此也。所幸山多地旷，箐密林森，最宜虞政。且广产药材，居民采取营生，以补岁歉不足。惜乎任意刨挖，不知固种，附近山场，年来将形蹶乏矣。

地当省之西、厅之北，距省道里一千零二十里，距厅百有三十五里。所辖三街六甲，辐员斜褒六百五十里。东与沃日、鄂克什土司界毗连，南与懋功属之明郭宗汛交界，西与绥靖、崇化两屯交界，北与卓克基土司交界。

其间民番杂处，启畸零，俗多犷猂，狡谲不情。崇信释佛，鲜知义礼。虽归化百三十余年，历任有司不乏贤者，化导虽加，浇风臭挽，盖因未尝读书故也。年来兴学，注重教育，将有转机，惟冀后之君子教养兼施，止于至善，庶几人材出而边圉固。不恃为蜀郡内地之长城，而实扼外夷蚕食之捷径也。

屯地原无志书，文献莫征。文增不揣固陋，爰举是邦乡土大端，暨前贤事实遗迹，地方建置年月与物产之丰啬、道里之远近，嘱令周子舫茂才辑而成篇。固知遗漏良多，无所逃罪，然而千谬一当，未必于童蒙学科毫无小补，尚希博雅厘而正之，实为幸甚。

光绪三十二年岁次丙午花朝月下瀚日，抚边屯务试用知县刘文增谨识。

历 史

屯地全境旧为小金酋巢，附于美诺。因僧格桑乱逆，而亦乘时负固不逞。乾隆四十一年戡定后，始归版图，名曰抚边，隶于成绵龙茂道，属于懋功同知。旧设粮台一员，与五营驻防大板昭；屯务一员，驻防底木达。自乾隆四十四年，将粮台归并屯务，移驻底木达，以便弹压镇抚。未置屯务以前，虞、夏、商同时究属何州？春秋以降，究属何国？迨秦汉而后，属何郡县？年湮代远，漫无稽考，未便臆度悬揣，故不详载。

政 绩

置民设官百三十余年，历任斯土者不暇三十余员，其中实心任事、兴利除害，与夫听断劝能者，当不乏人。无如地处边氓，土瘠民贫，读书者少。公道虽在人心，舆论贤否，何能允协？是以未便妄列，反碍激劝。

街署城垣

屯署傍山临水，地极褊狭。坐西向东，南修建头门一座、仪门一座、大堂三间、二堂三间、三堂三间，旁修住房大小十二间，科房、差房、通译房共六间，新旧仓廒十二间，并无关隘、监狱，绕署土城一道。署前两头街口竖修栅栏一座，以稽出入、警昏晓焉。

祀典庙宇

屯属庙宇无多，尚未具领祀费。即如文昌宫、武圣宫、慰忠、禹王、昭忠、龙王、城隍、社令，以上概未请资。惟文昌宫系大板昭汛兵地余荒，招佃开垦成熟，因前屯务史金声、守备江思山会禀，拟作文昌宫年中春秋祭款，奉批立案勒碑，以垂久远。其余概系就地筹款致祭。

兵　事

戡定而后，并无兵端。惟屯地产金，厂匪薛刚三等因争兴夺矿故，互相械斗，并未戕距。其余蛮触相争，亦不过因财产、婚姻故，蠢然思动而已。

耆旧附名宦、忠义、节烈

地处边陲，学问彝行，暱焉不讲。偶尔诚出本心，近于道者，理宜列入，以昭激劝而树风声。访有屯民马登福妻韩氏，翁为举家待食者，于光绪十五年十月二十三日病势危，老幼惶无措，暗刲左股以进，获愈，丁口于是有赖焉。夫以割股伤身，原为朝廷所弗许，惟地方男子尚鲜知孝，区区妇孺，尤解大义，心良可嘉，行亦足录，故笔之于书，以励后之为人妇者。

太仆岚溪王公，讳如玉，山西灵石人。官黔贵西道，因案镌级，奉旨以四品衔，从定边将军大学士温公往讨金川，军驻木果木。日久，料敌必有诡谋，屡有建白，温不用。忧虑形色，日磨所佩剑，务使极利，军中见者咸诧之。未几，贼诱合降番，内外窃发，元戎遇害。有劝公走者，公脱指上玉韘，付长随彭山曰："汝死此无益，何速去，持此归以葬，无负所嘱。"言毕，抽配剑跃马奔贼，累击杀七八人。俄马中铳而殁。协镇某在高阜目击以语人，顾廉访乡泉，为之作传而贞石焉。

穆塔尔，小金夷人也。因金酋梗化，暗先投诚，大兵赖有乡导，又能竭志效忠，元戎赖有臂助，两金川荡平。蒙皇恩，列绘九十九名功臣图像。嗣随征兰州、台湾，论功给头品翎顶，并加散秩大臣衔，给予素诺巴阿名号。旋又出师后藏及廓尔喀，打仗奋勇，伟绩孤忠，两相昭著，蒙加副都统衔。凯旋后，赏绘三十功臣，得列于二十四名内，世袭八角碉屯守备。后又出师黔、楚，殁于途次。忠功屡著，诚夷中之人杰也。

抚边城隍之神，失其姓字。仅闻乡老传言，神本乾隆时人，官知府来蜀。因大小金夷乱，解粮到屯之登春沟，值逆夷饬兵截掠。公多方保护，无如兵微贼众，不敌，厮杀三昼夜，力尽尽节。厥后，大兵驻扎梦笔山下乡道，不谙险要，致被暗召大金逆夷，前后合围，几至全军覆殁。神于山头显灵，贼见扼要有兵，不敢力攻。全军似有策应者，于是奋力溃围而活焉。荡平具奏，故有是封。神之姓字籍贯与殉节事实，失考，谨合来附，俾后修志有所考究而昭激劝。

大板昭土地之神，姓郭名良相，官四川石堤司巡检。亦因逆夷乱，运粮前赴行营，在彼被刲，殉难于斯。时值岳钟奇[①]公统兵戡定夷匪，遣密密谋入告，迷途，几误事机。赖神显灵指示，乃克祗京，厥后荡平，爰事请封，故有是勅。

---

① 奇：当为"琪"。

人类、户口、风俗、宗教

汉民一千四百五十七户，男三千八百六十丁，女三千五百八十口。熟番六百八十一户，男一千三百二十九丁，女一千三百二十三口。回民十户，男二十二丁，女二十口。

人类，汉、番、回三种，原日统计一万零一百三十四丁口。自戡定后，或系自外迁人安抑实边，或系充兵戍守，抑或流寓懋迁。当日土著投诚者少，年来生齿日繁，较前加三四百丁口。共计一万零四百七十四丁口。其间并无世家大族，时而迁移不常，大约肩挑背负，获利则聚，否则迁焉，汉、回亦然；隶于行伍者，因有屯地，子孙仍隶兵籍，世守甚[①]地；抑亦倘有迁移者，惟番户长守其业，畸零散处戍地三种。

风俗，回番悍狡，汉稍知礼，不免者染。回民概系阿剌伯人，宗教崇尚清真，偶与汉家联婚，饮食礼节，男女各从其类。番与汉结婚，服食大约相去不远，不似回汉同居异食也。番僧喇嘛则惟黄教一种，崇信佛教。汉则惟尊孔教。因地瘠民贫，鲜有读书上进者，间或亦有崇佛摹拜者，其风俗不免粗陋不文。他如天主、耶稣两教到屯传教者少，级[②]有外洋与内地教民到屯宣传，而亦不知信也。

① 甚：或当为“其”。
② 级：或当为“即”。

气　候

抚边虽居成都之西，懋功之北，惜乎地处极高，而列于万山之中，是以气候温平而多严寒。夏暖冬寒，仲秋及冬徂春，雨雪不时，或数日、十日一雨以为常，或半月而不定，至及一月或数十日不雨，则民苦旱矣。而地面喜恶不同，大致高阜喜晴，低平喜雨。望雨之期在于春暮夏仲时，厥后能时若更善，其要宜润不宜干。盖因土薄而多沙石，不经燥暘也。高山多云，有经年积雪者。

夷俗

屯属民番，浑厚朴实，不尚奢华。居民衣布茹草，饮则烧糟，食则青稞杂粮，素鲜甘旨。番家饮食则以酥油、糌粑为粮，均不以米为贵。冠婚丧祭，无取奢侈，犹有古风焉。

冠婚

其俗男女无别，惟同母之姊妹不相匹配，其议婚也无年庚纳采之礼。婿家惟倩逢查谷巴（即媒妁之谓）往女家致殷勤，携咂酒一瓶诣焉。女父母允婚，受其酒而饮之，否则反酒。如偕，则媒反告婿家，延喇嘛择吉。视其家之贫富，酌馈酒之多寡，随媒氏备言情好。女父母受之，则婚谐矣。女家乃备咂酒、猪漂[①]款媒氏及从人。女父母以糌粑数斤，馅以猪膘，作得米鸟一圆给媒氏，至婿家答礼。婿母将得米鸟截小方，遍馈亲党，于是咸知与某某结婚云。娶之日，仍延喇嘛择吉，其烧酒一篓、咂酒一坛，随媒氏至女家。喇嘛、和尚及婿之姊妹偕往迎焉。并择亲属中之识夷字者，举夷画神像一轴为前导。新妇衣短襦花裙，缀小珊珠百余粒作抹额式，足着皮鞋或汉制花鞋。富者乘马，贫者徒步，挥泪别亲。近寨妇女各持卡蒂为女绾项间，送女以往。喇嘛和尚沿途诵经咒，袚除不祥。导至婿家，持铜瓶贮水浥夫妇项颈间，以祛灾病。入室，则礼毕矣。

丧祭

蛮俗，无论老幼男女死之日，其家延喇嘛诵经咒，为死者开路。子弟不衰麻，无躄踊，遍讣亲友。舁尸板上，易新衣一袭，不着裤袴，以藏布一方裹覆之。其葬有三，一地葬，一水葬，一火葬，悉决于喇嘛之索卦，大抵视人之生命何葬为宜焉。如地葬则置木龛，择吉日舁坐龛中，外以木板鞘合，上开一孔，长三寸，如窗牖，中置经幢，朝夕点酥灯于侧，无时或息。亲党来吊，各致酥油数两，以代香烛。喇嘛连日诵经咒，择吉，令家人舁龛于野，视地之爽垲者，从旁穴之，穴深数尺，藏龛其中，外封以石土，覆木板或石块以蔽风，两旁植经竿数十根，半属亲党赙。仪布印番经悬竿上，令风吹扬，以代口诵而资冥福。其水葬，则舁龛置江浒，砌石周遭，待江水泛滥，即参身洪流矣。至火葬，并无木龛，葬之日，人预甃石圈如灶式，横铺柴薪于上。喇嘛捏糌粑供物

① 漂：当为“膘”。

祭山神，口中喃喃念真言，以铜勺沃酥油倾火中，烈焰烘腾，顷成灰烬，收拾余骨，掷于江滨。其子遇七日，延喇嘛诵经，四十九日乃止，余无三年之丧。虽病不医药，惟延喇嘛诵经祈祷而已。

夷寺

夷庙有六，其一名曰寿经寺，番僧二百八十余名，距屯七十里，八角碉屯防土署之侧。又，隶于寿经寺之番僧十余名，分处于距屯一百七十里之木城山寨。均系番民出家者，受节制于八角屯守备。其三在于距屯一十里之木坡寺，名刹谷亮，番僧一百八十余名。其四在于距屯一百二十里之别思满寺，名哈尔登斯，番僧九十余名。以上两寺皆隶于别斯满屯守备，受其节制。杂谷屯分防大板昭，距屯八十里有寺一，统名喇嘛，住番僧三十余名。其六曰乾堡，距屯九十里有寺，仍名喇嘛，住番僧十余人。以上六寺共番僧七百余名，概系私庙，崇奉黄教，其僧中贵显者，须曾进西藏七年或十余年，受藏考取而返，始名喇嘛，似内地入学之增广贡生等。如未进藏，虽谙梵经，均统名曰和尚。然此辈中贤愚不等，上乘请习释典，养性修持，一尘不染者，实少其人。其次，阐教行善，奉佛修持，安分居寺，不敢越矩者有之。其祝发披剃，身处家园兼业商贾，懋迁有无，以信教之势利为布施之捷径者，在在皆是。甚有托名为僧，放轶淫逸，嗜酒狂横，狡猂不逞，逾规越矩，藐视典章，不知顾忌，亦属甚夥。此等释教败匪，而实法无逭制之，过迫虑激生变，置之野蛮，亦悖于理。现经屯务刘令文增反复筹措，举吾以劝释，寺中安静，端凝之僧，饬通译传语褒奖，并将圣谕广训暨伦常礼义，各种浅近易于感化之书翻译成篇发各寺，勒令于每日诵经毕当众宣讲，加意解说，期以照行，而化其悖谬狡悍淫恶之习。仍责成两屯土员，严加约束，并不时驰往察查，惩恶劝善，庶几微防其行，而泯其狡悍之气。

实　业

屯地僻处边徼，瘠苦异常。虽有读书者，亦不过粗解文理，仅供缮写而已，鲜能力求精进上达者，以故士类颇少。地方汉、番、回民，或隶兵籍，或业懋边与投艺。概系兼农，并无专业，于农于商于工者，实由谋生艰难故也。

地理

屯地在省之西，相距一千零二十里，在懋功厅之南，相距百二十五里。东界沃日、鄂克什土司，南界懋功明郭宗汛，西界崇化绥靖屯，北界卓克基土司。东北与沃日、卓克基址接壤，东南与懋功明郭宗汛、沃日界毗连，西南与崇化、懋功界接壤，西北则与绥靖、卓克基土司界。

幅员斜褒六百二十里，所辖地面分三街、六甲。三街在屯近，一曰粮台街，即屯署前；一曰炮台街，距屯署约里许；一曰营盘街，距屯约二里许，即武营地面也。一甲，距屯一百年[①]里，在署之南，计五千[②]五户烟户，聚散零星，或二三家，或四五家，或五六家，余皆畸零散处。二甲，在署之西北，距屯二十里，计四十七家烟户。三甲，在署之西北，距屯六十里，计五十四家烟户。四甲，在署之东北，距屯三十里，计三十九户。五甲，在屯之西北，距屯五十里，计二十九家烟户。六甲，在署之北，距屯一百八十里，计二十九户。

屯地并无城垣市镇，新设初等蒙小学堂一所，距署里许，地名万字坪，与三街适中，盖取其便于学童也。屯署右近有庙曰禹王宫，崇祀大禹，湖北流寓之民岁时伏腊乡饮焉。屯前有庙名曰陕西馆，崇祀关帝。屯右相距里许，栅外有本朝殉难太仆寺卿王公碑，盖俗传当日尽节处。再里许有小桥一座，近失其名。屯之近左有庙，名曰三官庙，在粮台街中，由此出栅左侧即栖流养济院。顺往半里许，有庙二，曰雷祖、龙王，盖同龛而崇祀也；一曰城隍，在山之半，有木牌坊二，其下立栅以备关键也。左殿六，右殿六，均供祀阎罗。中盖采楼，拾级而升，正殿三间，中祀城隍之神，即失名殉节之贤太守也。两厢右二间，左为客堂，右往住持栖宿处；左接正殿，有寝宫。□外祀夫人，内则神榻床帐俱备，以妥厥灵。由寝宫檐前，拾级而登，附盖观音殿一间，对面韦陀殿一间，内祀其神。距隈，有殿三楹，曰鲁班祠，崇祀巧圣，为木石工匠祷祀处。左盖两厢，风摧雨剥，将倾圮矣。由庙下街，名炮台，有三婆殿，为妇人祈子祀神处。又庙三，曰萧曹殿，文武房书供祀；一曰文昌宫，列载祀典，春秋致祭焉。地无万寿亭，每逢大典，文武就彼朝贺。顺往山下有河，一区二水，汇流一水，保对岸溪水就下，一水由左交汇而入于涧中，搭木桥，名曰登达。过此数十步有哨楼一所，额曰边城锁钥，楼下设堆卡一，堆左，庙曰关帝，庙之左即专城衙署，再左则守备防营也。

---

① 年：当为“余”。

② 千：据上下文户数，或为“十”。

著名泉石

屯署座山之左山下出泉，其质清，其味苦，天旱不竭，雨积不浊。询之屯住老民，其泉之源即山下阴海子水也。署之东北三里许，大溪边有龙头滩，山势雄峻，层叠奔驰。两旁山峡，势如游龙出峡，山脚上层小坪之阳为抚边营守备衙署。山阴近水，怪石攒重，两长巨石，侵水相错若龙口者，因其形似，故以龙头滩为名。滩之对山亦甚崔嵬，刺草杈枒，怪石突怒，为屯署主山。左山腰有石如踞虎，人呼虎踞石，瞰临龙头滩，两相敌对，故土人谓之龙虎相斗云。由是而前十余里有天生石桥，跨临大溪，下涌急流。两岸巨石突出，合长丈余，飘然横空，接架丈木，利涉行人。临流漾影，有如长桥卧波，景出天然，故名天生也。

山　水

屯地山乏名区，形旦杂沓，如树根穿插盘互，或蜿蜒平衍，或陡峻峭立，其势不一。溪壑也，溯山之来脉，由那克都母精山而发，其左大雪山之东，岷山尾支蔓延而来，散于松潘、理番、雅州、眉州、嘉定各地。东以岷江为界，西以大渡河为界。溯屯涧水来源，其说有二，或谓由大渡河发源，流汇铜江，自梦笔山起源入界，顺流至懋功屯之猛固桥出界，汇流折入大金小河。一由里水河来源，绕梭磨土司地流入于涧，至鄂克什土司地出界，复折入懋功而归大金，俗呼为河，实深涧也。水之大致，春秋各山泉流汇则涨，秋冬水凝则枯。滩多水急，无可行舟艇处，产鱼甚稀，间或寸许土鱼而已。

道 路

屯署道路，自屯至省，距省西一千零七里，在懋功厅治北一百三十五里。其四至交界，由屯起，东自克孤山与沃日、鄂克什土司交界，此系偏僻小道，并无塘卡，约计程一百六十里。南自底塘起，途半有小桥一座。至木坡塘二十里，地名木坡塘，有小桥一座，至喇嘛寺塘十里，喇嘛寺塘至八角汛二十里，八角汛至破碉塘四十里，破碉塘至明郭宗汛三十里，与懋功屯交界，共计程一百二十里。西至美卧沟万里城之雪山，即咱玛山与绥靖屯交界，乃系偏僻小道，并无塘卡，约计程一百二十里。北至双碉塘，有官桥一座，计十里。双碉塘至叨鸟塘三十里，有官桥一座，叨鸟塘至马尔当塘二十里，马尔当塘至撒拉汛二十里，有私桥一座，撒拉汛至大板昭汛二十里，有私桥一座，大板昭汛至卡尔撒塘二十里，卡尔撒塘至梭洛泊古塘二十里，梭洛泊古塘至梦笔山梁三十里，与理番厅属之卓克基土司交界，计程二百二十里。自屯署至武营三里，有登达官桥一座，其路径自明郭宗汛起至大板昭汛止，系往来大道。其余偏僻小道甚多，均系羊肠险峻，山居出入，挖药丛林，不与官道相通焉。

桥　梁

屯属山高溪涧多资桥梁以利行人，其请款报修者有三焉。

一曰登达，距屯三里许，河面较宽，架木四根，横宽八尺，径长五丈余，两岸各支挑木九层，平埋于土，每层横间枕木浮梁于上，盖以平板，人马通焉。

一曰双碉，距屯十里。

一曰叨鸟，距屯五十里许，桥宽与登达等，惟长稍杀耳。每届三年详请动项监修一次，由屯员估工绘图，申详藩司，所需工料，报部核销。

物 产

抚边为农业最下之地，岁仅一收。倘雨旸不时，秋成必形歉。薄霜雪早，则各种穗而不实。稍旱，则收成难期。因土薄而燥，不经干旱。产麦、稞、豆、荞、苞谷、芋、杂豆、烟、罂粟、黍等。四面皆丛山溪箐，富于森林，满岭郁苍，虞政得宜。且凡造制屋器等用材及薪炭之资，取需便而且富，无虞不足。

动物则四山有熊、狼、虎、豹、麋鹿、麝香、狐狸、雪猪、土猪、野猪、山羊、山牛、麂、兔等。家畜则有马、牛、羊、鸡、犬、豕等。他如野禽之马鸡、松鸡、贝母鸡、野火炭鸡等。

矿产则境多金砂，其他如硝磺、石灰、陶土，则间有产者。而以产药材为大宗，如虫草、贝母、白芪、黄芪、羌活、独活、麻黄、秦艽、赤芍、丹皮、大黄等。果木蔬菜之类，各种悉备，然而夏秋极盛，霜雪一降，不免其黄而陨矣。

鳞介鲜少，而禽兽蕃息，诚蜀郡宝藏中之富源，森木矿产与夫羽毛齿革虽盛，而工业不讲，仅似天然物，若称殊属可惜，而实为此地之缺点也。

商　务

抚边商务别无出产，仅以药材为大宗，以木城为药材会萃之地，其次两河口屯地，又其次也，大致屯地。商民于贝母、虫草、羌活、独活、白绵芪等药出时，或预放工本，或届时驮运粮食货物交易焉。从前附近各药尚旺，有商备资招募药夫，或就产药山中，搭棚给本挖缴。迨后，不知固种，铲锄几尽，所遗残根败种，生发不旺，以致阙如。兼之奸工希图挪本，恃贫图赖不偿，商本因而亏乏，商民不愿开棚者此也。虽近日有商零星放本而实稀疏。年来，各商均系雇工前往木城坐收，以现易现而已。即如贝母等药，附近日渐缺乏。大半商觅妥实能通番语者，前往草地易换，驮运回屯，捆载驮赴灌县出售。现由卑屯出示晓谕各药夫，凡产药之区，巨根大苗自应挖顾衣食，倘细根小苗，不妨留延种类。并分段禁山，使无缺乏，而资长久之计。

毛货则牛、羊、虎、豹、山牛、山羊、麋鹿、土猪、雪猪等，皮大致牛、羊、麂、土猪、雪猪、兔子之皮居多，而虎、豹之皮，间或得之，牛皮由外委马得胜奉委承买，运省交局造制。于金砂，惜其开挖有年，近日洞老山空，不过翻淘二脚，未尝畅旺。植物如蚕桑与茶种之类，虽经文增捐廉劝办，现在考究土宜，倘能生发，不特山丝可以比美于黔，而茶为蛮夷酷嗜之品，因价昂道远，山路崎岖，故近日夷贩运者少，倘能生发运贩便捷，实为地方绝大之利源。将来开拓矿、植、动三者之制造，地方不患不蒸蒸日上之，惜地方过于脊苦而乏资本耳。

（民国）佚名　纂

懋功县志

民国初年抄本

提　要

（民国）《懋功县志》，佚名纂修。

是志不分卷，无序言和目录，分“历史”“政绩录”“兵事录”“耆旧录”“事业”“孝友睦亲”“任恤类”“学问”“人类”“户口”“氏族”“宗教”“实业”“地理”“古迹”“山”“水”“道路”“物产”“商务”等二十门。纪事止于民国三年（1914），成书当在此后不久，有民国抄本。

该志是懋功县现存唯一一部旧县志。

目　录

历 史

本境前清乾隆四十一年置。未置本境以前，唐虞夏商周无考，春秋、战国未内属，秦初通蜀，亦未及此。汉武帝时始通西南夷，自嶲以东北，君长以什数，徙筰都最大，自筰以东北，君长以什数，徙、冉駹最大。接懋功县境，即冉駹国。《后汉书》云："冉駹其山有六夷七羌九蛮部落"，即今各土司也。或谓本境即筰都，考《华阳国志》："雅州山本名邛筰山"，本境適在雅州东北，当駹国，兹特更正。唐称冉州，《括地志》云："蜀西徼外羌冉州，本冉駹国地也。(后与维州同陷吐蕃。)"五代蜀冉、维二州并而为一，改曰保宁。宋景德初改为威州。元至元间以州治保宁县并入，疆宇割裂，亦非复冉、维二州之旧。明洪武初于州境析治保县。前清顺治、康熙年间，鄂克什土司与两金土司、杂谷土司相继投诚，各给印信、号纸，使各管其故地。雍正年间省去威州，将极东一区并属茂州。乾隆十七年杂谷安抚司土司不法，剿灭之后改土归流，另立为一厅，设直隶同知一员，辖七土司、两金、鄂克什并隶焉；四十一年两金剿灭，改土归流；五十年复将鄂克什土司改归懋功同知管辖，虽于杂谷厅稍有划分，而适还冉州(与维州分设)之旧。既置本境以后，前清乾隆四十一年派委总理府同知一员，四十九年颁发关防，定名懋功厅(原名僨拉，一名美诺)。于中华民国三年改名懋功县。

政绩录

道光十八年，强丞望泰，由陕西进士出身，捐廉创建菉竹书院，创设水塘，创设养济院，创建龙王庙、火神庙。祈祷，晴雨辄应。同治十一年黄丞加焜自行捐廉并劝谕绅商共捐麦粮，创设济仓。光绪六年熊丞晖吉禀请创立学额，岁考取进文生二名、武生二名，蒙前总督丁文成公奏准。光绪二十七年赵丞权劝捐，创设三费局。

兵事录

乾隆十三年岁次戊辰，本境土司泽旺为促浸所拘，经略大学士傅恒与提督岳钟琪率劲旅剿，攻克碉卡，所向无前，郎卡穷蹙乞命，遂允受降，是为官兵入境之始。三十六年泽旺之子僧格桑反，与郎卡之子索诺木同恶相济，攻围鄂克什，占其境地，羁其土司，经前总督阿尔泰等往谕罢兵，逆酋阳奉阴违，大学士温福由滇入蜀统兵进剿，即攻克巴郎拉达围一带，以至资哩，官兵前抵路顶宗，仍不能进。三十七年大学士阿桂（即文成公）以参赞赴南路统兵，于是年冬攻克僧格宗，甫半月即乘胜攻克美诺，其余寨落悉传檄抚定，本境初平。三十八年夏六月，温福孤军深入，误坠术中，有木果木之变，美诺亦寻失，海兰察等退至日隆关。高宗纯皇帝特派阿桂为定西将军，明亮、丰昇额（额，宜都之孙，后晋果毅继勇公）为副将军，并派健锐火器营二千，吉林兵二千，西安、荆州驻防满兵四千以为之倡，阿文成公遂统八旗劲旅进剿，于十月二十九日自资哩至美诺，五昼夜悉行恢复，收功神速，本境遂定。

耆旧录

缺

事　业

缺

孝友睦姻

缺

任恤类

仅有道光十九年陕西客民贾逢源捐银一千二百五十两，分交五屯，发商生息，各设义学，读书子弟，至今赖之。

学　问

读书人少，鲜有著述，亦无名宦、乡贤、忠义、节烈等祠。

人　类

回种四户，共二十一丁口，住日隆关，陆续迁回懋功屯之营盘街者居多。番种三百六十户，共一千三百八十丁口，分住官寨达围等处。俗尚敦朴，夏以火麻织布为衣，冬以牛羊柔毛织毯为服，饮食多用乳酥、糌粑、咂酒、烧酒，好诵经，屋前多插经布旗杆，婚嫁、疾病、丧葬，悉决于喇嘛之索卦，喇嘛不生异说，番民尽皆恭顺，俨有不识不知之概。

户　口

所属沃日土司（原名鄂克什），境内汉民四百七十户，男共一千零一十丁，女共六百九十六口，编联三保；夷民三百六十户，男共八百三十丁，女共五百五十口，分十四寨。遥辖绰斯甲土司（一名绰斯甲布，在县治西北四百余里，词讼向就近归绥靖屯审理。）境内夷民不分家户，住居帐房，日有迁移，难以枚数。

氏　族

所属素无大姓。惟陶姓、俞姓、廖姓、两陈姓族人较繁，均于嘉庆、道光年间由遂宁、安岳、德阳、乐至等县迁居县治，承佃土司地土耕种，至今人传五六代。其余贾姓、王姓等族均由陕西、甘肃迁来，开店为生，一有倒闭，即行转徙，难以枚数。

宗　教

由陕、甘迁来者，多奉回教。近来，陆续迁至懋功屯之新营两街，仅留数家，仍奉其教。夷人尽奉喇嘛黄教，未闻黑教、天主、耶稣等教。前四五年，有由灌县境内奉教之民邀某国教士来者，或至牛头山，望见雪岭，中途而返；或一到县，履勘屯地，实系荒凉，不堪栖止，遽行言旋者，故向未设有教堂，亦无教民。

实　业

士自光绪十四年奏设学额后，历次科岁试，厅学取进文生谢永芳等二十四名。但名为厅学，其实散处五屯者什之四五，客籍冒入者什之二三，已入学后散之四方者什之一二，厅属不特文生寥寥，即监生、童生亦罕见。现在学堂所延教员、校长，多系由外请来，或借屯属绅士兼充。农各户除肩挑背负无恒产者外，耕种汉民三百五十户，夷民三百六十户。工商均无专家，夷人不识手艺，贸易概系内地汉人来县作工贩卖，或春来冬归，或迁徙靡常。

地　理

县属在省城之西一千零四十里，东至斑斓山与汶川县瓦寺土司交界，南至甲金达山与天全州穆坪土司交界，西至明郭宗与懋功屯交界，北至高店子与抚边屯交界。《原志》谓：至汉牛、日旁山、梦笔山者，皆兼辖境而言，兹特更正。县属分为三保六团，均在本境之东。大水沟团距县三十里；四坪碉团距县三十五里；官寨团距县四十五里；火草沟团距县七十里；达围团距县九十五里，团侧有木城沟、大营盘、日耳寨等处；日隆关团距县一百四十五里，团西有沙坝、滴水岩等处，团东高店子、松鳞口直至斑斓山，与瓦寺土司交界。

古　迹

距县四十五里有官寨（即鄂克什土司寨落，逆酋僧格桑曾占据之，以为巢穴），寨西有龙灯碉（土人相传未平定金川时，顿兵在此，历时甚久），寨东有将军碑（系阵亡营官袁国琏之弟国璜吊其兄文，俗传为将军碑），碑侧有鱼鳅沟（其水常浊），碑东有木椏桥（一名木了桥）。

距县九十五里达围团，有喇嘛寺一座（每上元节演跳布札，聚观者向多）。

距县一百六十五里松林口有石岩（似鱼鳞，口内有水喷出，如雾，狂风即起）。

距县一百七十里内外有新草坡、树星影等处。（土人相传同治初年，有匪人张紫阳聚众万余人，在此等处挖金，所出甚旺，后被夷人率众击毙，并将原挖金礌填塞，费数十人数十日之力，封闭严密，不易复开。现开办者，或寻得其小礌旁洞；或按引寻去，里面一空，或此洞与彼洞挖穿抵遇。经年不化积冰，徒耗工本，间有所得，不偿所失。但其旧住金夫窝棚，尚有砌墙堆石遗址。）

距县一百八十里斑斓山中向阳坪有讷公祠，一称讷公，一称勒公，未知孰是。祠中有讷公像，门前廊下匾对甚多，并吊万人坟者附悬于此。其最警切者有：八千里慷慨从军，可怜血洒金川，竟向牛头挥手去；一万人激昂报国，但得光争铜柱，何须马革裹尸还。一联又：雪窖陷英雄，拼着捐躯酬圣主；金川终底定，追摹遗像慰忠魂。又：八千里卷甲而来，悲歌士多出燕赵；一万人英魂不昧，叱咤间犹作风霆。土人相传，过此山不敢作声，即肩舆过，搬杵皆须指弹，不敢直喊，一有喊声即风雹大起，想见英魂毅魄，犹有余怒。山石侧有万人坟，枯骨堆成，阴云惨淡，罕见晴霁。

山

巴郎山（一名斑斓山），古称冉駹盘，亘八九十里。西即县属，东界汶川。（《史记·西南夷列传》："冉駹山土气多寒，盛夏冰犹不释。居人冬则避寒入蜀为佣，夏则返其邑累石为室，高者至十余丈。"今土司所筑寨落碉楼，其遗制也。）山内有水发源，由东而西独流至明郭宗，与抚边梦笔山下之水合流，直趋章谷大河。

水

本境鄂克什水（一名冉水），源出冉駹山，西流至明郭宗与小金川水（俗称眼明水，发源杂谷盖州，与维州壤地相接，水亦合流，眼明水想即冉水之转音）合流至章谷、大金川水，并入泸定河，趋雅河，归嘉陵江，委直注三峡入湖。

道　路

自县治东行十五里老营场，又五里为高店子，又十里为小水沟，又十五里为官寨，又十里为木南卡，又十里为仰天湾，又十里为将军碑，又十里为日耳寨，又十里为达围，又十里为广金坝，又十里为滴水岩，又十里为沙坝，又十里为破寨子，又十里为日隆关，又十里为高店子，又十里为松林口，又十五里为万人坟，即斑斓山西界，过山之东与瓦寺土司境接，惟达围有通天全州小径，地方向背，非通衢大路。

物 产

动物：黄牛、犏牛、毛牛、马、驴、雪猪、狼、豹、熊、猴、鹿、羊。

植物：麦、稞、荞、豌豆、胡豆、黄豆、黍子、高粱、芋麦、菜子、葱、蒜、芥、姜、菘、韭、芹、萝卜、萝葡、菠菜、茴香、白瓜、胡麻。

矿物：金、铜。

以上均系天然产，制造之法素未讲求。动物惟牛羊毛能织毪氇，植物惟高粱、芋麦能制烧酒，菜子、胡麻能制清油，矿物惟金砂能熔炼成金易银，余法尚待推广。

商　务

本境所产之物

贝母、知母、虫草、麝香、鹿茸、大黄、羌活、棉芪、五贝子、丹皮、木香、赤芍、白芍各药材。

本境所产之品

惟有夷人能织牛羊毛毪氇等物，又能织桦木皮为草帽顶下胎子，但不甚多。

本境行销之物

惟茶叶为大宗，每年销引一千张。

本境运出之货物

多在灌县等处，行销贝母、虫草、羌活、棉芪等项药材为大宗，麝香次之，偶有皮货运出者甚少数目，均以本年所出衰旺为定。

邛崃、灌县运入本境之货物

以布匹、铁器、草鞋为大宗，盐、米、钱、纸次之，书籍笔墨亦间搭入，随时用竣，又出贩运，不拘数目。

懋功概况资料辑要

（民国）边政设计委员会 著

民国二十九年铅印本

提 要

《懋功概况资料辑要》属《川康边政资料》二十九种之一，于民国二十九年（1940）刊刻，有时任成都行辕主任贺国光序。贺国光于1935年任参谋团主任期间，即注意川康边事之整理，爰烦边政设计委员会甄综搜采，“都凡二十九县，详其区域，条其风俗，推表山川，胪列土官，宜名之曰某某县资料辑要，发交各部分研讨”（贺序）。1939年，贺国光任成都行辕主任，又说：“前所辑《资料》一书，虽未足言详赡，但大体已具梗概，堪供讲求边区政治教育者及各地军政人员之探索寻绎。”遂于1940年刊印。

《懋功概况资料辑要》在“目录”后附有“地图”，正文分“疆域”“沿革”“山脉”“河流”“气候”“种族”“户口”“官制”“交通”“民政”“司法”“财政”“教育”“警团”“军备”“物产”“生活情形”“语文”“宗教”“文艺”“大事记”等二十一门类，与方志体制相仿。资料主要来自实地调查材料，辅之以理番历代志乘典籍，内容充实，条例分明。

懋功县有民国初年县志，此后再无续志，故该书与《县志》构成了民国懋功县较为完整的县志史料。

目　录

疆　域

壹. 四至

民国二十五年《懋功县府报告》：东界汶川约一百八十里，东南界宝兴约一百四十里，南界金汤约二百八十里，西界丹巴约一百八十里，北界靖化约一百二十里，东北界理番约三百二十里。

贰. 面积

民国二十五年《懋功县府报告》：全县面积约计二百八十平方里。

叁. 区划

民国二十五年《懋功县府报告》：县属分四区，抚边特区及第一、二、三区。抚边特区辖原有屯属一带，第二区辖日龙关、达维、必土沟、窄脚沟、官寨、龙灯碉沟、泥坵沟、火车沟、木城一带，第三区辖千家寨、沙龙沟、汗牛一带。

肆. 地势

民国二十五年《懋功县府报告》：山势错杂，连绵数百里，以巴郎山为主干，右为虹桥、空卡、照壁诸山，左为夹金山、蛇皮梁子诸山，均高约百余里。道路崎岖，深林旷野。小金川沿河一带，地土倾斜较缓，其他耕种地均有六七十度以上倾斜，气候寒冷，每年耕种一次，以麦子、玉蜀黍、马铃薯为主要。

沿 革

《懋功厅志》：《禹贡》梁州之域。汉冉駹国地。唐时吐番有其地。在明曰金川寺，有哈伊拉木者，封演化禅师，数传后分为大小金川。小金川卜儿吉细，于清顺治七年归诚，授原职。大金川土舍莎罗奔，于康熙六十一年归诚。雍正元年，授安抚司。乾隆七年，其子郎卡承袭，陵轹同种，小金川土舍良而吉阴附之，侵迫土司泽旺，遣师荡平之，于大金川设阿尔古厅，小金川设美诺厅。四十四年详筹新厅事宜，裁阿尔古厅，并入美诺，为懋功厅，辖屯务五员：懋功、抚边、章谷、崇化、绥靖，直隶四川省。民国二年改县。

山 脉

据四川陆地测量局十万分一《懋功县图》：邛崃山脉由北而入，盘亘全境，随小金川河及各支流四方分歧。

一、其东有二支

甲. 自北来，有火烧坡（高约二千七百一十五公尺）、大菩萨、老翁坪、公大梁子、蓝家山、查耳脚、苔寨、猛固山（高二千六百余公尺）诸峰，东界于抚边屯，南抵老营场山谷，迤西南至马桑寨，与懋功县城遥相对峙。

乙. 自南来，有大马厂、冒州棚、着耳卡山、马鞍山、色不达、陈家山诸峰（高三千余公尺），而抵于懋功东南境。

二、其北，以崇德沟、新桥沟、麦子沟、日落沟、城守沟等五流，将各峰分为四支：而以大岩窝、石佛梁子、内八家寨、外八家寨为甲支，鱼海子、中梁子、西海子、大坪、头卡为乙支，波罗山为丙支，双柏树、千家寨为丁支。

三、其西，以向家山界于崇化屯，三木札、赵家梁子、石家梁子、松鸡梁子、大菩萨等山（高二千六七百公尺），界于西康省丹巴县。

四、其南，有加萨山脉（高三千余公尺），以两河口、俄嘴沟、小卡子、七重海子、假慈梁子等处，高三千余公尺，乃至四千余公尺上下，而以金汤县为界。

河　流

四川陆地测量局十万分一《懋功县图》：本县河流，自小金川由沃日土司地达维一带，经老营入懋功境，向西流直抵西康之丹巴，东西横贯县境，长七十八里，县南汗牛河，发源于木壳壳梁子、大哇梁子、蛇皮梁子诸峰之间，经热溪、中沟、杨磨房、春口、窝街等处，西南流入西康省丹巴县境，与大金川相合。

此外县北溪流有五：

一、崇德沟，发源于空卡山，南经新店子、喜神沟、小牛厂、水帘洞、崇德等处，与小金川汇，长百零五里。

二、新桥沟，发源于大岩窝、中梁子之间，经长河坝、白杨树、水磨沟、上河东屯等处，抵新桥塘，汇于小金川，长三十四里。

三、麦子沟，发源于麻子岩窝，经菜园子等处，长二十余里，汇于小金川。

四、日落沟，发源于黄花坡，经大沟、牛厂等处，长二十六里，至撑都，汇于小金川。

五、守城沟，发源于双柏树，长二十八里，至僧格宗，汇于小金川。

县南溪流有二：

一、美乐沟，发源于加萨山脉之阳，长五十七里，北抵懋功城，与小金川汇。

二、沙龙沟，发源于蛇皮梁子及拖尾巴梁子二峰之间，由南折北流，长四十五里，汇于小金川。

气　候

张化初《采访报告》：全境当印度洋与中央亚细亚，季候风带，北风特大，冬日多晴少雨，常有北风，负暄不暖，黄沙蔽空，夏季最热时，不过七十度，只能生青稞之属，又夏日天气变化极速，常有晴空无片云，忽起风雹之事。

种　族

壹. 族别

张化初《采访报告》：境内民族，有汉族、回族、藏族，至番民受汉、回、藏诸族之同化，已无此种名称矣。

贰. 各族之分布

张化初《采访报告》所载如左：

一、汉族，分布于本县城镇乡村大道左右居住。

二、回族，分布于县城或大道之市镇一带。

三、藏族，分布于城之东部。

叁. 各族之性质

一、汉族：勤劳耐苦，身体不强，多有烟癖，最多业农，次商、次力、次工。而自卫力弱，是汉族之大缺点。

二、回族：团结力强，性狭隘而急躁，但是善于经营商业，是回族之特点。

三、藏族：身体强壮，忠实拘谨，汉化深而少烟癖，业农、牧、挖业等。

肆. 各族间之关系

一、汉人与回人之关系：懋境内回人为数不多，均属汉回，语言全与汉人一致，情愫相通，居处混杂，平时颇相亲睦，但其宗教之排他性很强，民族团结力坚固，偶有仇恨，则往往勾结康族，残杀汉人，以图报复，结果两败俱伤，又离康族而亲汉。

二、汉人与康藏族之关系：接近县城之藏族，汉化程度极深，来往交接频繁，与汉人感情相洽，隔阂尚少。至于沃日土司各地之藏族，因日常需用之茶，以及布匹等，均仰给于汉人，又其土产须借汉人为之输出，而技术不发达，修造制器，又有待于汉工，故对汉人之工商，皆能款洽，毫无仇视之意。极畏汉人侵占其土地，认开垦为侵占行为，尤畏农民。至官吏及公务人员，以多有敲剥钱财、恃势欺压之事，故尤痛恨。汉人势强，则蜷伏不动，一遇内地有事，即乘机而起，屠杀汉官汉农以快其意。综言之，藏族只仇视敲剥侵夺之汉人，并不仇视一般汉人也。

三、藏族与回族之关系：两民族之保守性及宗教之排他性均强，情感不易浃洽，有时与汉人生龃龉，虽亦彼此勾结，以图报复，而藏族多乘机对回汉一并屠杀，有时屠杀回人，比杀汉人尤惨，从无始终互助之事。

四、康藏族对各族之关系：藏族因其民族性特殊，所居地方，地势复杂，每细分支别，各自为部落，不相隶属，互相攻击，俗重复仇，虽累世必报，邻近部落，恒有世代相仇之事。故自古及今，未能建立一统之□也。历代治康藏族者，亦多利用此种弱点，以分散其势力，而收控驭之效。

补：第十六区专员谢培筠《报告》“懋靖状况”

懋功、靖化两县所属部落，原为大、小金川故地。前清乾隆时，用兵平定，移民设屯，戍兵镇守，安抚降番，复置土屯六。在懋功者曰八角碉、曰别里满、曰汗牛、曰宅雍，在靖化者曰河西、曰河东，懋功复有沃日安抚司，靖化有绰斯布甲宣抚司。兹记其现状如次：

（一）沃日安抚司：在懋功东部，共管番民十六寨，汉民二十三团，都凡千有余户。民性原极强悍，民国以来，迭生变乱。十七年团土冲突，土司杨春普率领所属，屠毁县城；次年专员在前代行屯殖督办任内，率领部队前往查办，其老土司杨全忠畏罪输诚，当予改土归流，以时间匆遽，未能彻底；去年春间，该土司复一部附和马春绣覆灭安中队之举。至革职土司杨春普，现任沃日土兵队长，但人极愚呆，殊无统治能力，莠民败类，多肆行不法。

（二）八角碉屯：居抚边河两岸山上，计管十八寨，户口三百余。现任守备穆缉光，赋性愚蠢，烟癖甚深，全无统治能力。

（三）别思满屯：在八角碉之东及拦腰部分，计管十一寨，户口三百余。现任守备古仕忠曾在成都肄业于讲武堂，性情忠醇，常以奉公守法、保境息民为职志，倾诚政府，信赖国家，为本区各屯土首领之冠。

（四）宅雍屯：界居懋功、丹巴间，仅有四寨，属川省管辖。现守备雍鹤龄及其侄雍正荣性狰黠，举动悖妄。丹、懋、灌夷变故，无役不参加。全屯虽仅数百户，乃有机枪两挺，百克门大小快枪等数十支，步枪、手枪尤多，实力确厚，为六屯之冠。

（五）汗牛屯：业经改土归流。现该地匪首周少卿亦被人击毙，其地又复辟处蛇皮梁子之南，或可稍告无事。

（六）河西屯：居大金川西岸沿山一带，计管二十二寨，户口三百余。现任守备阿清峰，当属忠谨。

（七）河东屯：地在大金川东岸沿山一带，计管十七寨，居民二百余户。现任守备胥茂廷，人亦纯谨。（此两屯土官土民均当明白大义）

（八）绰斯甲布宣抚司：居大雪山东部各支脉间，地域辽阔。南北千余里，东西二三百里以至五六百里不等。山高谷邃，地形阴绝。计管二十八寨，住户七千余家，帐房三十余所。虽云负固自雄，拒绝一切政令，但其传统观念，均以保守为目的，历来未曾称兵内犯。现任土司纳旺勒耳乌及其子勒坚赞，仍为此种观念之力行者。

按：站化[①]现已改县，本书因未编列靖化一县，故附于此。

四川建设厅《川西北垦牧调查报告》“番民状况”

懋功除汉人外，计分一土四屯，大都为嘉戎种，兹分述如左：

沃日土司，原辖番民十六寨及汉人二十三团。于民国二十四年，曾由省府委为沃日土兵队长，已编组保甲，尚知服从政府。

汉[②]牛屯，于民国十九年改屯为团，已编组保甲，尚知服从政府。宅雍，于清代平定金川后设置，只辖四寨，已编组保甲。别思满屯与八角碉屯，原为抚边屯务委员公署管辖，现改划归懋功县之抚边特区署，均未编组保甲。别思满屯，共管十一寨，八角碉屯，共管六寨。

附：靖化，原为绥靖及崇化二屯，近始改为靖化县，除汉人外，计一土二屯，兹分述如左：

绰司甲宣抚土司，计管二十六寨，此外尚有草地帐房，人民不少，共管人民约万户，未编组保甲，尚知服从政府。

河东屯，位大金川之东，计管人民十七寨，已编组保甲。

河西屯，位大金川之西，计管人民二十二寨，已编组保甲，尚知服从政府。

---

① 站化，当为“崇化”之误笔。

② “汉”亦作“汗”，为不同音译。

户　口

民二十五年《屯政纪要》列表如左：

族别	户数	口数	备考
汉族	3020	11000	
番族	3100	10000	
合计	6120	21000	

民二十四年《川边季刊》“屯区鸟瞰”列表如左：

县别	户数	口数	备考
懋功	6000	20000	

补：第十六区专员谢培筠《报告》“本县现存番夷部落概况表”

沃日安抚司	杨春普	十六寨 二十三团	一千余户	已改土归流
八角碉屯	穆济光	十八寨	三百余户	
别思满屯	古仕忠	十一寨	三百余户	
宅雍屯	雍鹤龄	四寨	二百余户	
汗牛屯			三百余户	已改屯归流
绰斯甲布宣抚司	纳旺勒尔乌	二十六寨	一万余户	以下今已改为靖化县
河西屯	阿靖峰	二十二寨	三百余户	
河东屯	胥茂廷	十七寨	二百余户	

官　制

壹. 职官

民国二十四年八月《四川省政府公报》列表如左：

职别	员额	备考
县长	一	
秘书	一	
科长	三	
科员	八	
警佐	一	
督学	二	
技士	二	
办事员	一〇	
雇员	一五	
政警	二四	
公役	二二	

贰. 土司

一、土司阶级制度

民国二十五年《屯政纪要》，见《茂县概况》“土司”门。

二、土司辖境内之田地制度

民国二十五年《屯政纪要》：田地分官田与兵田两种，官田由土民代耕，土司仅供口食，不给工资。兵田每土民一户承领一份，即为兵民，除按年纳租外，并负土署上班（每年二个月）、土舍跟役、总管跟役（任跟役者免土署上班之役）、官背（为土司自指定地点背运日用等品，不给工资，口粮亦归自备）及应调从征等劳役。

三、土司权威

民国二十五年《屯政纪要》：凡土民讼案，概由土官审理，从不经官，轻者则由其寨首发落，杀人不抵，常取马、牛、布帛、茶、银等为命价。至各部落之土官，互相争执时，则由其他土官或寺院喇嘛为之调解，谓之说口角。又最重门阀，讲根器，尊卑之分至严，卑者贱者向尊者有所陈述，必匍匐于地，出入尊者之室，亦必匍匐膝行，婚姻各与其相近者为偶，辈分血统不顾，而地位身份必相若。斯直蛮夷之风，亟应纠正者也。

四、土司概述

民国二十五年《屯政纪要》列表如左：

名称	官寨	种族	寨数	户数	口数	备考
鄂克什宣慰使	沃日	西番	39	1700	6850	在县治东五十里。
汗牛屯守备	沃日	同	34	400	1564	在县西南一百八十里，民十七年因守备绝嗣，屯署令废除，改置公安局。
宅垅屯守备	宅垅沟	同	11	400	1582	在县治西南，三分之二属丹巴，三分一属懋功。
别思满屯守备	别思满登春沟	同	11	400	1582	在县治东北，抚边屯之东南。
八角碉屯守备	八角	同	18	200	759	在懋功及县治之东北，抚边之西南。
绰斯甲宣抚司	周琐	同	26	10000	39678	在懋、绥之北境内，有二凯俄热之产金大矿区，所辖草地，接壤青海。
河东屯守备	河东屯	同	17	274	1020	在懋功之北，绥靖之东。
河西屯守备	河西屯	同	22	64	1335	在懋功之西北，绥靖之西。
共计	二十六屯		133	13558	53928	

民国二十四年谢培筠《川西边事辑览》：

鄂克什宣慰司：一曰沃日土司，官寨距懋功县城五十里，辖境内计有番民十六寨，汉团一十三团，汉民约千户，故其土司原兼任懋功第一区区长，原土司为杨春辅，屡次违抗政府，扰害地方，尤以民十七年团土冲突烧杀县城及新桥沟、石灰窑沟、龙沙各处为甚，民十八年冬间谢培筠以屯督署总务处长名义代表二十八军军长邓锡侯兼督办视察到懋功，本拟用兵征伐，嗣经该土深明大义之头人老民，环请息兵，该老土司亦愿认罪输诚，乃呈报邓军长准其具结归诚，免去杨春辅土职，以杨全忠暂代土司。及民二十年杨全忠物故，各头人拟以全忠之女秀贞即春辅之妇袭职，未几秀贞死，又欲以春辅袭职，政府当然未准，现系懋功县府委喻鸿珠。该土头人杨长富为正区长，蔡茂森、党泰诚为副区长，治理该土事务云。

汗牛屯：系清乾隆四十一年平定金川后设置，其地在懋功之南，原设屯守备一员，把总二员，外委三员，屯兵七十二名，居民约四百户。原代办守备雍鹤龄平日肆行不法，谢培筠代表兼办视察到懋，亦不来城表示输诚，民国十九年懋功县长刘睿以该守备如此骄横，控案亦多，遂率团队并分拨驻军前往讨伐，雍氏不支，向宅雍逃窜，屯内人民纷纷向刘氏归降，请编户入县。当经刘氏报请二十八军部及屯殖督办署，改屯为团，于其地设第二公安局分局以治之。

宅雍屯：亦清平定金川后所设置，在懋功之西南，原设屯守备一员，千总一员，把总二员，外委十员，屯兵七十二名，居民约三百户，守备为雍鹤龄。其在太平桥以南者，则属丹巴管辖也。

交　通

壹. 交通概况

民国二十年边政《四川松理懋茂汶调查录·交通篇》：东越巴郎、牛头诸山，经汶川县境出灌县，凡六百五十余里。北由抚边越虹桥山，出于理、威各地，亦六百余里。二者起讫之处，路较平顺，惟越山一段，则地僻人稀，气寒瘴重。每岁春冬两季，常死行人，如能避去此种障碍，则声气灵通，必能期其繁盛。西至丹巴，一百八十里，由丹巴可至西康之炉定、康定等县，南逾夹金山，可至天全庐山等处。东北两线为商货出入之途，西南两线为粮食输入之路。西北越空卡山入于崇化，凡一百八十里，崇化至绥靖以上为绰斯甲土司住牧之境，商旅所罕至者也。

贰. 道路

一、公路

民国二十五年《川边季刊》（二卷二期）：雅懋功路长约一百八十公里，均须三个月测竣，测量约需二四〇四元，核减为一四四〇元，平均每公里十元。公路局特派工程师于思凯任队长，率领工程师洪西青及公务员等前往测勘，已于六月二十三日，全线测竣，路线以甲金山为适当，路局准于最近开始动工修筑云。

二、大路

甲. 由懋功经崇化至绥靖路里程表

民国二十年边政《松理茂懋汶调查录·交通篇》：由懋功至崇化之路有二：一由新桥塘进六十里至崇德，由崇德越崇空卡梁子至卡撤尾八十里，沿卡撤沟而下四十里至崇化，此为夏季雪溶之路，若在冬季，则须绕道中梁子至崇化，本表所列，即为此路。

地　名	里　数	备　考
懋　功		
新桥塘	15	

续表

地　名	里　数	备　考
村　都	30	
僧格宗	15	
长盛店	15	
三家岩	40	
中梁子上顶	30	
黄草坪	35	
清福寺	20	
曾达沟口	30	
崇化屯	20	由懋功至此，共二百二十五里，屯治在大金河之东，有人百余家，多以耕种为业，与抚边情形相同。
广法寺	20	
渡　口	28	至崇化起，沿大金河东而行至此，乘皮船渡更西。
独　松	2	
夹　杂	20	
绥靖屯	30	地居大金河西，东至两河口二四〇里，南至崇化九〇里，可行皮船西至二凯矿岩四九〇里，居民甚多，为抚崇所不及。

乙．由懋功经抚边屯至芦杆桥里程表

民国二十五年《屯政纪要》：由懋功县城经猛古桥、八角、抚边屯、新店子、大寨、两河口，越蟜山，经猛古至芦杆桥合于威墨线，此乃懋功通理茂之要道，而以两河口为抚绥两屯及卓松各土之中枢，民国二十年建猛古铁索桥，民国二十一年至二十三年，将懋功至抚边至两河口道路修治平坦，其越山一段，气候寒冷而瘴重，甚少人烟，无修筑之良法。此线之路程表如次：

地　名	里　数	备　考
懋　功		
猛古桥	15	
破寨子	20	
八　角	30	
老喇嘛寺	20	
木　坡	10	
抚边屯	20	由懋功至此，计共一百一十五里。
天生桥	10	
新店子	20	

续表

地　名	里　数	备　考
叨　乌	20	
大　寨	25	
两河口	20	
鱼海子	30	
虹桥南站	20	
虹桥山顶	25	
虹桥北站	20	
猛　古	30	
庐杆桥	15	按：由懋功至此，计共三百二十五里。

丙. 由懋功至灌县里程表

民国二十五年《屯政纪要》：由懋功县城经沃日、达维、日隆关、斑斓山、牛头山、三江口而至灌县，约长六百三十三里，斯为灌懋交通之旧道也。以中间斑斓山地势高寒，冬季冰雹积雪，窒碍交通。曾议另开新道，新道有三：一、为跟达桥线，由懋功城一百四十里至日隆关，又六十里至长坪沟，向右越斑烂山尾悬岩约七十里达山顶，从青羊足迹，缘流沙而下约三十里至坐棚，又约五十里至跟达桥，又约七十里至中滩堡，自此三十里至漩口，又六十里至灌县；二、由懋功城一百四十里至日隆关，又六十里至长坪沟，坐棚可通车马，又约二十里至长坪沟梁子，山顶虽陡峻，尚宽阔，由山顶下行约十五里至药棚，中间有乱石窖，小于梭罗沟，大于斑烂山，由药棚下行九十里，至二道桥，其间乱石横阻，又四十里至杂谷脑，合于威墨线，又三百二十里至灌县，计长约六百八十里；三为梭罗沟线，由懋功城四十五里至沃日，又约二十五里至别思沟牌，又约六十里至别思满屯官寨，又约五十里至石管家处两河口，又约六十里至粮台山坐棚，由此沿海子上行，约八里达粮台山顶，强半流沙，极为险峻，由山顶下行约二十里至二道岩，沿途怪石嶙峋，即著名之乱石窖，自此下河沟，半是沙岩，约六里至梭罗沟坐棚，更沿河向阳山而行，沟渠密布，皆独木桥，约七十里至梭罗寨，又约四十里至二道桥，又四十里至杂谷脑，又三百二十里至灌县，计长七百八十里。新道，第一最近，但天险难辟；第三最远，建筑亦难；第二建筑较易，又非甚远。若决辟新路，斯颇适宜，然培筑旧道，劳费颇少，斑烂山路基甚宽稳，只需将山峰乱石窖削高填低丁山峰附近，塘房、大石包等处，多筑小屋，便避冰雹。于临崖一带，密植望竿，即无晕山之苦。另辟新道，对于春雪夏水冬冰之毁损，不胜预防，结果殊难预卜。且改道后，懋之达维、日隆关，汶之邓村、卧龙关、三江口，灌之水磨沟、漩口、麻溪、八市镇，必就衰落，变为盗窟兽穴，以此决仍旧道。二十一年冬，分段兴工，修由懋功至日隆关，由水磨沟至牛头山二段，后因毗河军事，半途停止。此线之里程如次：

地　名	里　数	备　考
懋　功		
老营屯	15	
小水沟	20	
沃日官寨	15	
仰天窝	15	
将军碑	10	
达　维	24	
沙　坝	23	
日隆关	20	
松林口	30	
万人坟	25	
巴郎山	15	
相爷坪	30	
邓　村	30	
烧火坪	28	
糌粑街	20	
卧龙关	35	
皮桃河	25	
新店子	25	
牛头山	20	
烧茶坪	15	
童　槽	18	
麻柳皮	16	
九龙山	25	
草　坪	10	
三江口	12	
水磨沟	30	
漩　口	30	
麻　溪	10	
猴子坡	10	
水西关	15	
二王庙	12	
灌　县	2	

叁. 桥梁

民国二十五年《屯政纪要》：民国十八年，于懋功通丹巴道上，距懋功城里许之旧三观桥，改建铁索桥，长约三十丈，俾丹巴产粮得以运济小金。二十年，复就懋功通抚边道上，距懋功城十五里之猛古、马鞍两桥，改建两铁索桥，两桥相距约六十里，各长十余丈，便利由懋功至理、茂、松之交通。此外曾拟于杂谷脑建铁索桥一，计议已定，犹未兴工。

肆. 邮电

一、邮务

民国二十五年《屯政纪要》：本县邮线系由灌县经三江口，越牛头、斑烂达懋功，支线北接抚边及两河口，西北经崇化达于绥靖。

张化初《采访报告》：城中设三等邮局一所，其余比较繁盛之市场，均有代办所，未尽列入。

二、电务

甲. 有线电

民国二十五年《屯政纪要》：本县无线电，系自民国二十三年秋装置，现有五瓦特电机一部。

民　政

壹. 等级

民国二十四年《四川省政府公报》：本县为一等县份。

贰. 县府内部之整顿

民国二十五年《屯政纪要》：自屯殖督办署实行合府办公，遵照内政部颁《县政府办事通则》处理县政，业已撤去旧有司法队，改录土著良民编组政务警察，规定出差程限及旅费，按期公布因案罚金用途，严禁积压公事，不重时间，贿赂陋规，应酬勾结诸弊，实行以来，不若从前之污秽，气象一新矣。

又为求合县府组织，齐一视听，而屯员县佐，向皆僭称监督，借立威望，镇抚夷汉，则以相沿既久，未加变革。

叁. 正俗

民国二十五年《屯政纪要》：屯区恶俗，曰好讼，偶因鸡鹜之事，辄至缠讼不已。曰私斗，所谓打冤家，睚眦之怨，亦循环报复。曰迷信，笃信巫觋、喇嘛祈祷，不事医药。曰上门，以女赘婿，财尽力衰，辄逐去另招。凡此于社会秩序、民族健康妨害甚大。自从屯署于二十年成立正俗总社，通饬施行以来，虽未全体移易，但改良已不少矣。

肆. 整顿卫生

民国二十五年《屯政纪要》：一般人民大都不知卫生，住屋湫隘尢[①]秽，饮食陈腐肮脏，无论城市乡村随处便溺，敞放牲畜，每当春夏秽气熏蒸，瘟疫流行，犹复听命巫师，不知自省，加以既鲜识字之医，尤乏制炼之药，一遭疾病，康复者少。屯署有见于此，乃督饬县府筑设平民医院，诊治疾病，只微药费，贫苦之家，药费亦免，修建公共

① 尢当为“污”。

厕所，取缔饲牲畜，禁卖不洁食物，提倡种痘防疫。自实行以来，已不若从前矣。

伍. 俸薪

民国二十四年《四川省政府公报》，列表如下：

职　别	员　额	月　薪	备　考
县　长	1	360	
秘　书	1	160	
科　长	3	420	
科　员	8	400	
警　佐	1	80	
督　学	2	160	
技　士	2	160	
办事员	10	300	
雇　员	15	300	
政　警	24	196	
公　役	22	176	

司　法

一、司法机关

待考。

二、诉讼法规

民国二十五年《屯政纪要》：依《刑事诉讼审限规程》，限期讯判，按月列表呈报考核，规定经金分水等。

三、讼费

民国二十五年《屯政纪要》：凡非以财产价额计算之案件，每案只征讼费一元，财产案件二百以下征一元，二百元以上，每五百元递加一元计算征收，贫无资力者，确由邻右证明免征。

财　政

民国二十五年《懋功县府报告》所载如左：

一、征收机关

正税及杂税，均由县府兼收，至于地方附加，照规定组织财委会统收统支。

二、粮税种类及其岁入概数

历来粮税俱系一年一征，所征种类，分屯地番地，征收小麦、青稞、荞子、豆子四种杂粮，原额共五百一十二斛。民国二十三年，已欠收四十二斛五升，两经"匪陷"后，奉令二十五六两年正税悉数豁免，只征附税保安费一年粮额数。现以多数流亡未归，将来可收程度，未可逆料。

三、地方附加岁入概数

地粮、契税、附加及杂捐、学产、公产等项，统计收洋八千八百二十八元。

四、县府与地方支出预算数

县府全年由省库额支二万六千六百六十八元八角正，又全县地方支出全年约一万八千六百九十五元二角正。

五、货币概况

法币流通市面占十分之一，银币占十分之三。

教　育

张化初《采访报告·教育之概述》：地处西陲，交通不便，文化难于输入境内，富者饱食暖衣，终日优游，贫者汲汲生计以竟残少年，故教育不发达。清时科举取士，定有名额，按年考取，富者之家，则自聘塾师教授子弟，或送入书院，尔时地虽偏僻，亦不乏积学之士。至清末废科举改办学堂，乃有学校之设立。至于康藏夷族人民，除有少数到汉人地方受教育外，皆无教育之可言。喇嘛寺中始有书籍，概用藏文，专供喇嘛研究经典之用，普通人民欲认识文字，须至寺院内学习，而实际则人民很少读书者，其教育可谓完全为宗教教育。又其学术全在寺院，此外别无有也。近设立有边民学校，强迫就学，附近寨落，有派人到校读书者。

民国二十五年《懋功县府报告》所载如左：

一、教育机关之组织

原有教育局，归并入县府第三科办理。县教育会，以会员二十四人组织之；义务教育会，以会员九人组织之。

二、学校种类及其所在地址与学生概数

新街完全小学校一所，达维初小校一所，民众学校八所，分设于一、二、三区及抚边特区内，共计学生约五百余人。

三、教育经费概数

每年收入约千余元，学校教育占十分之七，义社两教育占十分之三。

四、社会教育概况

各区署所在地，设有社会教育处、办事处。

警　团

民国二十五《懋功县府报告》所载如左：

一、保安机关之组织

保安独立中队，中队长一员，国术教官一员，文书上士一名，中士三名，下士九名，上等兵九名，一等队兵三十九名，二等队兵三十名，司号二名，传达兵二名，炊事兵六名，合计官兵夫役共一百零八员名。

二、壮丁概数及其训练现况

第一、二、三区及抚边特区，共计壮丁一八九名，由各区区长集合，分三期训练，以三期训完，每期定为四周，第一周制式教练，第二周应用教训，第三周射击教练，第四周野外演习。

三、保甲编制概况

第一区分三联保，计十五保，一五〇甲；第二区分三联保，计十三保，一三〇甲；第三区分二联保，计十三保，一〇三甲；抚边特区分三联保，计三十保，一三〇甲。

四、全县枪支概数

全县厂杂各枪，约计三百五十支，明火枪约计四百支。

军　备

《懋功县政府报告》所载如左：

一、清时军备

乾隆时平定金川，设懋功厅，置有协台一，粮台一，随时驻兵五营，以两营驻扎县城，余三营分驻抚、绥、丹、崇各屯地。

二、民初军备

及到民国废台制，设屯殖司令部于县城，驻兵约一团之众。

三、现在军备

遭“赤匪”陷劫后，仅有保安独立一中队，官兵夫役共计一百零八名。

四、今昔军备之比较

清中叶，军备完善，曾调五屯之兵，攻打台湾，兵士奋勇，得邀上赏，迨至末年，头目安晏，不事训练，以为承平无事，军备亦无形废弛矣。民初，政府以边远不及，虽有军队驻扎，不时更调，听主官之剥削，名有一团之众，实等于零，毫无捍御能力，曾受“夷匪”击败。去今两年，又经“赤匪”陷后，地方团队枪炮益鲜矣。

物　产

壹. 农产

一、农产概况

民国二十五年《屯政纪要》：农产品以玉蜀、黍、荞麦、小麦等为大宗。

二、农具

张化初《采访报告》：所用农具，与内地相似，有锄、犁、镰、铲等简单种类。又耕种方法，亦甚陋劣，其生产量甚微。每年所产往往不足食，多由丹巴等地运入以供不足。

三、农产品

张化初《采访报告》所载如左：

甲．谷类：小麦、青稞、蓝麦、玉蜀、黍、荞麦、高粱、油麦、粟米子、漫穗。

乙．豆类：胡豆、豌豆、黄豆、绿豆、黑豆、爬山豆、红豆、刀豆、四季豆。

丙．工艺类：菜子、荏子、山麻。

丁．蔬菜类：蔬菜为汉人居住地方栽培之，番夷不种。计有萝葡、菠菜、高笋、芫荽，葱蒜、白菜、韭菜、芥菜、芹菜、洋芋、莲花白、胡萝卜、兰苹、海椒、花椒、茄子、青菜、羊归菜、南瓜、白瓜、苦[①]、黄瓜、冬瓜、越瓜、丝瓜、金瓜。

戊．果类：林□、杏、延寿果、枇杷、桃、胡桃、梨子、石榴、樱桃、苹果、葡萄、枳椇、柿、羊枣。

贰. 森林

民国二十五年《屯政纪要》：多属原始时代森林，而沿江近路之区，已成村落、市镇，人稠地稀，竟童山濯濯，薪材亦感缺乏。是原于政府对于伐运林木，任听人民自由，未编定保安林，禁其采伐故也。

① 此处疑漏掉“瓜”字。

叁. 牧畜

张化初《采访报告》：本县人民多以牧畜为副业，在居室附近之山坡平原或耕作之隙地，即为饲养牲畜之场所，种类有马、牦牛、黄牛、绵羊等，犏牛为牦牛与黄牛配合所生之杂种，牦牛之毛可制绳索，浸水不腐，羊毛、羊皮为出口重要物品，肉乳为牧民日常生活之重要食物，畜粪或作燃料，或作肥料，牧畜，人民所苦者，冬日无草，牲畜冻饿死亡常常过半，或瘟疫流行，悉行倒毙，将来发展牧畜，首当解决此两项问题，再改良品种等问题。

肆. 药材

一、药材种类

民国二十五年《屯政纪要》：计有麝香、虫草、贝母、大黄、木香、泡参、猪苓，此系产量最丰者。

二、产药地带

民国二十五年《屯政纪要》：虫草、贝母率多生于雪山草坪，大黄产生之地较低，其余则浅山深山林间多产之，但植物性药类，除虫草系菌类寄生虫体，难以人工培育外，殆无不可以栽培，不过本县之用人工栽培者，只有大黄而已。

三、产药区域

民国二十五年《屯政纪要》：药材遍产于全县各处，惟达维、沃日、汗牛屯三处，为产量之最丰富者。

四、产量比较

民国二十五年《屯政纪要》列表如左：

地　名	麝　香	虫　草	贝　母	大　黄	木　香	泡　参	猪　苓
达　维	○	◎	○	○	○	○	○
沃　日	○	○	○			○	○
汗牛屯			○			○	○

以○表示者为产量次多，以◎表示者为其最多。

五、产药之价值

民国二十四年《川西边事辑览》：产药若干，所值几何，向无精密统计。兹就税局收额推算，每年输出之药材，约值银二十万元。由甘肃省或二道黄河，以及由丹巴输出者，尚不在此数。

六、药材之贩卖

民国二十四年《川西边事辑览》：出产之药，各个人运往灌县销售者甚少，大都由药商前赴适宜地方收卖，同时药秤之大小又随地而异。例如杂谷脑之贝母常以二十两作一斤计算，又木香、羌活、大黄，在杂谷脑又以天秤一百五十斤作一百斤计算。但及运到灌县交易时，则贝母以十八两五钱作一斤，大黄、木香以一百二十五斤作一百斤。其余杂药，多以七折计算，虫草全以十六两为一斤。至于运费及价额，视情形而异。

七、药状况

民国二十四年《川西边事辑览》：本县采药夫，多为本地汉夷人民，当挖药期间，即将家务摒挡妥善，扃户入山，事竣乃返。挖药期，大都在废历二月至三月之间。先挖虫草，次挖贝母，再次则挖大黄、木香等。但虫草、贝母为价值昂贵，且产生成团之药品，挖夫多以此为目的。迨此二者挖毕，即相率离山。入山后，其怠惰而又技术粗糙者，有二三十元乃至五六十元之收入；勤奋而工作娴熟者，有七八十元乃至百元以上之收入。

药材产生于高山，欲上山采药，其道险峻，难以言状，是故挖药必先修路。高山向无居人，为图药夫之栖止，则宜搭棚。又其饮食日用之所需，药夫一人之力量，何能自行购备？是又非有人先为准备一切不可。且药夫人数众多，如无相当之领袖为之提挈，则攘卷争执之事，又必层见叠出，而药山状况，不堪问也。所以在习惯上，有所谓棚老板，即棚长之说；为之经纪一切，名曰看棚。大凡充任棚长之人，自有相当之挖药经验及资本，棚长每于头年九十月，向山主租得山厂，即纵火烧山，使药材易于繁荣，一到次年二月，即次药从事修路，搭棚，运柴，购备玉麦面、米、清油、盐巴、猪肉、叶烟、草履各物，转运入山，以供药夫之需，计物给价，乃由药夫缴纳若干药材于棚长以为报酬，而棚长招至有若干药夫，各药夫隶于何棚长，事前亦有一定商洽，至于各地居民，就自己所有山厂，或习惯上各个人历来挖药之山厂，前往挖药，各自准备需要物品，则属不待言之事也。

贝母为贵重药品，以故棚长、药夫对于挖采贝母，必须郑重将事。到相当时期，则先团棚。所谓团棚者，各棚长召集本年药夫商量挖药事宜是也。或由棚长备筵招待药夫，或每人发给猪肉半斤，条粉二两，米二合，叶烟一支，酒四两。盖必一定经过此种会集方能开挖，谓之曰正锄。

伍. 矿产

谢培筠《川西边事辑要》所载如左：

一、蚂蝗沟

在斑斓山之西，距松林口约十里，盛产岩金，俗呼为马牙金。清时安岳人张子扬偷采获利甚厚，因其有违法行动，经官府查觉置之于法，并将矿硐封闭。

二、日隆关

距懋功城一百四十里，其后山产沙金。

三、陈文笙沟

门子沟、城门洞、窝底沟、董家沟、虫虫台子、潘安沟、小中寨等处皆产沙金。

按：以上各地原属汗牛屯管辖，今改屯为团，属汗牛河流域，皆产沙金，有开采获利者。

民国二十五年《屯政纪要》：境内产金区，为蚂蝗沟、日隆关、陈文笙沟、汗牛屯四处。

四、崇德沟

与日隆两处又皆产银。

五、汗牛屯

亦产红铜与鸡血铜。

六、日耳寨

与斑斓山两处皆产锑矿。

生活情形

民国二十五年《川边季刊·屯区鸟瞰》所纪如左：

一、衣服

甲. 汉回两族衣服。

与内地同，只较朴素简单。生活优裕者，多着机织棉料，至丝毛织品，着者甚少。中产以下，多着土布棉衣。出入草地商人，则服夷装，以其温暖，且夜间可以代被盖也。

乙. 藏族外衣。

多以羊皮为裹，其长过身，着时须以首顶衣领，俟腰带扎就，始将头上余衣放下，则胸怀中至为宽阔，可任意放置什物。衣系大领，每喜缘以豹皮，两袖亦至长，右臂常袒右端之袖，即藏纳胸前，所以便于操作也。衣面或绸或缎，均油腻不堪。足着长统靴，完全皮制，靴底如破滥，能以改上，故每靴一双，恒有着至一二十年，跋涉山源，均颇便利，水湿寒冷之气，均不能侵袭，故汉人亦多买而着之焉。其内衣裤袜，亦以内地土布制缝。腰间常佩蛮刀，刃长三尺，刀至犀利，柄端饰以金银珊瑚等。胸部则带经包，径可两三寸许，内系活佛所赐之经文，外饰以绸缎制成之荷包，谓可避免一切凶灾，不可或离之至宝也。妇女衣着，略与男子相同，特稍短耳。

丙. 羌族耕地。

均留有麻油田，自割麻起，剥纺编织，均其妇女任之。成品宽只一尺，长以二丈四乃至二丈八尺为止，其色纯白，质紧厚如帆布然，用以缝制长衫。男子者长可至膝，女子者则长至足背，日久洗濯，系以灰水浸泡，而双足蹦践之，每衣一件，率可着至七八年之久。入山操作不暂去身，而坚韧至是，可谓佳也。惟质地粗厚，汉人不耐服用耳。至羌民之内衣裤料，则系购用遂宁、灌县间之土布，工作时表面又有羊皮马褂，以护衣服，羊皮均系自饲之山羊，至肥壮后食其肉而取其皮为衣，不用硝制，不用面子，恃其坚厚，以便出入林箐，冒犯雨雪也。入冬则服毪制之衣，毪料亦自饲羊群剪取之毛制成。羌族妇女无论何时何地，有无其他工作，大都手执羊毛桿及羊毛兜各一具，盖即纺制毛线之具也。纺成后，并自织成料，即为毪子，其长短及用途，与麻布同，惟视麻布为厚，着之颇暖。羌族民少有戴帽者，无论冬夏，男女均以白布、蓝布或青布等缠头上。女子均穿耳，蓄发而辫之，耳环特大，有银制者，有铜制者，嫁则髻焉。男子近虽全剃光头，然必留径寸许之圆形发于头上，非关眷怀满清，以彼等出入深山，往往为猎户所藏之药刀弩所伤，非以长发缚伤口两端，不能止毒势四窜，非烧发敷于创口，不能使创口告愈也。足着草履，冬间并裹以毪子，虽践雪不寒。妇女着布鞋，鞋端略尖，莲船盈尺，汉人男子尚不能及焉。

二、食料

甲．汉族中之丰裕者。

仍以米为主，间食玉蜀黍、小麦、荞麦等。面粉制品，磨成之粉较羌族为细，并罗去粗屑，调制亦较精焉。中人以下，略与羌族食用相同，不过添用油盐，佐以蔬菜而已。回族除不食猪肉及自死之物，余均与汉同。

乙．羌族。

纯以玉蜀黍、小麦、荞麦为主要食品，均系磨为面粉，或烧成饼饵，或煮作汤，或蒸作饭状而食，佐餐者不过洋芋、油菜、野菜等。非有贵客，油盐亦不常用，更非有大故不割肉。惟食量大，每日食面粉有达二斤者。至素封之家，仍学步汉人，粜米市肉，购时行鲜菜，使用调和，然终觉烹调失宜，风味大异矣。

丙．藏族之邻近理懋境者。

其食用略与羌族相同。又藏番以牧畜为业，其牛羊肉乳，则视为常馔。

三、住居

甲．瓦房。

瓦房建筑形式，与内地无异，家贫而乡居者，亦有盖草及盖树皮者，若乡间风大之处，有盖以石板者，然不多见耳。

乙．平房。

平房四周皆以石砌，高可一丈七八至二丈余，前方留门以便出入，其顶一概平坦，系于梁端搭搁，木上铺竹篙，再上则铺细黄土，棰之使坚，则不漏雨雪，惟中央留一方孔，以通光线（夷人所居，则无此孔），即所谓天井也。厨灶之上方，则开圆形之孔，以放出烟焰，遇雨或收拾，农作则盖闭之，此类屋顶俗呼房背，设梯而登。汉人所居，梯设楼下，屋内多用两梯，中经板楼一层，所以减少险危也。夷人所用居房，梯系独木刳级成锯齿状，有一梯达顶或两梯达顶者。一梯达势甚高危，然习久成惯，亦未闻有失事者。两梯达顶，多在屋旁配一偏房，以一梯达偏房之顶，再以一梯登楼。此类独木梯，多设于房屋之外。以上所述谓之正屋，至屋之外，汉居多配瓦房数间于外，夷居则配以平房式之书房或土排子于前面，而留厩舍于书房及排子之下焉，后方或左右储农产品。此类房舍，冬暖夏凉，颇合卫生，且墙垣高峻，可当碉堡，于有匪之区，甚为适宜，特窗眼鲜少，空气不足，而每当炊爨之际，烟焰之排出不良，均有待于改善也。平房之在懋功县者，遍布全境焉。

四、业务

甲．工业。

张化初《采访报告》：全境无新式工业，如木工、金工、土工、缝工之属无一不备，情形和内地相仿，技术比内地陋劣。番夷工业，更属幼稚，只能织毪子，皆妇女为之，出品粗劣，犹未成普通商品入于现在市场。其余一切物品，多购买汉人成品，或倩汉人为之。

乙. 商业。

张化初《采访报告》：商业以松潘为总汇，以灌县为门户，各种货物由灌县输入，分散于境内销售，而出产亦复由灌县集中而后运成都。买卖之大者，第一为茶，第二为毛皮，第三为药材，第四为杂货。

语　文

民国二十四年《川边季刊・屯区鸟瞰》：汉族语文，两宗均与内地一致。回族亦与汉同，惟《阿冲经》尚袭回文。羌民则有语言而无文字，如需记载，则必求乞于汉文焉。羌民之语言，与梭磨等相类。其余藏番语言，约有三种，然大体仍有类似者。

宗　教

民国二十五年《懋功县报告》所载如左：

一、宗教之派别

本县喇嘛于幼时赴西藏受黄教之洗礼，故宗教派别以黄教占第一位。又有巫者，神曰夷珠，击羊皮鼓，唱蛮歌，为一般夷民却祸求福，其尊严远不及于喇嘛。

二、寺庙所在地及僧人概数

本县向有喇嘛寺十余所分布于新街、达维、日隆关、四足、八足、美诺、汉中等处，惟“匪”陷而后，悉遭摧折焚毁，内中尤以达维新街两寺规模宏敞，佛像庄严，至为可惜，现有僧约计二百余人。

三、各寺庙产业概况及其来源

各寺庙产业或十余斛，或数十斛不等，其来源多系喇嘛家属捐赠者。

四、僧人与人民间之关系

本县僧侣大都能通汉语，故与人民之关系尚为融洽。

文　艺

查道台《懋功七笔钩》：己巳孟冬因公赴懋，由省首途取道大邑，过横山冈而瓮顶山，而夹野山，到达该地，将及一年，一饮一食，躬亲操作，叹边地之苦寒，蛮民之朴实，犹有先秦之遗风，在公余之暇，采风问俗，王君以查道台（佚其时代及名）阅边诗示余，捧读之余，喜其描写蛮人风俗情态尽致，特由日记内检出，以供留心边事者之参考焉，万廷悚识。

千里来游，鸟道羊肠日日愁，才见江流，又上山头，一步一回头，呀，叫人人怎走。因此上把坦道周行一笔勾。

屋是山头，隔层累累往山修，枪眼暗中投，预备争斗，豕棚牛栏傍屋周，呀，那知安身立命大原由，因此上把画栋雕楼一笔勾。

气候不侔，纵是春来也是秋，六月飞雪霜，总是穿皮裘，呀！令人寒瘦，因此上把四时佳境一笔勾。

说什么田畴，多半山地少平丘，三月春耕后，九月尽才收，若不遇冰雹，荞麦豆有收，呀！瑞稻经难购，因此上把五谷丰登一笔勾。

说什么风流，黄毛细辫抹酥油，两耳银环似镯头，长据遍地扫，浑身汗垢，呀！手似乌金足似锯口，因此上把美貌娇娥一笔勾。

说什么珍馐，不是羊来便是牛，生也要入口，熟也要入口，红面馍馍把灰抖，呀！教人怎下喉，因此上把玉液琼筵一笔勾。

狐皮帽笼头，牛绒短袖腰间缠，左右耳环透，右插当胸扣，鹅行鸭走，见人便是双伸手，白齿黄须脸似囚，因此上把人物衣冠一笔勾。

大事记

民国二十五年《川边季刊》一卷四期《懋功遭“赤匪”失陷之经过》：徐、朱二股，自十月十一日开始“南窜”，重陷绥靖、丹巴、抚边、懋功、达维各地，居民相率踉跄逃避。际此天寒风厉，抛家弃产，流亡异乡，饥寒交迫，难以为生。懋抚旅省同乡会主席马俊声，接避难乡民苏雅堂等，由灌县来函报告懋功等地失陷经过，申请呼吁援救，同时立将所受冤苦，广使国人明瞭。其原函略谓：吾懋不幸，再罹“赤匪”窜踞之祸，乡民相率逃生，男女老幼，向西路逃者十分之三，向南路逃者十分之七，均于古历九月二十由懋起身。当起程时，踞崇化之“匪”，一由三岔沟，到僧格宗，一由崇德沟，到八家寨，人民冒险前行，于二十二半夜即闻抚边之“匪”，由向花坡冲出别思沟，上日耳寨，到达维。二十军高旅部，由夹金山退走，“匪”遂长驱上日隆关，入四十五军李实蒸团长防线，李军在沙堤双橘沟口堵住，“匪”由险山冯官火地，抄过日隆关，及李军警觉时，“匪”已抄到万人坟，幸李军同杨春普护卫三十余人拼命冲锋，“匪”退十余里，方将李被阻一连多救出，并亲护难民过山，将邓村兵站米粮烧毁，退守三圣沟。是夜宿慈巴街、大岩洞、头道桥难民闻警，抛弃行李不少，黑夜挤行，落水跌岩，为数不少，逃过牛头山，闻“匪”追至三道桥。幸刘司令耀奎，在卧龙督战，难民稍为放心。其在邓村走不及者，尽被“赤匪”截堵，如何施为，不得而知。只吾人在懋东逃时，闻“伙匪”充游击队之浪人，向其亲信寄言。徐“匪”以懋东居民前者杀“匪”，目为反动，回窜成功必予杀尽。如崇德沟中“匪”到后肆行杀戮，惨声震于对山。据此而观，此番未逃人民，悉难保全，逃出之人，财物抛尽，苦不可言，现尚在登记中。伏思悲痛，同人即开大会，决请当道矜恤保护，则同人生生死死不忘矣。俟将难民数目登记完善，即行照式填好送省，于未到之前，总求力为救济。

章谷屯志略

（清）吴德熙 纂修

同治十三年刻本

提 要

章谷屯属懋功厅五屯之一，治所在今甘孜州丹巴县。《章谷屯志略》，（清）吴德熙纂修。德熙，浙江吴兴人，同治十一年（1872）任章谷屯屯务。到任后，以修志为己任，曾见前人所修志书一部，但“讹舛漏遗，冗杂无次”。于同治十二年遍游全境，咨询考查，收集辑录，纂修成书，于次年刊印。是志不分卷，卷首有吴德熙序及舆图，正文分“平定金川谕旨”“天时”“疆域”“山川”“衙署”“祠宇”“桥船”“官吏丁役”“学校”“兵民番练户口科粮”“街市乡村寨落及兵民番练保甲丁口”“风俗”“土宜物产”共十三门目。

（同治）《章谷屯志略》是懋功厅章谷屯第一部屯志，也是丹巴县现存第一部方志。

目　录

章谷屯志略序

壬申嘉平，熙捧檄履章谷屯任。既视事，念国朝官制无屯田职，蜀之设懋功屯政厅一、屯属五，自乾隆朝平定大小金川始，章谷者五屯之一。冉駹旧地，虽仅偏隅，而石栈天梯，实要荒险阻之境。乃天戈深入，蛮酋效顺，于是屯兵防御，安其耕耘。百年以来，民夷攸静，洵亘古未有也。其疆域广袤，星野分属，山川源委，物产繁昌，久而生聚，习为风俗，以至仓庾储积，桥梁廛市兴起之由。凡与屯政者，皆不可不知，故应有所纪载。及询司籍，索志乘观之，则前人已尝笔之于书，特讹舛漏遗，冗杂无次耳。癸酉初夏，簿书稍闲，遂即章谷境内遍历周览，加以咨询，爰得审其形势，察其性情，通其语言文字。于原本增所未详，删厥荒杳，绘图编类，粲然秩然。原载夷俗有极猥琐不雅驯者，未及概为删润，恐文之转无以存其真焉。名曰“志略”，后有纂屯政总志者，聊备采择云。

时同治甲戌孟秋上澣雪溪吴德熙字和甫识于锦官旅寓。

屯属舆图

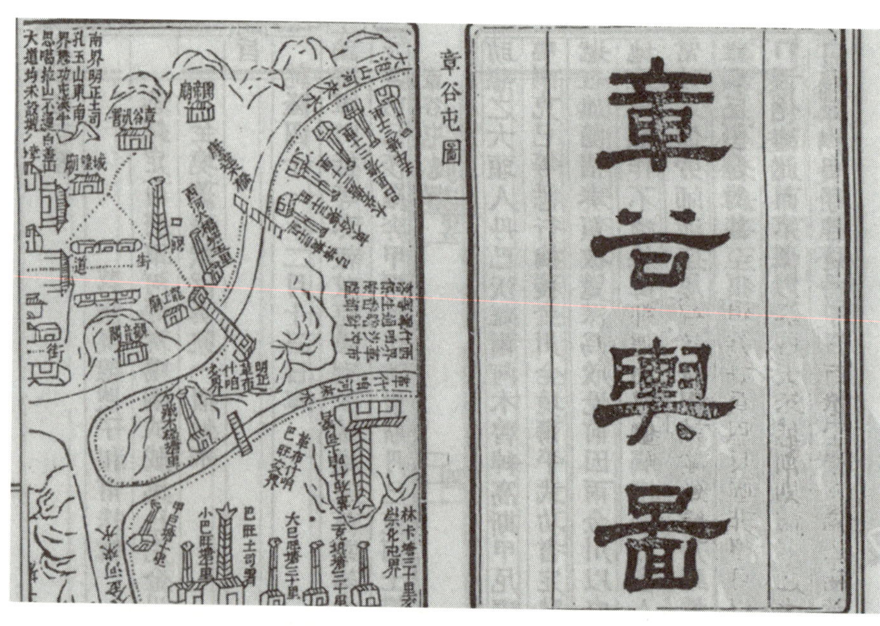

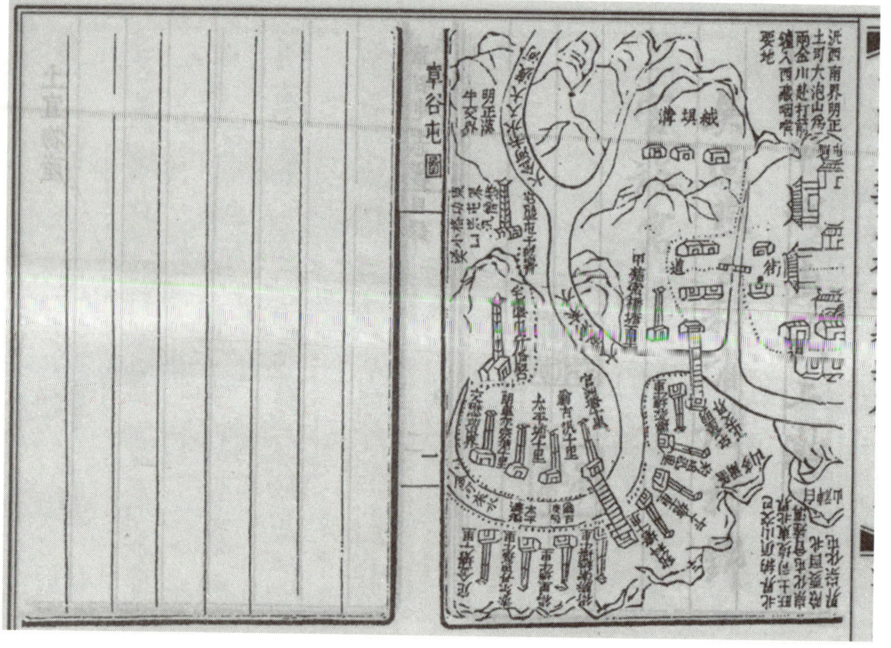

平定金川谕旨

恭录定西将军阿桂等奏噶喇依贼巢已克、金川全境荡平、献俘奏凯一折

钦奉谕旨，乾隆四十一年二月十三日奉上谕：将军阿桂等奏报攻克噶喇依贼巢，逆酋索诺木及其弟兄莎罗奔甲尔、瓦沃杂尔斯丹已并两土妇，助恶之大头人丹巴沃杂尔、阿木鲁、绰窝斯甲、尼玛、噶喇克已等悉行擒获，金川全境荡平。武功耆定，驰递红旗。随折奏贺，披览深为欣悦。前因两金川以内地土司，敢作不靖，暴侮邻疆。初以蛮触相争，乃番人常性，不值劳师涉远。屡经该督提诫谕敛缉，乃野性难驯，反覆违约。甚至狼狈为奸，负恩反噬，非复可以口舌化诲，此而不慑以兵威，大示惩创，则懦弱之土司几无以自存。且逆番平日有抢至维州桥之遥，若听其鸱张肆横，久之必至扰及内地，何以绥靖边圉？惟当扫灭叛番，以图之一劳永逸，否则后患滋深，此朕数年来不得已而用兵之苦心也。兹将军阿桂统率将士，不惮艰劳，殚心谋画。我八旗劲旅，奋勇争先；汉土各兵，有所效法。亦皆踊跃用命，屡建殊勋。两金川之地，遂以荡平，逆酋兄弟及党恶之大头人等，现皆擒获献俘，露布驰闻，大功全蒇。从此即于其地设镇驻兵，番境宁谧，各土司得以永庆安全。此皆仰赖上苍默佑，宗社鸿庥。朕喜慰之余，倍深敬畏。现在祇谒西陵，礼成后，恭奉皇太后，巡幸山东，告成阙里。计四月二十六日回銮至黄新庄，并谕将军等率凯旋兵众如期而至，即于二十七日举行郊劳之典，昱日献俘庙社，并御午门受俘。所有一切事宜及功成应行典礼，着各衙门查例具奏，并将武成原委，宣谕中外知之。阿桂等折并发，钦此。

天 时

一、章谷屯地为觜参之分，躔于实沉之次，度数未敢分析。立夏后，望北斗适当斗柄之西南，宅垄寨落居斗柄之东。

一、章谷屯所管宅垄及各屯寨寒暖不一，离章谷署东三十里之约咱汛数里内，地颇平衍，气候甚暖，种植黍豆，岁可再获。凡近懋功，山多溪谷，天气极寒，自八九月至二月积雪皑皑，无从耕作。清明后，积雪渐消，东作方兴。秋初，穑事未毕，而严霜先陨。阳坡尚微暄，阴壑危峰，积雪经年不化。寨内番夷，履冰蹈雺，习以为常。夏多水雹，大如拳石。若遇成熟之时，一经雹击，大损禾稼，竟有颗粒无存者，一山棋蘸而已。

一、章谷所管明正土司地方，天时和暖，平衍处无酷暑严寒。峻岭崇山，亦有经年积雪。屯署附近数十里多东风，四时无少闲，怒吼之声，通宵达旦。遇雨后，稍息。春间更甚。北风不多作，每岁只三四次。作时则折木颓垣，屋多倾塌，经二三时而止，最为猛烈。春夏雨时，易于晴霁。白露后，雨渐少。霜降后，则无雨矣。冬腊常雪，一夜而止，从无竟日霏霏者。

疆　域

一、章谷屯在省城西一千二百里，为懋功厅所属五屯之一，管辖儹拉、宅垄屯守备部落及屯练各寨堡。西南距厅治一百八十里，东西距二百八十里，南北距九十里。东界懋功屯属僧格宗汛小山梁，计程一百二十五里；南界明正土司境之孔玉山；西界革布什咱土司境之沙冲沟；北界纳顶山梁与巴旺土司境交界；东南界懋功屯属汗牛思噶拉山；东北界崇化屯属之曾达沟。俱未设立塘站，亦未定有里数。皆偏僻小道，崖岸极险，沙冲沟径，通生番部落，尤险隘。西南界明正土司境之大泡山，计程一百五十五里，为大小两金川赴打箭炉，入西藏咽喉要地。西北界崇化屯属之林卡塘，计程一百二十五里，亦称险要。

一、章谷屯东至郎车尔宗塘一百二十五里，计十三塘，每塘设兵五名，由懋功营派委分防，约咱汛把总一员经管塘递。西南至毛牛塘一百五十五里，计五塘，每塘设兵五名。北至小巴旺塘三十五里，计四塘，每塘设兵五名，由阜和营派委分防外委一员经理塘递。又北自小巴旺至崇化屯林卡塘九十里，计三塘。凡分文由崇化营拨兵在塘接递，安设住站兵数，归崇化营具报。以上每塘，接连程途里数，在于舆图帖说内，挨塘详晰注明。

山　川

一、章谷、金川北涌雪嶂，南环实笮，徼之藩篱，作洪流之砥柱，筠绹绵亘，蜿蜒万丈，青虹石寨，圭稜櫹矗，千寻瑶笋，五百里之蛮流，十八酋之锁钥。

一、章谷境内，跬步皆山。大率多顽石，峭嵘不堪寓目。间有灵秀者，又峭壁攒峰，艰于登陟。惟境东北三十里墨尔多山，备极幽邃，山势面东南，下如覆钟，上如螺髻，山阴为巴旺布拉、巴底两土司界，望之若不甚高，而登峰造极，非一日可到。春夏之间，远近夷人，携妻子，裹粮糗，登山朝拜者，往来络绎。每清晨，循螺迳，纡徐而上。至暮，宿山半岩谷中，次日晌午方至。近巅之平阜间，中有巨池，方广数里，水幽深不可测。夷人缘岸经过者，皆屏息徐行。心存暧昧者，不敢近。且相诫甚严，故未敢掷沙砾测深浅，稍涉亵慢，顷刻墨雾弥漫，咫尺不可辨，冰雹如拳，雪花如掌。盖有神物所居，或蛟龙之窟宅也。然极灵异，祈祷辄应。闻某岁大旱，黍麦将槁。有老夷素诚朴，持江水一瓶，藏香数炷，至池前拜祷，以瓶水倾涧中，令随涧溜入池，速避数武外石穴中，以觇其异。须臾，池中如雷鸣，空中掷雹如卵。夷人惊愕，瑟缩宿穴中。次日至家，具言其异。始悉是日大雨滂沱，山原霑足矣。池东约十里许为山之巅，平地数十弓，夷人磊石为浮屠，高数丈。瞻谒者，咸掷金银、珊瑚、瑺珥于内，围绕作礼而去。由东百余步，有巨石矗立如笋，相传为释迦成道处。天气晴明，辄有云气滃滃，山下望之，隐跃在轻绡薄谷中。惟清晨宿露未消时，瞭然在目，直如玉笋，凌空峰际。东望峨眉、瓦屋，西望唐古忒诸雪山，无不相拱揖。徘徊瞻眺巴郎、空卡，直若岃巃耳。山之右，石梁绵亘数十里，上有平池，长二丈余，广半之，明漪澈底。东垂瀑布一道，匹练飘空，飞流直泻，摇鞭指点，如在天台庐阜间。方金酋梗化，时大将军阿广庭相公，由南路进兵。僧格桑负嵎甚力，忽见山际有巨人挥戈直入，逆夷大溃，官兵乘势破碉夺寨，进攻僧格宗，捷如破竹。事竣，疏以上闻，列入祀典。每届春秋，归懋功厅主祭。天威所至，山岳效灵。又不特兴雨祁祁，而赐福苍生也。

一、白盖山，在章谷屯署之后，为徼外大江砥柱。高四十余里，长二百余里。其形如屏幛，峰峦起伏，蜿蜒有致。山之巅，古木参天。其阴多犎牛、羦豹，其阳为鲁密、章谷，夷人寨落数十家。自麓至巅若阶级，屯署仍粮务旧址，建于山麓。每级必有平畴数十亩，近山之巅，稍东有喇嘛寺一座，寺外平旷，俯瞰江流如练，墨尔多诸山近在几案间。东有巨涧，为众壑汇流。夷人于其下濬深池，承涧流而潴焉。轮日灌溉，山麓黍麦，从无干涸之虞。山之西为章谷汛署，即阿大将军营址。汛旁古有关帝庙，北望崇化、绥靖徼外，诸山若培塿。大江北来，奔赴山麓而东，至甲楚索桥以下，汇儹拉诸水而南，注汉牛界。每春夏之交，江水泛滥，洪涛巨浪，革舟如驶，翾浮杯渡，轻若凫鹥，亦塞外奇观也。山腹无杂树，古柳数十株，大十数围，绿阴垂荫数亩，柳下清泉一泓，甘洌澄澈。汉夷百余家，皆取汲于是。池方广仅二尺许，不溢不竭。池旁有泉脉一道，伏流十余丈始出，四时涓涓不绝。山麓之西，有隘口，孤碉峙立，居民呼为城门。下临海子山发源之水，河流深广，无舟楫之济，一夫可当数十人。岸北通革布、什咱、布拉、克底、巴旺、崇化、绥靖诸处，昔无大路，惟猿猴攀崖可行，鸟道羊肠，天梯石栈。嘉庆乙丑间，屯员汉阳朱鼎纠工于山麓，开石径一道，修葺平坦，可容舆马。山之东即大江，于小金川界相毗连，设竹索桥一座，下视深窅无际，[illegible]千尺，雪响虹欹。渡桥之际，万念俱空。迨登彼岸，莫不念佛号千声也。屯治依山临水，无借隍垣屏蔽，其险固自出天然者。尝于巴旺道中，回望山容，楼阁参差，居民栉比。峰峦之上，高碉凌云，寨落町畦，星罗棋布，不啻身游图画中。

一、儹拉江源，由沃克什之巴郎山发源，至明郭宗合日隆关五色山大溪之水，迤逦而西至达围，合木坪后寨溪流，复西行至猛固，合垄岗底木达大河，直趋懋功，合美诺沟水，由三官桥而西过僧格宗汛入章谷境，曲折南行至甲楚桥，东汇徼外大江，及绥靖、崇化、布拉、克底、巴旺、革布、什咱、明正之海子山诸水，由南而东至程堵，入懋功屯汉牛守备界下鱼，通注大渡河。山高岭峻，地亩之间难资灌溉，水凶滩险，亦难施以舟楫。

一、白盖山对河一山，高数百丈，长数百里。峭壁陡崖，莫能登陟，山巅有白石一堆，望之酷肖人形，土人呼为白神，故因其名曰白神山。每春夏间，常见阴云叆叇四面起，旋风旋入白神对下河中。须臾河水沸腾，水势如青烟，直喷山巅白神际，澎湃之声，如嘶如吼，相传为白神沐浴。历半时许或一二时久，河内旋风四散，猛烈异常，沙飞石走，尘垢蒙天，间有雷雨交作。维时，不特居民扃门不出，即鸟兽亦皆屏息绝迹矣。俄而浪静风恬，晴霁如初。闻昔有持壶觞，携金鼓，结伴由山后觅路至巅者。近白神处，鸣金擂鼓，纵酒狂歌，忽风雷交作，冰雹飞击，急避乃止。是山与墨尔多、白盖两山鼎峙，似此异迹，其山岳之精灵欤？抑川泽之蛟龙耶？惜遍访周谘，迄无知者。

衙　署

一、章谷屯署，向系借地安屯，设于打箭炉厅所辖之明正土司地方白盖山下。

一、章谷屯汛署，距屯一里许。

一、约咱汛署，距屯署二十五里。

一、翁古汛署，距屯署七十五里。

祠　宇

一、屯境东北四十里有墨尔多山，每岁祭祀，归懋功厅经理。

一、屯署左建有文昌阁、关帝庙、观音阁、龙王庙、城隍庙，每岁春秋，均由屯务捐费致祭。

桥　船

章谷屯属境内，在于通衢要道、急流横阻处所，原设有甲楚索桥一座、得胜索桥一座、西河木桥一座、勺藏木桥一座、康达木桥一座，向来二年补修一次，三年拆修一次。又翁古尔垄渡船一只、太平渡船一只，照南路中渡之例，每只两年舱补一次，三年拆修一次。以上桥船、竹木、板片、灰油、铁麻等料，及匠夫工价、口粮，所用银两，皆由懋功厅库给领，口粮全支麦，由屯仓给发报销。

官吏丁役

一、屯务一员，系催收兵民番练科粮、督劝耕垦地亩及管理汉番词讼，三年更换一次，按月支领月费银六十两。额设攒典二名、仓夫一名、斗级一名、仵作一名、通事一名、译字一名，每名每月给工食银一两，每名每日给口粮麦一升。差役十名，家人三名，每名每日给口粮麦一升，不给工食银两。

以上官役口粮共二十一分，大建月支口粮麦六石三斗，小建月支口粮麦六石零九升，均由屯仓按月给发报销，其月费工食银两，由懋功厅请领给发。

一、章谷汛，安设外委一员，系具报出口差缺，又具报出口坐台兵丁三十二名，俱三年更换一次。照出师军营之例，除俸饷之外，按日给有盐菜面折银两，俱由阜和营分季散给。

一、约咱汛，距屯二十五里，安设把总一员，系弹压汉番边缺，不支盐菜面折，只有应得奉饷，由懋功营分季发给。

一、翁古汛，距屯七十里，安设外委一员，系弹压汉番边缺，不支盐菜面折，只有应得奉饷，由懋功营分季发领。

以上约咱、翁古二汛，拣派眷兵二十七名，单兵七十七名。在汛差遣各兵丁，不给盐菜面折，照屯防例给有兵地，自力耕垦。各兵饷银，俱由懋功营分季散给。

一、宅垄屯，额设屯守备一员，岁支饷银二十四两；屯千总一员，岁支饷银十五两；屯把总二员，每员岁支饷银九两；屯外委十员，每员岁支饷银八两。额设已食饷屯兵七十二名，每名岁支饷银六两；未食饷余丁七十二名。所有各屯弁兵饷银，照汉兵之例，于每岁夏冬二季，由懋功营知会文员监散。

前项内屯守备一员、屯千总一员、屯外委六员、已食饷屯兵五十六名、未食饷余丁五十六名，系章谷屯所属。其余屯把总一员、屯外委四员、已食饷屯兵十六名、未食饷屯兵十六名，寨落在懋功屯地方，归懋功屯属。

一、章谷屯安设屯练弁三员，系维州营所辖屯练，平定金川后，奉派弁兵共计六十员名，携眷安插丹噶山、卡尔、金丹札寨等处耕垦，所有各弁兵岁支饷银，每岁按夏冬二季，赴维州营请领造报。

一、章谷屯分管明正各寨土千百户等，有无出师，并有无军营赏给，职衔委牌，向归炉厅查造申报。

学　校

一、章谷屯向未设有学额，仅分设义学馆三处，客商贾逢源捐银二百两生息，由屯员经管延师，支给修金，训迪兵民子弟，各回原籍应试。

兵民番练户口科粮

一、查章谷屯向系夷地，并无汉民安居。自乾隆四十一年平定两金川之后，改土为屯，陆续安插兵民番练，报给地面垦种升科。内懋功营所属约咱、翁古二汛眷兵二十七名，每名给地三十亩，共地八百一十亩。每名岁征科粮二斗一升零八勺五抄，共完纳科粮五石六斗九升二合九勺五抄。

单兵七十七名，每二名合给地三十亩，共地一千一百五十五亩。每二名岁纳科粮二斗一升零八勺五抄，共完纳科粮八石一斗一升七合七勺二抄五撮。

屯民一百九十七户，每户给地三十亩，共地五千九百一十亩。每户岁纳科粮二斗一升零八勺五抄，共完纳科粮四十一石五斗三升七合四勺五抄。

屯番二百三十七户，内有加垦屯番，一户种地一百二十亩，作为四户，共二百四十户。每户给地三十亩，共给地七千二百亩。每户岁征科粮二斗一升零八勺五抄，共完纳科粮五十石零六斗零四合。嗣于乾隆五十九年，分奉文拨补已未食饷屯番荒地七十亩，永远不令升科。又因荒地不敷，拨补即于升科熟地内拨出地一千零八十二亩，每年短征科粮七石六斗零四合六勺五抄六撮六圭，现在每年实完纳科粮四十二石九斗九升九合三勺四抄三撮四圭。

屯练六十户，又新增二户，共六十二户。每户给地三十亩，共地一千八百六十亩。每户岁纳科粮二斗一升零八勺五抄，共完纳科粮十三石零七升二合七勺。嗣于乾隆五十九年，分奉文拨补屯练荒地六百二十亩，永远不令升科。

以上兵民番练六百户，内五百二十二户每户给地三十亩；又加垦屯番一户，给地一百二十亩；单兵七十七户，每户给地十五亩；共种熟地一万六千九百三十五亩。除拨补屯番垦地一千零八十二亩外，实共计地一万五千八百五十三亩。其地未分上中下，按每地三十亩应征科粮二斗一升零八勺五抄，每岁共完纳麦、稞、荞、豆四色科粮一百一十一石四斗二升零一勺六抄八撮四圭。

街市乡村寨落及所居兵民番练保甲丁口

一、二汛兵丁隶懋功营，向由章谷征粮

约咱汛，眷单兵丁二十五户，合为一团。男七十五丁，女六十一口，共男女一百三十六丁口。

翁古汛，眷单兵丁二十一户，合为一团。男四十七丁，女四十口，共男女八十七丁口。

一、六甲屯民

第一甲，上甲屯，屯民六十五户，合为一团。男一百七十八丁，女一百五十二口，共男女三百三十丁口。

第二甲，阿娘沟屯，民四十五户，合为一团。男一百二十八丁，女一百一十八口，共男女二百四十六丁口。

第三甲，核桃坪屯，民二十四户，合为一团。男七十三丁，女六十二口，共男女一百三十五丁口。

第四甲，火龙沟屯，民三十八户，合为一团。男八十八丁，女六十三口，共男女一百五十一丁口。

第五甲，黑风顶屯，民二十三户，合为一团。男六十六丁，女六十五口，共男女一百三十一丁口。

第六甲，三岔沟屯，民三十四户，合为一团。男八十三丁，女六十六口，共男女一百四十九丁口。

一、三街铺民

第一甲，约咱街铺，民一十三户，合为一团。男三十五丁，女三十二口，共男女六十七丁口。

第二甲，翁古街铺，民二十六户，合为一团。男八十一丁，女六十五口，共男女一百四十六丁口。

第三甲，喇嘛寺街铺，民二十七户，合为一团。男八十七丁，女六十四口，共男女

一百五十一丁口。

一、分管打箭炉厅十二甲

第一甲，章谷屯街铺，民一百一十三户，合为一团。男三百二十四丁，女一百九十三口，共男女五百一十七丁口。

第二甲，西河桥铺，民五十三户，合为一团。男一百四十五丁，女一百一十五口，共男女二百六十丁口。

第三甲，勺藏桥铺，民二十户，合为一团。男四十五丁，女三十六口，共男女八十一丁口。

第四甲，弓插铺户，居民三十二户，合为一团。男八十五丁，女五十八口，共男女一百四十三丁口。

第五甲，东谷铺户，居民五十户，合为一团。男一百一十六丁，女一百零四口，共男女二百二十丁口。

第六甲，么塘子铺户，居民四十五户，合为一团。男九十八丁，女六十口，共男女一百五十八丁口。

第七甲，吕里铺户，居民三十八户，合为一团。男九十五丁，女六十八口，共男女一百六十三丁口。

第八甲，毛牛铺户，居民二十四户，合为一团。男六十二丁，女五十六口，共男女一百一十八丁口。

第九甲，绒坝上沟铺户，居民九十一户，合为一团。男二百二十五丁，女一百四十二口，共男女三百六十七丁口。

第十甲，绒坝下沟铺户，居民六十二户，合为一团。男一百四十六丁，女九十七口，共男女二百四十三丁口。

第十一甲，峨噶甲，居民十户，合为一团。男三十五丁，女二十五口，共男女六十丁口。

第十二甲，羊马、开饶二甲，居民一十四户，合为一团。男四十六丁，女三十六口，共男女八十二丁口。

一、永绥铅厂

曹户砂丁一十九户，合为一团。男二百零三丁，女三十六口，共男女二百三十九丁口。

以上兵民共二十四团，计烟户九百一十二户。男二千五百六十六丁，女一千八百一十四口，共计男女四千三百八十丁口。

一、所属屯番归宅垄屯守备管束

第一甲，下宅垄寨，屯番六十户，男二百零九丁，女一百九十二口，共男女四百零一丁口。

第二甲，上宅垄寨，屯番三十八户，男一百零八丁，女九十五口，共男女二百零三丁口。

第三甲，各落、三咱二寨，屯番四十二户，男八十二丁，女六十三口，共男女一百四十五丁口。

第四甲，纳布寨，屯番二十四户，男六十八丁，女五十五口，共男女一百二十三丁口。

第五甲，丹札寨，屯番一十五户，男四十八丁，女四十四口，共男女九十二丁口。

第六甲，热耳寨，屯番一十九户，男四十四丁，女四十六口，共男女九十丁口。

第七甲，墨垄、大团二寨，屯番五十户，男一百二十丁，女九十二口，共男女二百一十二丁口。

第八甲，甲耳、木札垄二寨，屯番一十七户，男四十一丁，女三十四口，共男女七十五丁口。

第九甲，思甲寨，屯番三十四户，男八十八丁，女七十四口，共男女一百六十二丁口。

第十甲，噶忠寨，屯番二十户，男五十八丁，女四十八口，共男女一百零六丁口。

第十一甲，热思满寨，屯番一十三户，男三十七丁，女三十三口，共男女七十丁口。

第十二甲，约咱折落寨，屯番一十二户，男三十五丁，女三十一口，共男女六十六丁口。

第十三甲，阿娘、纳约二寨，屯番二十九户，男七十四丁，女六十四口，共男女一百三十八丁口。

以上屯番共一十三甲，计三百七十三户，男一千零一十二丁，女八百七十一口，共计男女一千八百八十三丁口。

一、所属屯练系维州营拨屯安插

第一甲，丹札寨，屯练二十一户，男六十四丁，女五十三口，共男女一百一十七丁口。

第二甲，丹噶山，屯练二十户，男五十九丁，女四十四口，共男女一百零三丁口。

第三甲，丹札卡尔金，屯练二十一户，男五十三丁，女四十九口，共男女一百零二丁口。

以上屯练共三甲，计六十二户，男一百七十六丁，女一百四十六口，共男女三百二十二丁口。

统计以上兵民番练一千三百四十七户，共男女六千五百八十五丁口，系照同治十二年实在民数开列，以后生齿日繁，可随时更定。至所属番练，均由懋功厅统辖。其明正、革布、什咱、巴旺、布拉、巴底各土司所管寨落归章谷屯兼辖。各夷民数目，仍由打箭炉厅查报。

风　俗[①]

屯民风俗

一、六甲屯民，概系平定金川后，由内地安插而来。小川北各县之人居，多按户授地，专以务农为本，穑事兼资妇功，土风尚敦朴，习俗亦勤俭。平时以麦稞杂粮为饔飧，计食毕，必以面炒，令焦，入茶叶、酥油少许，熬以佐饮。盖终朝食面，须饮此始消化。因地取宜，非蹈夷习也。服饰率衣布，严冬用山羊皮，以鞹为表，毛为里，不另加布帛。或穿羊毛毪子。妇女多不缠脚，亦不解盘髻，梳双发辫束顶上，罩以青布帕。处女以发辫一根为别，小袖长衫，向不穿裙，着布履或芒鞋，落落大方，俨如男子。居处多板屋，上用石子镇压，亦有覆以土，敲令平，借以曝物者。瓦屋不恒见，惟街市有之。然铺瓦时，必先之以泥，屯地多风，防吹揭也。婚嫁丧葬风尚，多仿内地。但居尊长之丧无等差，俱守制三年。迎婚无取奢华，治丧必尽哀痛，虽异地，有古风焉。

夷人风俗

一、夷俗强悍而耐苦，诡谲而多疑，向只畏威，罔知怀德。自戡定后，随处安插汉民，濡染既深，颇知礼让。即如时令，曩昔各部落系以十月十五日及十一月十五日为一岁，归化以来，俱恪奉皇朝正朔。除夕日，家家具牲礼祀祖先。元旦亦如之。子弟亦跪拜，为尊长贺岁。次日，邻佑相往来，作吉语致颂，吸咂酒，叙寒暄焉。惟节气不甚了了，妇孺皆知者四季而已，端午、中秋皆不识。间有曾经进藏喇嘛贯通经典者，能推测日月食，日时分秒无少差谬。届期，鸣钲鼓吹画角，谓系天示灾眚，救护唯谨，此亦其能谨礼训之一端也。

一、夷俗崇佛教，以故无老少，力作稍暇，即持念珠，口中喃喃，诵六字真言。其经之奉不一，或临溪涧作小室，安木桶置经其中，下设机轮，水激之使转动者。或于道旁作矮屋，亦设转轮木桶纳经于内，令行人手转者。有书于布，挂以长竿，偏植危峰峭壁间，使风吹动者。凡此皆所以代宣扬，借邀福泽。至道旁必累石为浮屠（名为櫂等），高六七尺，间镌夷字几满，无地无之，难以数计，行者不敢经过，必纡其后而行，归途

① 风俗：原无，今按目录补入。

则否。遇有事端，必围绕数十百遍，虽疾风暴雨不少息。春末秋初，皆其农隙，举家裹粮而出，名为转（去声）经，遍游诸土司界，不惮险阻，崇山深谷，必尽登陟，纸印小经，道旁草木，无不系之，令风飘飏，如是者几阅月而返。秋成后，无贫富，必延喇嘛诵经，极为郑重，亲友咸集，共襄厥事。寨中吹击无停晷，猪漂牛酒，供俸唯勤。霜降以后，四山金鼓隆隆，画角乌乌，犹有腊蜡遗风。

一、夷人鲜盖藏，其地俱有定额。故三子者，必使一为僧，五使二焉，否则令赘别寨无丁之家，不尔则食指繁而家不给。子弟不尚读书，为僧者送与喇嘛为班菊（读去声），即汉呼弟子也。具束脩，惟执负荷之役焉。慧者，习诵数年，于经典颇有一得，求父母亲友措金数十往游藏卫，诣达赖、班禅诸喇嘛咨询经义。五七年至十余年，渐知通贯、持戒精严者，濒行时，诸喇嘛必赐一二物，乃衣钵之授。既归，亲友迎迓甚恭，父母兄弟俱欣悦增光宠焉。自此免力役，与土司及头人抗礼。延请诵经者，赍谢有加。凡远行，沿途护送，惟恐不及。

一、夷俗，凡遇疾厄，不服药，亦无娴医事者。延喇嘛诵经，不愈则再诵之，疾稍瘳，挈妻子裹粮糗，遍历诸山，以经布悬高竿植其上，以多为贵。遇石甃浮屠，必旋绕作礼，不远千里，岩栖谷息，以冀祓除。即其所谓转经者，老夷手中多持一铜物，圆如竹桶，长三寸，柄称之（名为渴鲁）。中放藏经，外绳寸许，系小珠一粒，竟日持摇如鼗鼓，代口诵，以邀福消灾。

一、夷俗，每逢喜庆，辄跳歌妆。自七八人至一二百人，无分男女，附肩联臂，绕迳而歌。所歌者数十百种，首尾有定局，其中所歌，在人变换之巧拙。其语有颂扬者，有言日月星辰者，有论阴晴风雨者，有念稼穑之艰难者，有谓织紝之辛勤者，有肖鹿麋之儦俟者，有状牛羊之濈濈者，有诮惰而称勤者，有男女相爱悦者，有互相赠答者，有互相讥讪者，有叙离合忧思者，有怀野田草露者。悉以足之疾徐轻重为节，呕哑嘲哳，虽难为听，周折转旋，颇堪寓目，亦歌舞中之别派也。

一、宅垄夷人，耕稼多用二牛，以木五尺许缚二角端，中施一长木至牛后，横加短木，下贯鍬插，插形齐如锄，启土艰难，每于高下转折处，骈牛彳亍，殊少便捷。其锄甚小，范铁而成，与梓人锛锄不少异。近因内地屯民栉比，多仿汉式独牛锐插之制，农工简便，倍于曩昔。耕耨之外，夷妇力作居多，主持家事，市茶布，悉委诸妇女，供力役咸与焉。更有健于男子者，稍暇击[illegible]笼，撚毛线，织毪子，以供衣服。其治麻枲，一如撚毛线法，织而成布，长二丈为一匹，宽一尺二寸许，夷人制衣多用之。

附：明正夷人耕稼，用犏牛则二驾牛，如宅垄式；黄牛则一锹插，多齐口，仿汉式宽锄，锐插者十仅一二。

一、宅垄夷俗，议婚无年庚、币采之礼。大抵男女相爱悦，多野合。然婿家必倩达查谷巴（即媒妁之称）往女家通殷勤，携咂酒一瓶诣焉。女父母允诺后，受其酒而饮之，否则反酒媒氏。反告婿家，延工巴（汉呼道士）择吉，视家之贫富，馈咂酒之多寡，随媒氏往，备言情好。女家具咂酒、猪膘款媒妁及从人，女母以糌粑数斤，馅以猪膘作得木鸟一圆（汉人毕锣），给媒氏致婿家，婿母将毕锣刲小方，遍馈亲尝，于是咸知与某某结姻事焉。娶妇时，仍延工巴诹吉日，具烧酒、咂酒各一瓶，随媒氏至女家。工巴及婿之姐妹偕往，新妇衣短襦花裙，头缀小珊瑚珠百余粒，作抹额式，足穿杭（读上声），或随汉式制花履。富者乘马，贫者徒行，姊妹数人从，途中工巴诵经咒，祓除不祥。导引至婿家，见舅姑，叩首毕，夫妇并南向立，工巴念念有辞，以酥油搓丸如樱桃大数十粒，置木罂中，家人倾酒于罂内。工巴授酥油酒，夫妇跪接偕饮毕，工巴以珊瑚珠一粒、砗磲珠一粒，红丝穿系，并哈达一方同绾妇项间，夫妇起立，礼毕。宴亲友，以巨甕或铜铁瓶置咂酒，于内沃以热汤，瓶口插小竹竿，长尺许者，数十枝，互相吸饮，各与猪膘一小方或生牛肉一小方，得木鸟一圆。既醉既饱，男女数十百人，联臂呼跃，跳歌妆以为戏。是日，夫妇不同室。越日，妇随姊妹回母家，力作如初。婿家则日月至焉而已，及翁姑授以家事或生子女后，则长依婿操作。

附：明正夷人议婚，婿家倩伯把（媒妁名），往女家殷勤，取女年庚，求工巴推算吉凶。如吉，仍倩媒氏问女家允否。议既成，订期延女父及亲好至婿家，具咂酒、烧酒、猪膘、工架（即毕锣）相款洽，尽欢而散。越数月，诹吉娶妇，赍猪膘、咂酒、铜铁酒瓶为礼，媒氏偕婿家姊妹迎焉。择弱冠亲属，生庚与女命相宜者，举夷画神像一帧，为先导。女易衣饰，挥涕辞父母。近寨妇女，各持哈达为女缚项间，俱送女往。工巴出迎，诵经咒，持铜瓶贮水，洒夫妇顶颐间，以祓灾疠。入室见舅姑，不为礼，依母家女伴坐，同饮啖。少顷，上经楼，亲属以木罂盛酒，外给哈达一方，中纳酥油小丸数十粒，令婿妇合饮少许，余酒置婿室。于婿项各绾哈达一方，以多为贵，而相贺焉。戚友馈猪膘、蛮湩为贺。主人具咂酒于寨中，瓶口植竹竿数枝，猪膘、工架分布于地，环坐吸饮，餍而后止。男女联臂，呼跃跳歌，欣欣然有喜色焉。次日辰餐后，女随伴归母家，如初。婿家凡有耕作，必往以襄事，待舅姑授家事或举子，则依婿为常。

一、宅垄夷人始死，其家人延工巴诵经咒，为亡人开路。子弟不衰麻，无躄踊，遍讣亲友，舁尸于木板上，易新衣一袭，不施裩袴，以藏布一小方覆之。其葬有三：一地葬、一水葬、一火葬，悉决于喇嘛之索卦。大抵视人之生命，宜用何葬。如地葬，则置木龛、择吉日，以尸坐其中，外以木板鞘合，上开一孔，径三寸，如窗牖然。奉置经楼中，朝夕燃酥油灯于龛侧，不少懈。亲友来吊者，各致酥油数两，代香灯。喇嘛数人，日诵经咒。选吉日，家人舁龛于旷野，卜地之爽塏者，从旁穴数尺深，藏龛其中，外封以石，上以木板或石块蔽风雨。旁植经竿数十百枝，半亲属党赙仪，悉以布印番经悬竿上，令风吹飏，代口诵，以资冥福。水葬，则舁龛置江浒，砌石周遭，待江水泛滥，即杀身洪流矣。火葬，则无木龛，家人预甃石圈如灶，横铺柴薪，负尸置薪上，喇嘛设糌粑供物祭山神，口中喃喃，以铜杓沃酥油于火中，烈焰烘腾，顷成灰烬，拾余骨掷江滨而已。其子过七日，必延喇嘛诵经，四十九日后则否，不解禫祥。惟三年内不恣欢谑，不弋禽兽耳。

附：明正夷俗多火葬，地葬者百不二三。必视亡者命中宜忌，悉以索卦决之。始死，去旧衣，赤体，令足手卷缩，以麦稭藉地，置尸其上，覆以藏布，使人讣亲属。子不剪发，不衰麻。吊者馈酥油作灯，猪膘、咂酒、经布为赙。延喇嘛诵经，择吉日火化。家人预作石圈于野上，铺以薪，子孙负尸置薪上，旁设帐房一所，喇嘛居其中，捏糌粑供物数事，大诵经咒祭山神，举火，沃酥于薪，令人置藏布毯围尸，戒家人弗哭，烈焰腾腾，斯须而灭，拾烬骨捣碎，抟黄土以铜范规之，高二寸余，式类浮屠，投江中。喇嘛十数人，诵经八日；富者，十六日。如弟兄多者，虽异居，必各供喇嘛一日，以为敬。孝子衣褚巴，三年中亦不弋禽兽焉。凡喇嘛死，火化后，其徒或弟兄，拾其项骨一片及手足指骨各一，记其名，裹以藏布，视人之贫富，具金银之多寡，寄西藏大昭中。藏僧受其金，为之礼佛超荐后，答以藏物数事，致其家以示信。地葬无棺椁，以木作匣，殊不坚好，置尸于内，舁瘗郊野中，累小丘为识。凡番经木竿林立者，即火葬、地葬之所也。

一、宅垄夷人寨落，喜近山峰。不用瓦甓，四围悉石甃成，高二丈余，中分三四层，广狭不一。内无楹础，惟横施椽木，上栈以板，寨顶于椽木之外，又铺以小木枋，覆以土，势略斜，使水不停蓄，捶土令极平。顶四面，墙沿高尺许，若施栏楯，四隅开小穴，以溜水。稍有罅漏，覆土一箕，捶平即止。间有附墙作小楼者，窗棂数扇，饰以朱漆，颇有华风。寨内之下层，圈牛马；中作锅庄，为妇女居处；上贮粮糗什物；再上为经楼，供佛像，其旁为男子所居。寨之顶为场圃，凡所获豆麦悉置其上，击以梿枷，日曝风扬，俱在此咫尺间。

附：明正夷人庐舍，呼为寨子。辛卯以前，番民多住石碉，形制有二：或如方几，或似菱花。下宽上锐，自五六丈至十数丈不等，悉以乱石砌成。碉底方广丈余，中栈以木，下卧牲畜，中置锅庄（即炊爨之所），上数层贮粮糗什物，碉顶设经堂供佛像焉。四隅插番经布旗数枝，四面有窗隙，内宽外窄，瞭望四方极为清晰。凡遇劫盗，窗隙中施放火枪最便。方金酋怙恶，纵其部落，妄肆劫掠，故邻境俱恃碉为守御，少有疏虞，则身家不保。造法极精，四角圭棱如刃，睨而视之，直若引绳，所费不赀，经年累月而成。汉人石工，万不能及。远望森如束笋，高出重霄。

天戈西指，俘馘金酋后，陬谷安居，尽皆另造平庐，至今石碉尚存，然无有居其内者矣。平寨凡数层，四面甃以石，制作与攒拉无异。惟牲畜处外室，家处内，凡入锅庄，必由牛畜圈中经过，积秽薰腾，恬不为意。不解作灶，于寨中掘土坑深尺许，方二尺许，以石三条，琢如牛角峙立，三隅承鼎釜，即所谓锅庄也。以木作架悬壁间，若庋阁炊具、干糇，悉置其上。饮食时，男女趺坐，先置毕锣少许于承釜石上，无少长皆然。询其故，盖以祀先人也。锅庄之旁为妇女所寝处，男子宿楼中，父老宿经堂，寨顶作场圃焉。

一、宅垄夷俗，男子多衣褚巴，以毪子制成，圆领小袖，长至膝间，腰宽数尺，束以革带，斜插短刀一柄，鞘外饰甚工致，镶嵌珊瑚，阴镂花纹，有值十余金者，名为左插子，俱借此为美观。凡随带一切，置腰间及左右肱，每行时，腰际隆隆然，盖装物多也。裩袴以革为之，或亦有布者。足无履袜，以毪子五尺许裹胫间。严寒时穿杌（读上声），形制诡异，底面俱革，与汉人袜相类，而后不合缝。女子则略施红绿布以别之，冠制无定式，缀狐裘为沿，茸茸然可笑。女子不事盥栉，不解施膏沐，无鬟髻之饰，发之近额者，左右分缀小辫数十条，自顾以后者，左右分结小指，大发辫各八九条，至中总结大辫，复缀红黄布二三缕，辫至三尺余，合额间小辫，绕后交互盘于额顶间，额际缀小珊瑚三串，内承红布，如额罗式。贫者无珊瑚，则以红布为之。上衣长尺许，随左右衽，乳以下束长裙，花素不一，须布二丈许，褶叠数十道。盖不尚裩袴，恐巨风吹揭露体也。耳环甚巨，缀珊瑚珠二粒，其环之大，有堪缠臂者。平居多赤足，冬着革履（俗呼为杭，上声），稍慧者亦随汉制花舄焉。

附：明正男子衣冠，左插褚巴，与宅垄无稍异。近屯城者，多仿汉制。惟土千百户之冠若俳优，所谓中军冠者，金绮为沿，朱缨鞘之，冬夏如一。逢庆典，蟒衣文绣锦，带荷囊，亦颇美观。处子无粉泽，不垂髫，额间分两鬓，结细辫各数十缕；颐后发两分，结稍大辫各二十余缕。并两鬓小辫，合二绺，约骨决各一，再约银环，如约指大，嵌以珊瑚珠三粒者三四枚。发辫互盘头际，旁以二木，削如箸，其端系蜜蜡，如象棋子大者各一。珊瑚枝长二寸余，大如巨指者各一，横揩发后以为饰。不知膏沐，发燥涂以酥油，眉心缀小珊瑚一粒。上衣无袖，长尺余，双臂全露；下体编毛索如钱贯，垂垂如马鬣脊；间披山羊为蔽，髀骭俱裸。严冬足皲瘃，天寒披毛毯。一方生子后穿裙，否则人非笑之。胸前挂小革囊十数个，方二寸余，中贮藏经一编，宵昼不敢释。逢春初，各寨中有喇嘛寺延僧诵经，远近妇女，盛饰携酒往观。头左右各缀四寸余珊瑚二枝，短襦长裙，花素不一，足穿革杭（读上声），结女伴，跳歌庄以为乐。

又，章谷之西南境毛牛、吕里诸寨，妇女服饰如炉城，而背上必负吉吕羊皮一张，此又衣饰之赘疣也。

一、宅垄夷性嗜茶，辰午晚三餐，俱以茶。入锅煮数十沸，去渣，入酥油、糌粑、食盐各少许，盛以木桶，麦面、荞面等物，用作饆饠[①]，中馅以薊（呼为得木鸟[②]），入灰火中，炙令熟。男女团坐于地，手擘以食，随啜茶数瓯。宴客无脯、盐、醢、醯、酱。酒二种，一咂酒，咂酒之糟粕，复以小甑蒸盦作烧酒。客至，无几案，杯盘之设怀中，各带一木罂，寨中置巨瓮或木桶，富者大铜瓶，盛酒于内，植竹竿十余枝，趺坐于地，互相吸饮，不杯杓劝酬，无肴核，惟各布猪膘、牛肉、得木鸟，醉饱而散。

附：明正夷俗，辰午熬茶，杂以盐、酪、糌粑食，工架数圆，间以酥油，捏糌粑者为上馔。晚食煮薊作汤，撕荞面或麦面作片，同煮而食。农务方兴，日五餐，余日三餐。宴会只咂酒、烧酒、猪膁、羊膁而已。所获禽兽，炮煮作宴食，不以享客。日昏不操作，不夜坐，盖寨内无灯烛，伐松之多脂者以照夜，初更以后，举寨鼾然矣。

---

① 饆饠：前亦作“毕锣”。

② 得木鸟：前亦省曰“木鸟”。

土宜物产

一、章谷兵民番练所耕地亩，俱在屯治东，与懋功近。山寒地瘠，稻谷不生，惟产小麦、牟麦、青稞、豌豆、蚕豆、荞麦数色。重峦复嶂，地鲜平畴，夷人有三土七石之谣。阳坡高下，俱可耕垦；溪箐中，日色不到者，不堪种植。地多浇薄，再熟之区不多得。如小麦，八月种，至次年七八月熟，其地再种小麦则无实，须另种荞豆，以纾地力。牟麦，三月种，六七月获。荞麦，四月种，八月获。豌豆、蚕豆，俱三月种，八月获。青稞，二月种，五月获。雨旸端赖天时，灌溉难资人力。且高下之际，便已异宜。高阜多晴，则雪融土润，益见敷荣；平原无雨，则水远土干，立形枯槁。故此地之天心，颇难尽如人意。蔬菜种亦繁，芦菔、白菜等传自内地，而质厚味美尤过之。多山韭，亦有家畦者。惟圆根，为夷人素茹之蔬，形如芦菔，白色而扁，其叶以作齑，凡饆饠中，切以作馅。果木有梅，谷口溪边皆遍植，花亦清香，实垂垂，五月熟。核大肉薄，酢醶特甚，夷人不解食。核桃树最多，枝叶极扶疏，大可合抱，七月熟，夷人携入市易茶布，呼为我鲁。深山多产药，大黄为最，贩者甚夥，济用良溥。鸟兽亦蕃育，幸烟户渐稠，虎豹虽多，无敢公然为害。鳞介中有鱼，似猫，俗以猫子鱼呼之，细腻肥鲜，不减河豚风味。今将各物产名目，胪列于后。

粮食：小麦（俗名冬麦）、牟麦（俗名春麦）、青稞、荞麦、黄豆、黑豆、蚕豆、豌豆、芋麦、黍、粟、蜀黍、天粟米。

蔬菜：莱菔、圆根、白菜、青菜、莴苣、苋菜、芹、羊芋、擘蓝、芫荽、海椒、菠稜、韭、山韭、山薤、胡萝卜、蒜、葱。

瓜果：南瓜、北瓜、冬瓜、西瓜、黄瓜、瓠、核桃、红石榴（味酸）、白石榴（味甜）、木瓜出羊马山、梭坡山。

药材：羌活、五倍子、牡丹皮、秦艽、茯苓、大黄、小茴香、麝香、贝母、花椒、鹿茸。

鸟兽鳞介：鸡、蛮鸡（较小）、野鸡、贝母鸡、鹦鹉、鹊、雀、虎、豹、牛、野牛、马、野马、熊；猴、鹿、麞、兔、猪、蛮猪（较小）、野猪、羊、山羊、猫、鼠、松鼠、细鳞鱼、猫子鱼。

后　记

2005 年，我到阿坝师专工作。初到汶川，目之所睹，耳之所闻，皆为陌生。居一地则需涉猎一方风物，遂从汶川着手了解，此为收集阿坝州旧志的开端。

欲收集旧志，需先草定纲目，进而按图索骥。于是我以《中国地方志联合目录·阿坝藏族自治州》为基本纲目，参阅四川省内旧志书目，结合阿坝州实地调研和本地文献查访，初步编订旧志目录。

纲目草定，便开始了漫长而艰辛的寻书历程。在旧志收集过程中，得到了许多热心人士的大力支持。特别是阿坝州教育局庞良和高级教师、长江师范学院苏畅博士和阿坝师院图书馆余昕副研究馆员，他们帮助我收集到诸如（嘉庆）《直隶松潘厅志》、（光绪）《懋功屯志略》、（民国）《南坪乡土志》等珍稀手抄本。收集资料的工作前后历时近七年，到 2013 年底，基本收集齐全。阿坝州旧志收集齐全后，我便对影印本进行归类并打印成册。近万页的影印本，以一人之力全部誊录，颇有力不从心之感。经过广募成员，留心考查，遂招募到有一定文献基础的二十七位志同道合之士，分为七个誊录小组。其姓名分别如下（按姓氏首字母音序排名）：艾丽娇、陈思、杜娇娇、何春艳、何苗、何绍攀、何玥、刘芳芳、刘玲、雷晓文、蒲萍、涂亚君、王攀、王雪、谢明珂、熊若棋、姚宏佳、袁慧、游芳慧、余澧润、杨孝梅、袁小慧、杨悦、周乐然、赵书靖、张桥、曾新宇。每誊录完一部，我重新校对、标点、校勘、出校记，然后返回誊录者校改，如是者数次。每次校对历时近三个月，经过一年多的不懈努力，终于在 2017 年底完成定稿。书稿交出版社后，为慎重起见，我又进行了一次校对，并解决了一些问题。因此，这部书的校对工作，实际到 2018 年秋才最终完成。

在《阿坝州旧志集成》（简称《集成》）出版之际，非常感谢“四川藏羌彝走廊文化创意产业发展研究团队（四川省社会科学高水平研究团队 2018—2020）”项目负责人、阿坝师院校长向武教授，他对《集成》的编排体例等方面提出许多宝贵建议，为本书的出版付出了大量的心血。感谢阿坝师院领导对本书长期大力的支持。感谢阿坝师院对外合作处吴天德处长、编审，他对《集成》的编纂提出了许多建设性的建议。感谢四川大学出版社原社长熊瑜教授、袁捷编辑的艰辛努力。在此，向为本书无私奉献的相关同仁，向关心本书编纂、出版的各级领导，深表谢意！

鉴于学术视野、能力方面的局限，缺漏和错误之处在所难免，望各位方家不吝指正为盼！

董常保

2018 年秋于阿坝师院桂苑